TIJUANA SESSIONS

TIJUANA SESSIONS

Madrid, 8 de febrero - 10 de abril de 2005

Consejo Nacional para la Cultura y las Artes

Sari Bermúdez
Presidenta

Jaime Nualart
Secretario Técnico

Alberto Fierro
Director General de Asuntos Internacionales

Carlos Enríquez Verdura
Director de Promocion y Difusión Cultural Internacional

Instituto Nacional de Bellas Artes

Saúl Juárez
Director General

Denise Muñoz
Directora de Asuntos Internacionales

Secretaría de Relaciones Exteriores

Luis Ernesto Derbez
Secretario

Andrés Ordóñez
Director General de Asuntos Culturales

Martha González Ríos
Directora General Adjunta de Difusión Cultural y Convenios

Jorge Valdés Díaz-Vélez
Consejero Cultural Embajada de México en España

Comisariado Mexicano ARCO 05

Carlos Ashida
Julián Zugazagoitia

ISBN: 84-7506-710-7
D.L.: M-2352-2005

Primera edición: Febrero de 2005

Consejería de Cultura y Deportes. Comunidad de Madrid

Santiago Fisas Ayxelà
Consejero de Cultura y Deportes

Isabel Martínez-Cubells Yraola
Viceconsejera de Cultura y Deportes

Álvaro Ballarín Valcárcel
Director General de Archivos, Museos y Bibliotecas

Cristina Torre-Marín Comas
Secretaria General Técnica

Isabel González González
Coordinadora de la Consejería

Victoria Combalía Dexeus
Asesora de Artes Plásticas

Pilar de Navascués Benlloch
Subdirectora General de Museos

Pilar Martín de Miguel
Jefe de Prensa

Alberto Agudo Madrigal
Jefe de Publicidad

Nicolás Díaz Chico
Protocolo

Universidad Nacional Autónoma de México

Dr. Juan Ramón de la Fuente
Rector

Lic. Enrique del Val Blanco
Secretario General

Dr. Daniel Barrera Pérez
Secretario Administrativo

Mtro. José Antonio Vela Capdevila
Secretario de Servicios a la Comunidad Universitaria

Dra. Rosaura Ruiz Gutiérrez
Secretaria de Desarrollo Institucional

Mtro. Jorge Islas López
Abogado General

Ing. José Manuel Covarrubias Solís
Tesorero

Dr. Gerardo Estrada
Coordinador de Difusión Cultural

Mtra. Graciela de la Torre
Directora General de Artes Visuales

Exhibición

Curadores
Príamo Lozada
Taiyana Pimentel

Coordinación general
Patricia Sloane
María Jesús de Andrés

Coordinación de Logística
Claudia Barrón
María Báez

Enlace de Colecciones, Conservación y Coordinación de movimiento de obra
Julia Molinar de Granillo
Ivonne Bautista
Elena Saúco

Diseño
Lluís Pera
Ana Alcubierre

Transporte
ALFART
Sit Transportes Internacionales

Montaje
Exmoarte

Audiovisuales
Salas Audio Video

Seguro
STAI

Catálogo

Diseño gráfico
Marcela Guadiana

Coordinación editorial
Turner
Ana Laura Cué

Edición y producción
Turner

Traducciones
SIRK Traducciones
Ramón Flores

Revisión de textos
Gabriela Ordiales

Fotografía
Los artistas, Gonzalo González, Marcela Guadiana, Julio Orozco e Yvonne Venegas

Dentro del marco de actividades culturales ofrecidas en Madrid con motivo de la edición de la Feria Internacional de Arte Contemporáneo, ARCO'05 y durante la cual tendremos la oportunidad de contar con la presencia de México como país invitado, la Consejería de Cultura y Deportes se complace en presentar en este espacio tan singular que es la Sala Alcalá 31 la exposición "Tijuana Sessions".

Tijuana, uno de los centros culturales más prometedores de este país, explora diferentes formas alternativas y foráneas de producción artística en la que destaca una convivencia de las artes plásticas con el fenómeno musical, literario, tecnológico y la presencia de los discursos mediáticos, radio y televisión.

Los comisarios de la muestra, Príamo Lozada y Taiyana Pimentel, han concebido este proyecto colectivo como una interrelación entre espacios narrativos y sonoros que generan una especie de ruido creativo que es representativo del quehacer artístico contemporáneo en Tijuana.

Nuestro agradecimiento a todas las personas e instituciones mexicanas y españolas, así como a la cooperación de los artistas participantes que con su trabajo han hecho posible, a través de esta exposición, poder estrechar los fuertes lazos culturales y afectivos que nos unen a México.

Santiago Fisas Ayxelà
Consejero de Cultura y Deportes
Comunidad de Madrid

Within the framework of the cultural activities presented in Madrid to mark this new edition of the International Contemporary Art Fair, ARCO'05, during which we shall have the honour of hosting Mexico's attendance as guest country, the Regional Minister for Cultural and Sports Affairs is pleased to present the exhibition "Tijuana Sessions" in this unique exhibition space, Sala Alcalá 31.

Tijuana, one of the most promising cultural centres in Mexico, explores different alternative and foreign forms of artistic production, among which we might highlight the relationship that exists between the plastic arts and the worlds of music, literature and technology, not to mention the presence of media, radio and television discourses.

The exhibition's curators, Príamo Lozada and Taiyana Pimentel, have organized this collective project as a series of inter-linking narrative and sound spaces that generate a kind of creative noise which is representative of the contemporary art scene that exists in Tijuana.

We would like to express our gratitude to all the Spanish and Mexican individuals and institutions involved in this project, as well as to the participating artists, whose collaboration and works of art have enabled this exhibition to strengthen the cultural and emotional ties that link us to Mexico.

Santiago Fisas Ayxelà
Head of the Regional Minister for Cultural and Sports Affairs
Comunidad de Madrid

Cualquier aproximación al conocimiento de México debe necesariamente incluir una detenida reflexión sobre su frontera norte. En la franja territorial que corre de lado a lado de nuestro país tienen lugar un sinnúmero de intercambios, fusiones, rechazos, fricciones, oportunidades y trágicos desencantos con los que, por su dimensión y complejidad, difícilmente podemos encontrar paralelismos en otras latitudes. En esta zona de por sí limítrofe, Tijuana ocupa, geográfica y socialmente, una posición extrema. Ubicada en el confín poniente de México, con el helado abismo del Pacífico a un costado y enfrentada a la primera economía mundial, es la definición exacta de una ciudad fronteriza, que se desborda a manera de una cascada de dos vertientes, en mecanismos sociales, culturales y económicos exacerbados.

En medio de este espectáculo, simultáneamente fascinante y aterrador, un grupo de artistas ha construido una respuesta acorde a su circunstancia. Con propuestas que asumen frontalmente oportunidades y contradicciones de un medio que rebasa cualquier predicción, jóvenes talentosos ofrecen a su comunidad experiencias de gran vitalidad, cargadas de regocijo corrosivo, y categóricas afirmaciones de libertad e independencia que establecen su voluntad de proponer un modelo propio y que toma distancia de los territorios que los flanquean, a veces indiferentes, a veces atraídos por su potencial o por su permisividad.

Una estación de radio, fotografías, una acción en *graffiti*, documentales, pinturas, esculturas e instalaciones multimedia forman parte de un universo visual, auditivo y vivencial en el cual el público podrá experimentar el temperamento de una ciudad que es, en la misma medida, tanto singular e irrepetible como emblemática de la realidad de nuestro país. “Tijuana Sessions” es también un testimonio indiscutible de las capacidades creativas de los artistas mexicanos y, en el contexto de la amplia presencia de México en Madrid con motivo de su designación como país invitado en ARCO'05, resulta ser un evento indispensable, lo reitero, para el cabal conocimiento de México.

Por último, no me queda más que manifestar mi reconocimiento al magnífico trabajo que los equipos de la Universidad Nacional Autónoma de México y de la Sala Alcalá 31 han realizado. El fruto de todo el esfuerzo invertido es, sin duda, una aportación clave para la cultura de nuestro país.

Sari Bermúdez
Presidenta del Consejo Nacional para la Cultura y las Artes, México

Any attempt to understand Mexico must necessarily include a profound reflection on its northern border area. This strip of territory, that runs from one side of our country to the other, features an endless series of exchanges, combinations, rejections, frictions, opportunities and tragic disenchantments which, due to their dimension and complexity, are difficult to find in other latitudes. Within this area, peripheral by definition, Tijuana occupies an extreme position both geographically and socially. Located on the western boundaries of Mexico, with the icy abyss of the Pacific on one side and facing the world's leading economic power on the other, it provides an exact definition of a border city, overflowing as it does in the form of a two-sided waterfall, in terms of its exacerbated social, cultural and economic mechanisms.

In the midst of this spectacle, at once fascinating and terrifying, a group of artists has constructed a response to their circumstances. Featuring ideas that take the opportunities and contradictions of a context that exceeds any kind of prediction head on, these talented young artists offer their community a series of experiences of considerable vitality, packed with corrosive delight, and categorical affirmations of freedom and independence that establish their willingness to propose their own model, distancing themselves from the territories that flank their home territory, areas that are sometimes indifferent and sometimes attracted by their potential or their permissiveness.

A radio station, photographs, a graffiti action, documentaries, paintings, sculptures and multimedia installations all form part of a visual, sound and experiential universe in which the public will be able to discover the temperament of a city that is as unique as it is unrepeatable, an emblematic example of the state of our country. “Tijuana Sessions” also represents an indisputable testimony to the creative capacity of Mexican artists and, within the context of the wide-ranging presence of Mexico in Madrid organized to mark its role as the guest country at ARCO'05, this event is, as I have already stated, quite indispensable in offering a true insight into Mexico.

Finally, it simply remains for me to acknowledge the magnificent work that the teams at the Universidad Nacional Autónoma de México and at Sala Alcalá 31 have carried out. The fruits of all the time and effort invested in this project undoubtedly constitute a key contribution to the culture of our country.

Sari Bermúdez
Chairwoman of the Consejo Nacional para la Cultura y las Artes, Mexico

En nuestro país, la frontera no es solo un territorio físico, sino también un espacio simbólico, y Tijuana es un fenómeno en la panorámica nacional: ciudad de agudos contrastes, de tránsito de inmigrantes, de arquitectura vernácula vinculada con la pobreza, al tiempo que de maquilas y de alta producción económica. Tijuana detona y explica en sí misma la muestra “Tijuana Sessions” que la Universidad Nacional Autónoma de México incorpora a la Feria Internacional de Arte Contemporáneo ARCO’05, con el propósito de alimentar el diálogo con el circuito internacional de arte contemporáneo y arrojar nuevas luces sobre un ámbito esencial de la historia visual de nuestros días.
Desde principios de los años noventa, ARCO inició el programa de "países invitados" con el fin de ceder una parte específica del recinto ferial a la congregación de las más importantes galerías, así como de promover exposiciones curadas y organizadas en conjunto con las instituciones culturales convidadas; para la edición 2005, México es el país invitado. Esta vez, la Comunidad de Madrid y nuestra Universidad unen esfuerzos para presentar “Tijuana Sessions” en Alcalá 31. El título proviene del famoso disco homónimo del colectivo Nortec, constituyéndose el discurso curatorial como una analogía de la sesión de grabación del disco y su contenido.

Un elemento crítico de la construcción del significado de esta muestra es la presencia de piezas particulares que dan cuenta de una narrativa visual específica, articulada por Taiyana Pimentel y Príamo Lozada. Sin duda los objetos son complejos por sí mismos, pero combinados ofrecen un discurso que, en última instancia, refiere a la negociación cultural y al intercambio neocolonial que continuamente ha existido entre México y los Estados Unidos de América, desde el siglo XIX hasta nuestros días.

Con el propósito de contribuir a enriquecer la interpretación personal, se han generado algunas herramientas que habrán de permitir al público español una apropiación más significativa del planteamiento de esta exposición. Las obras incluyen una estación de radio virtual, música, graffiti, calcomanías, carteles, video, fotografía, e instalación de proyectos de sitio específico. La sinergia tijuanense, caracterizada por la inmediatez, por la producción en serie y la mano de obra, por el exceso y la fiesta continua, y por los paradigmas de la ilegalidad en tránsito, hacen eco en las piezas que congrega esta muestra.

Por otra parte, el discurso curatorial de “Tijuana Sessions” está fundado en una sólida investigación de campo sobre la frontera norte, prólogo a su vez de la muestra que habrá de presentarse en México, durante el segundo semestre de 2005, en el Museo Universitario de Ciencias y Arte de Ciudad Universitaria, y que abarcará no solo la producción tijuanense, sino también aquella desarrollada en ambos lados de la frontera entre México y Estados Unidos.

El hecho es que los artistas tijuanenses desarrollan su trayectoria proyectándola internacionalmente al margen del aparato cultural de la capital. Creemos que este fenómeno y la presencia de “Tijuana Sessions” en Madrid obligarán a una sana reconsideración de otros polos de crecimiento artístico ajenos al centro mexicano, y abrirá asimismo nuevas perspectivas a temas relacionados con la identidad y el desarrollo de formas alternativas de patrocinio para la producción artística en nuestro país.

Consideramos que en la medida en que se abran espacios de reflexión a aquello que surge de lo heterogéneo y de la inevitable ambigüedad de la condición fronteriza, como es el caso de “Tijuana Sessions” a través del arte, los países tendrán la posibilidad de comprenderse mejor en su diversidad cultural.

Juan Ramón de la Fuente
Rector de la Universidad Nacional Autónoma de México

In Mexico, where the frontier is not only a physical territory but also a symbolic space, Tijuana is a social phenomenon. A city of sharp contrasts, of constant immigrant traffic, where poverty-related autochthonous architecture is found along with *maquilas* and high economic productiveness. Tijuana both inspires and explains the exhibition the Universidad Nacional Autónoma de México has contributed to the International Art Fair ARCO’05, “Tijuana Sessions”. The exhibition results from an attempt to stimulate the dialogue within the contemporary art circuit and to throw new light onto an essential chapter of contemporary visual art.

At the beginning of the 1990s ARCO started a “guest country” programme according to which the most important galleries of a particular country are given a specific section of the exhibit. The programme also promotes special activities organised in collaboration with the guest cultural institutions. For the ’05 edition, Mexico is the guest country. On this occasion the Comunidad de Madrid and our University work together to present “Tijuana Sessions” in Alcalá 31. The title is borrowed from the famous CD of the same name recorded by Colectivo Nortec. Curatorial discourse is thus conformed through an analogy with the CD and its contents.

The inclusion of particular works which reveal a specific visual narrative, articulated by Taiyana Pimentel and Príamo Lozada, are crucial to the meaning of this exhibition. Clearly the pieces are complex in themselves, but when combined they put forward a discourse that ultimately refers to the cultural compromise and neo-colonial exchange that has always existed between Mexico and the United States since the 19th century.

Aiming to enrich personal interpretation, some tools have been designed that will allow Spanish audiences to grasp the way this exhibit is conceived. The works include a virtual radio station, music, graffiti, decals, posters, video, photography and installation of site-specific projects. The Tijuana synergy, characterised by its immediacy, by serial production and hand labour, by excess and non-stop revelling, and by the paradigms of illegal transit, have their echo on the works featured in this exhibit.

On the other hand, "Tijuana Sessions" curatorial discourse is founded on a solid research in the field focused on the Northern frontier, and is prologue to a second exhibition that will be held in Mexico during the second semester of 2005 at the Museo Universitario de Ciencias y Arte de Ciudad Universitaria. This exibit will cover not only the artistic activity produced in Tijuana but also the one that takes place on both sides of the Mexico-United States border.

The fact is that Tijuana artists progress in their international careers at the fringes of the capital's cultural mainstream. We believe that this phenomenon together with the presence of "Tijuana Sessions" in Madrid, will inevitably lead to new artistic developments away from the cultural centre. It will also open new perspectives on issues related to identity and on alternative means of sponsorship of artistic production in our country.

We also believe that, as long as we promote forums of reflection on the heterogeneous and on the unavoidable ambiguity of the frontier-like condition, as is the case with "Tijuana Sessions", countries will have the opportunity of understanding each other better in their cultural diversities through art.

Juan Ramón de la Fuente
Dean of the Universidad Nacional Autónoma de México

INDICE/CONTENTS

LA REINVENCION DE TIJUANA, FRONTERA Y TRANSFRONTERA

Carlos Monsiváis

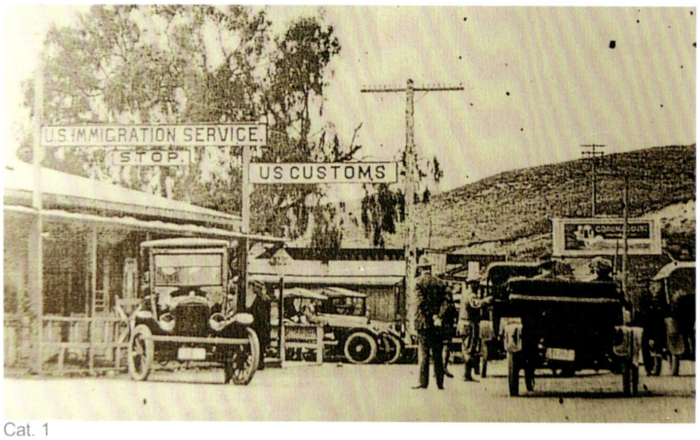

Cat. 1

Tijuana, Baja California, inicia su destino, uno de ellos, en la década de 1920 al constituirse un anuncio extraordinario de "la zona libre" (mercancía y pecado, el pecado como mercancía), venid a mí los deseosos de no cenar en casa, de cruzar por las aventuras posibles. Muy pronto, Tijuana se convierte en una de las "Sin Cities" del mundo, como Hong Kong, Marsella, Panamá, Macao, como los puertos en donde si el turista no se habilita mentalmente como marino le quita todo sentido a su viaje. La paga del pecado es la diversión: Tijuana es el casino Agua Caliente, es la utopía de la ruleta a la que ni siquiera intimidan los suicidios en la madrugada, es (que hable la leyenda) la bailarina Margarita Cansinos, aún no llamada Rita Hayworth, es el grupo de gánsteres que observan a los crupieres para adquirir elegancia y rostro imperturbable mientras facilitan los recursos de la urbanización. Tijuana, en síntesis, es la prostitución que florece con tal de resguardar la moral de la región, es la suma de negocios turbios que fundan dinastías, es la mala fama productiva. En el rancho de la Tía Juana alucinan a las estrellas de Hollywood, ya al tanto de su condición de archivo general de los sueños del mundo, y la orgía se masifica sin la intervención de los aún lejanos *paparazzi*.

¡Ah, cómo se extraña la ausencia o el desvanecimiento del pecado! Cuando había porqué sentirse "sucio del alma" al extraviarse en los fines de semana del deseo y el alcohol, Tijuana era un paraíso. ¿Cómo no inspirarse en el ámbito donde la inconsciencia era el estado ideal del diálogo con la realidad? Sin proponérselo, a lo largo de una década de esplendor (la de 1920) y de tres décadas de ilusiones brumosas, Tijuana genera la ética y la estética que al centrar su leyenda deciden, y sin vacilaciones, su derrotero urbano. Todo allí por un tiempo es fugaz, escenográfico en el más volandero de sus sentidos, la vida como escenografía y la escenografía como sucesión de formas de vida. Los hoteles suelen ser de paso ("Si conoces un bar, una cama, y un baño, ya conoces toda la ciudad"), y en los hoteles de lujo la diferencia es sólo económica; las cantinas parecen sitios edénicos si se las compara con los ambientes de la Prohibición en Norteamérica, y los espectáculos burlescos que se hacen con el propósito aparente de inspirar a los novelistas *noir* (Raymond Chandler, David Goodis). Y los *shows*

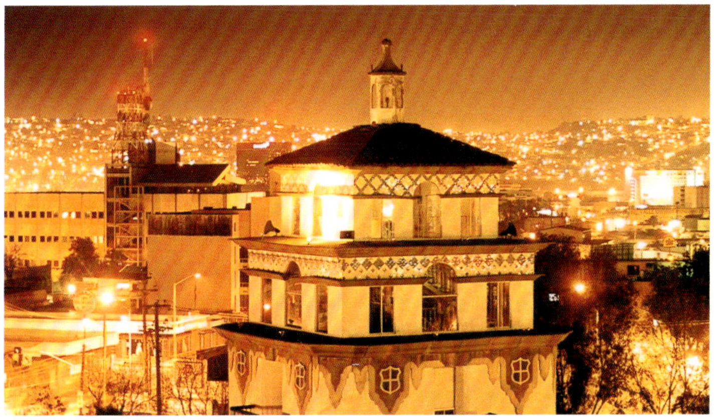

Cat. 2

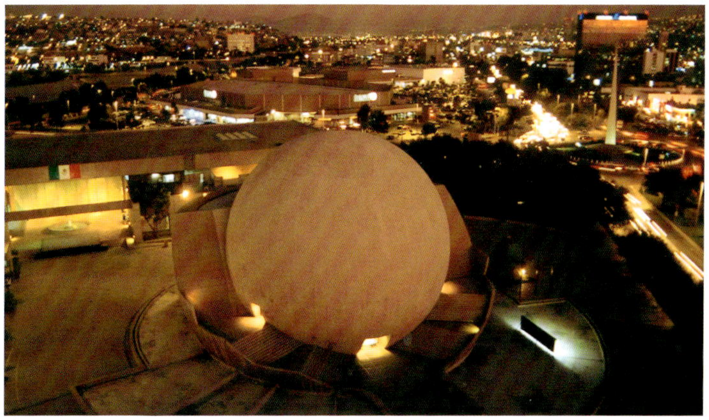

Cat. 3

semiclandestinos, con su aureola de encuentros zoofílicos, predican la falta de límites y la razón de ser de Tijuana.

Lo efímero es y puede ser el principio de la sedimentación urbana. Si en su etapa de arranque Tijuana favorece el conjunto de edificaciones y orgullos que se desvanecen apenas terminados, y si por lo mismo se alienta la noción de un pueblo afantasmado que, por ejemplo, concibe la religión como una serie de *sets* donde el Ser Supremo hace apariciones espaciadas, que se contratan con años de anticipación, Tijuana cumple con su destino. La ciudad, en rigor, es binacional: los edificios y "los gringos", las del sexo alquilado y "los gringos", las noches y "los gringos". ¿Cómo evitarlo? "Los gringos" no son turistas así nomás, son parte orgánica del proyecto, los clientes que reaparecen como paisaje de inversiones, los que imponen el gusto que se desdeña ("Es una gringada"), pero que se adentra en el *No man's land* y es lo básico del escaparate turístico que, para los fines que convengan, resuelve la identidad. Por una larga etapa, Tijuana promueve el mal gusto que le exigen y que la ciudad misma va demandando. ¡Ay, palacios de estuco! ¡Ay, falsos jarrones chinos y diluvios de mexicanerías ("Esta imagen es la del Tláloc que según creían los antiguos aztecas hacía llover semen en las noches de infertilidad") y jarrones chinos que anticipan la divinización de Mao y *boudoirs* donde las mujeres de vida galante se emborrachan ante sus propios ojos! (A eso le podrían llamar "el anticlímax del vicio".)

Y sexo, sexo a todas horas, sexo multirregional con jóvenes que vienen de toda la República para ya no seguir

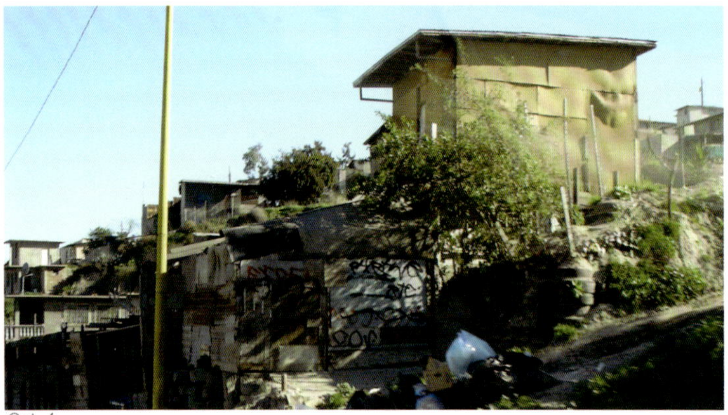

Cat. 4

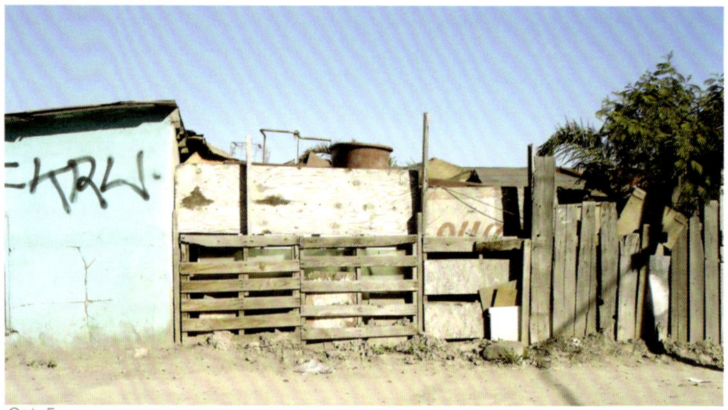

Cat. 5

acostándose por obediencia o placer, y con norteamericanas y españolas y asiáticas. El sexo lo abarca todo y vuelve inútil las menciones de "impureza" y la urgencia de erradicarlo. Nadie moraliza su fuente de empleos, y si los "gringos" quieren pecar contranatura que paguen el doble y se enfanguen unas calles más allá. La ética se funda en Tijuana en las razones de la sobrevivencia, y la estética en el despliegue de lo que todavía no se llama *kitsch*.

"Me fui de Comala porque me dijeron que en Los Ángeles vivía mi padre, un tal Pedro Páramo"

Si algo se conoce de las ciudades fronterizas es el sistema de viajes de la gran mayoría de sus residentes:

—del rancho que es el tedio redimido por las sensaciones

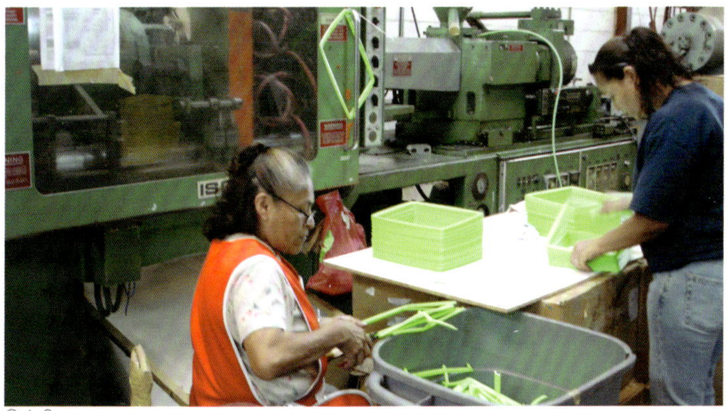
Cat. 6

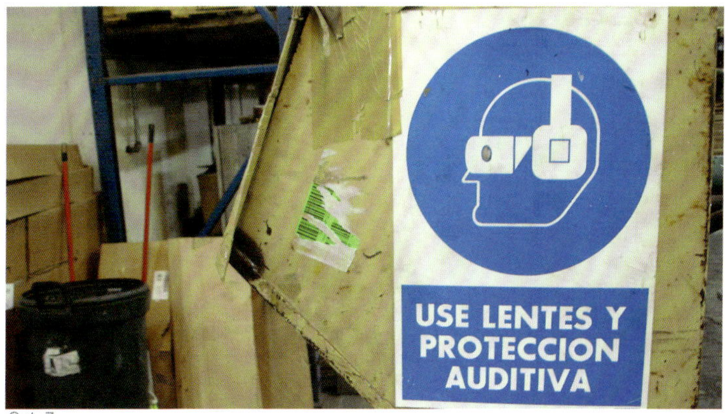

Cat. 7

periódicas de importancia a la ciudad donde el anonimato es sinónimo de la clandestinidad,

—de la ciudad pequeña a la obtención de libertades desconocidas,

—de la mirada fija en imágenes del sueño laboral a las oportunidades en serie aunque casi todas sean iguales,

—del goce del aprendizaje del inglés al recuerdo de los cielos azules y las regiones transparentes todavía nombradas en español,

—de la familia tribal a la familia nuclear,

—de la numerosa descendencia a la descendencia que se ajusta al tamaño del apartamento,

—del gusto por ver a los paisanos a la urgencia de hacerse de paisanos nacidos en todas partes,

—de la intolerancia a la tolerancia que se inicia como resignación ante la conducta ajena que no se puede modificar,

—del ágora creada en un patio de vecindad al saludo apresurado en la colonia popular,

—de las veladas familiares al autismo televisivo,

—de la organización de la vida familiar en torno a programas de moda al sexo entendido como "las horas sin televisión",

—de la protección violenta de la honra al deseo no tan secreto de que el adulterio de una o de las dos partes revigorice la relación marital,

—del aprecio lejano de lo moderno a la nostalgia confusa de lo tradicional,

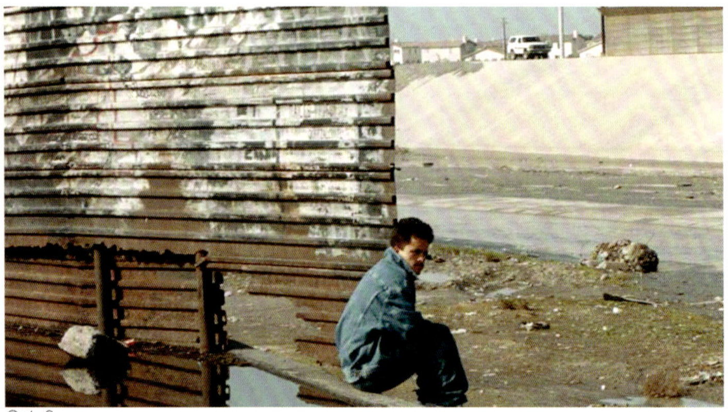
Cat. 8

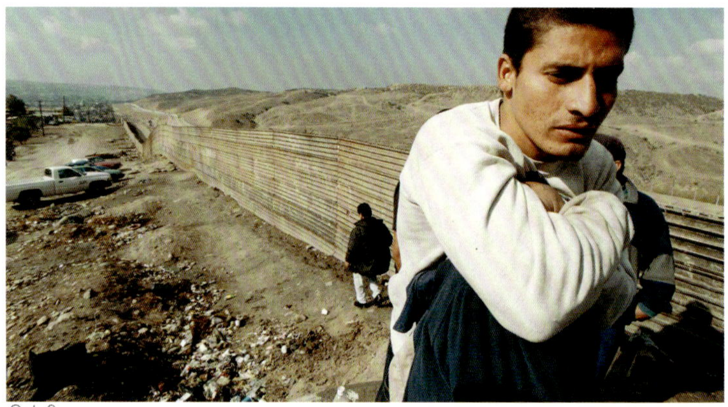
Cat. 9

—de la gana de provocar la envidia de los propios al miedo de incitar la codicia de los extraños.

A los habitantes de la Frontera Norte, el tiempo invertido en las esperas les resulta la matriz formativa. Esperan en la Línea, esperan en los autobuses, esperan en las colas para obtener la visa norteamericana, esperan el trabajo fijo, esperan la vivienda y el agua y el transporte... Y mientras lo hacen, imaginan a ratos cómo serán sus casas y sus apartamentos y para hacerlo se guían por perspectivas utilitarias, que quepan las cosas y las personas, nomás con eso, que los muebles no ocupen mucho espacio por si llegan los parientes, que en la recámara la cama sea muy ancha por si llegan los papás de uno o de otra, que los niños lo sepan de una vez por todas y se acostumbren: el apretujamiento no es la promiscuidad, la promiscuidad se da cuando hay menos gente.

Tardan en implantarse las exigencias estéticas en una Tijuana que, a diferencia de casi todas la ciudades de provincia, carece de miedo al ridículo, no toma muy en serio el Qué Dirán, no concibe el sueño de la Buena Sociedad, no se interesa (o no se interesan sus autoridades y sus empresarios) en crear una infraestructura cultural, no tiembla si la amenazan de excomunión, y le da visos de eternidad a las modas del instante, al fin que lo que dura no suele ser estable. Durante mucho tiempo, Tijuana es una calle —Revolution Avenue— rodeada de expectativas de riqueza y de disgusto por la indiferencia del Centro, que radica en la ciudad de México.

Hasta hace pocos años, los criterios y las satisfacciones de la estética poco o casi nada tenían que ver con la Frontera Norte. "Lo bonito" es ya exigencia de la segunda generación, que se distancia de su ascetismo campesino y su decoración con la Virgen de Guadalupe y, nuevo centro del hogar, con su aparato de televisión en torno al cual giran las alegrías y las desesperanzas. Como regla general, o en principio, el afán por hacerse de representaciones de "lo bonito" surge de las ofertas en la televisión o en los periódicos, de la observación de los gustos que van poblando las ciudades a manera del nomadismo de la sensibilidad. Y "lo bonito" es lo chillón, el colorido que enceguece, las reproducciones de temas religiosos, las ofertas de los supermercados, las ofertas una y mil veces...

Y de manera paulatina, pero sin la energía moralista que ahuyentaría la fama fundacional y el comercio, Tijuana

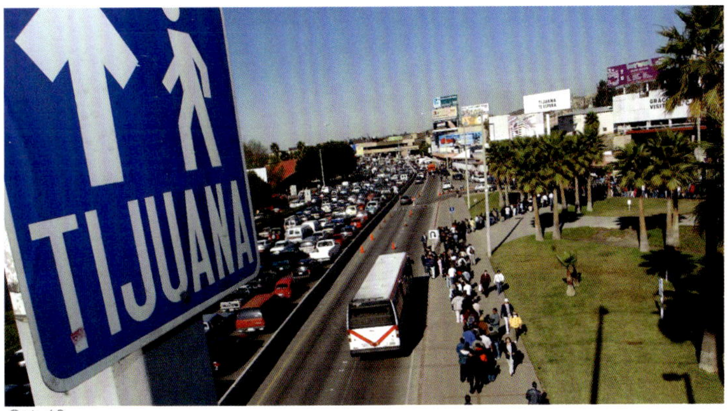

Cat. 10

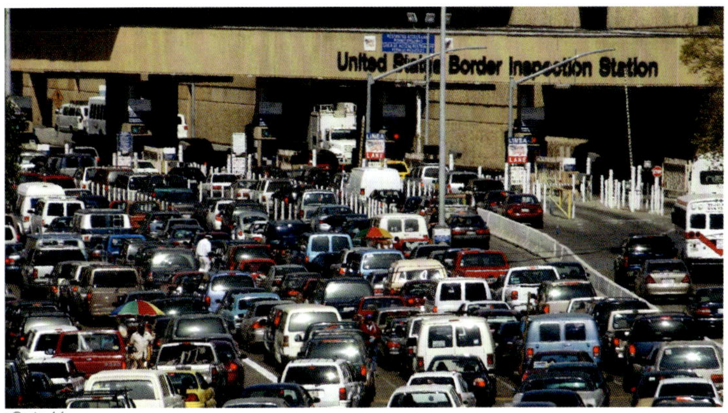

Cat. 11

también industrializa la zona no regida por las apetencias pecaminosas.

"Cuando llegué aquí a la Frontera, nomás traía puesta la gana de irme pronto"

Tijuana: 1940-1980. El espacio físico se reduce por la explosión demográfica y de la pobreza; en el espacio social, lo público y lo privado se asemejan y se intensifican las geografías de la exclusión y las geografías de la inclusión pese a todo. Si hay un sentimiento utópico es el del poder adquisitivo, y si hay un ámbito valorativo es el de la avidez migratoria que localiza las extensiones de terrenos baldíos, se instala en ellas como puede y al cabo de veinte años las exhibe como "gran desarrollo urbano". Y a Tijuana la define un

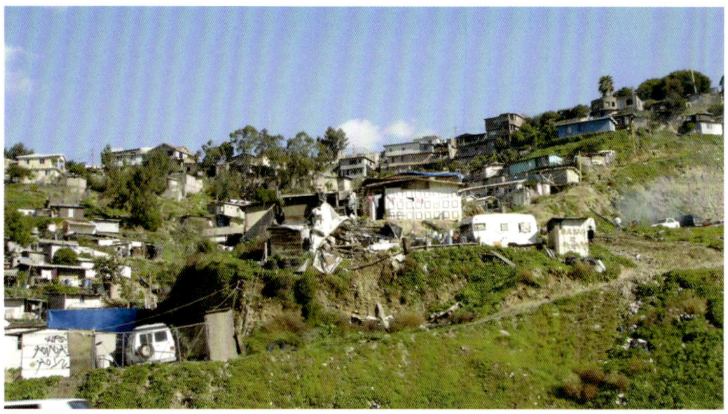

Cat. 12

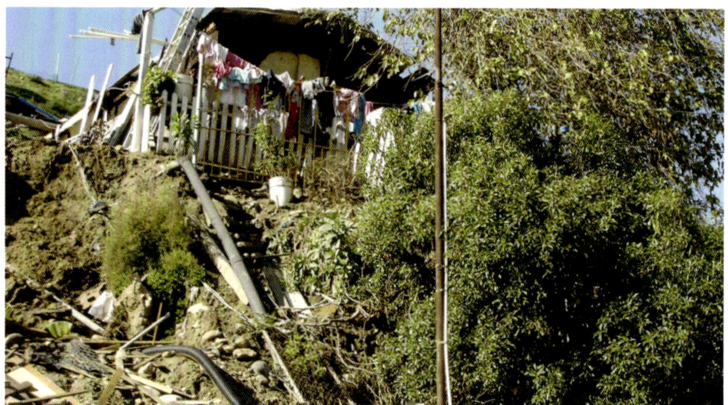

Cat. 13

fenómeno creciente: la ciudad (la totalidad, el concepto) huye de las ideas urbanas tradicionales y se rige por la ansiedad de poblar sin intenciones de quedarse.

"Ciudades de paso", eso han sido Tijuana, Matamoros, Reynosa, Ciudad Juárez... Aquí acude un fugitivo de la provincia o de la capital y aquí permanece un fronterizo incierto, al tanto de lo provisional de su medio, del descrédito íntimo y público que genera el narcotráfico (ocupación de bastantes), del poderío de la violencia, que es la señal más trágica de la urbanización. En las últimas décadas, la movilidad extrema en Tijuana, en algo o en mucho, se modifica y aparecen las señas de la perdurabilidad (instituciones, personas, historia recuperada, centros de enseñanza superior, localización de orgullos locales), y queda aislado el pintoresquismo.

Esto se vio en el siglo XX, en la ruta de las regiones mexicanas hacia Texas, California, Nuevo México, Illinois o hacia la Frontera Norte: campesinos hartos de vivir en el filo de la navaja entre el caciquismo y la pobreza extrema; militantes políticos que huyen por el mezquino fin de preservar la vida; jóvenes que abandonan su pueblo incapaces de soportar un minuto más la monotonía sin salidas; familias cuyo anhelo de oportunidades se transforma ante sus ojos en travesía legendaria; modificaciones del perfil migratorio (se sabe por ejemplo de buen número de indocumentados que mientras huyen del *Border Patrol* escriben y reescriben sus ponencias y tesis de doctorado); identificación de vida espiritual con mínimas comodidades tecnológicas; hostigamientos raciales; inseguridades que van del asombro cultural a la carencia de documentos; esfuerzos por comprender en un instante lo que se asimila a lo largo de los años... en síntesis, los comportamientos y actitudes que anuncian o denuncian sed de cambios, desesperación, grandes ilusiones: "Vámonos de aquí, a cualquier lugar que no sea éste, me cansé de ver los nopales, las gavillas de robavacas, los ladrones del Banco de Crédito, la ventanilla a la que nunca se llega, el mercado, la oficina. Vámonos, el mundo es ancho y a lo mejor resulta expropiable, ya esto se acabó para nosotros, vámonos, *mano,* y que luego se nos unan las familias".

El relato es típico y es clásico de cualquier migración en cualquier lugar del planeta. Irse es arriesgarlo todo, quedarse es aceptar que ya nunca más se arriesgará algo. Los nómadas aspiran a un nuevo sedentarismo. Los sedentarios, como técnica compensatoria, suelen imaginar positiva o negativamente el sitio de donde no han salido (a ese viaje-alrededor-de-mi-cuarto se le llama "idealización" o "demonización" del terruño o de la ciudad). Y el recorrido, así se haga a solas, es asunto de la tribu. Alguien —del pueblo, de la ciudad, de la colonia, del trabajo, de la familia— se lanza, y tras él van los parientes, y tras los parientes a veces va la comunidad entera, ésa que ya abandona a los antropólogos dedicados a investigar hábitos de arraigo en el sur de Oaxaca o en el norte de Jalisco. Las exhortaciones son órdenes: "Vente, ¿qué haces allí? En Tijuana hay chambas, en California ya viene la temporada de la pizca, la familia con la que trabajo me aseguró que te ayuda, en el municipio hay un montón de obras, vivirás con nosotros, recibí tu carta, órale, algo se podrá hacer, no te quedes en el hoyo". En este siglo, millones de mexicanos nómadas van dejando solos a muchísimos más millones de sedentarios.

La red de afectos y vínculos atrae a los ganosos de aventuras y a los ansiosos de sobrevivencia. En sus relatos, los amigos y parientes y paisanos embellecen la región o la ciudad o el trabajo adonde se han trasladado, y se reconstituye el gran sueño de los marginados, que no radica desde luego en los brazos abiertos del extranjero sino en la solidaridad de los suyos y en su zona de trabajo (en tierra extraña, como se quiera ver, la familia es más familia, los paisanos más paisanos, la reconstrucción de lo conocido más devocional. Esto, mientras no interviene el lado egoísta y cainita de la condición humana, que de cualquier manera no quebranta la norma). Y los arraigados en el pueblo admiran a los emigrantes o, si los envidian, tarde se les hace para hablar de la "traición de los pochos, los descastados", o, lo peor, del turismo sin oportunidades. De modo invariable, a los emigrantes se les asocia con la modernidad que una vez vislumbrada seduce o da pavor, porque, desde fines del siglo XIX, no sólo y tal vez ni siquiera centralmente, son las fatalidades de la geografía las que obligan a los mexicanos a definir lo moderno a partir de lo norteamericano, sino la sensación de anacronismo que surge al comparar las capacidades tecnológicas y los conocimientos del mundo. Lo declaren o no, lo sepan o no, los emigrantes quieren ser modernos, trasladarse de una condición cultural a otra, de una vivencia planetaria a otra. ¿Eso significa que México es un país atrasado? Esto alude por lo pronto a la ansiedad de los emigrantes por volver sinónimo a modernidad y oportunidad de trabajo. Esto, en espera de la globalización.

"Pon este retrato de mi mamá frente al comedor/ ¿Y dónde pongo el comedor?"

El criterio estético es tardío en comunidades iluminadas por la prisa y el afán de instalarse aquí, ahora, para irse lo más pronto posible. En la época anterior a la década de 1980, las fotos y las escasas filmaciones de Tijuana, Ciudad Juárez, Mexicali, Matamoros y Nogales, para usar ejemplos significativos, dan idea del pragmatismo llevado a su límite, del esfuerzo de maestros de obras muy eficaces y de arquitectos sin imaginación o sin experiencia o sin modelos profesionales que hagan las veces de obligaciones académicas. El determinismo domina durante casi todo el siglo XX, un determinismo feroz que no le concede nada a sus usuarios o víctimas. Nadie, siquiera, se plantea un "¿Por qué no he de tener derecho a la belleza?", y los pocos edificios interesantes o intrépidamente *kitschs* suelen ser obras de arquitectos norteamericanos ansiosos de regalarle al mundo el ejemplo de Los Ángeles, California, más específicamente de Hollywood. (Un ejemplo notorio, el casino de Agua Caliente.)

Todavía alrededor de 1950 o 1960, Tijuana es un taller del aprendizaje. Allí se ensayan las libertades, la transformación de la resignación en alegría alternativa ("Si puedo elegir entre deprimirme o no deprimirme, ya superé la depresión"). El proverbio medieval, "El aire de la ciudad libera a la gente", se combina con el "Pueblo chico, infierno grande", el centro de las ciudades se da por acumulación: de despachos abogadiles especializados en divorcios y amparos de hampones, de consultorios donde los doctores acreditan su especialidad según la enfermedad del cliente, de ingenieros y arquitectos surgidos de las clases de los maestros de obra (generalizo y hago mal, pero las excepciones no se darán por aludidas). El desdén por la estética es contagioso y los clérigos y los profesores también se inclinan ante la ley del menor esfuerzo, y hay que ver los templos y las escuelas. Se demora la fluidez de las nuevas tradiciones, se convierte el analfabetismo arquitectónico en devoción de la prisa. "¡Rápido, rápido, rápido!" Que se muestren las colonias de

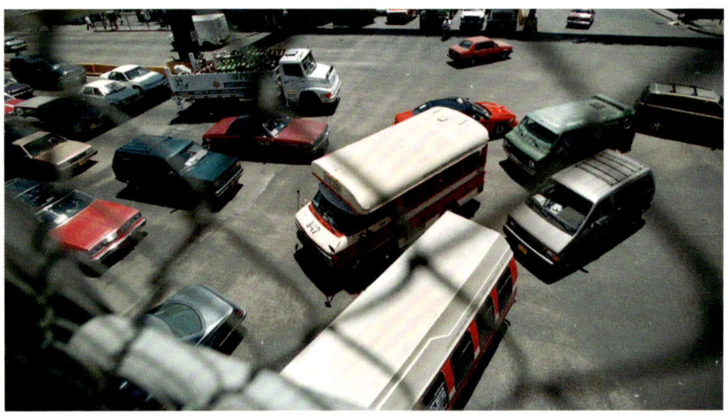

Cat. 14

clases medias, las escasas residencias, los colegios, los templos.

Al diseminarse las construcciones y ratificarse la expresión urbana, se modifica la falta de exigencias como criterio fronterizo. Pero esto no ocurre antes de 1970 o 1980, así de cercana la fecha.

Lo común, lo singular en Tijuana

Si un fenómeno marca la aparición del nuevo sentimiento urbano en América Latina, tumultuoso, desenfadado, impúdico, según las normas tradicionales, es el de los *talk shows*. Al oír las venturas y desventuras de sus participantes, el espectador se devuelve al mundo intercambiable donde los vecinos van y vienen, la gana de irse de inmediato es una forma del arraigo, el Qué Dirán temible no es el del escándalo sino el de la falta de comentarios. Todo congestionado y a punto del estallido de cuerpos. Este es el repertorio de Tijuana: la línea fronteriza, el autobús, el tráfico, el apartamento que se da mañas para acomodar a la familia del hermano recién llegado del pueblo, el empleo informal, el orgullo de pertenecer a la segunda generación de tijuanenses, las experiencias cotidianas de San Diego. De lo que ha sido una ciudad del deterioro surge el ánimo que refiere lo antes silenciado y oculto, los abismos de las relaciones de pareja, las "psicopatologías", las manías, y lo básico, la gana de un trabajo "del otro lado". Y el temperamento conservador se alarma no por lo que ve y oye sino por la inminencia del auge de las libertades interiores. Y los *talk shows* o los *reality shows* traslucen la forma anímica de mucho de la

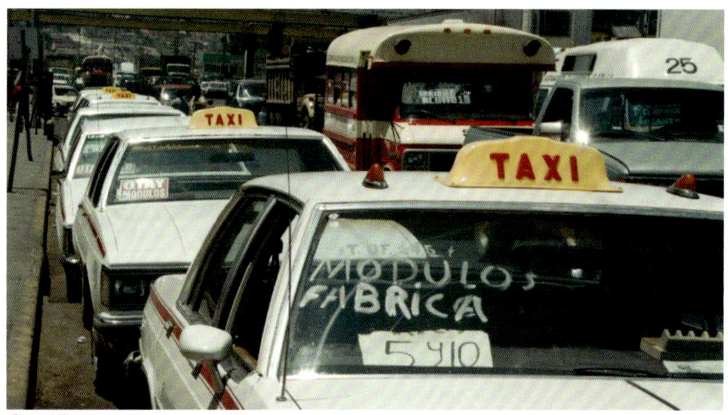

Cat. 15

ciudad en pleno movimiento que es también un bosquejo de la arquitectura de aluvión: vivimos a tal punto dentro de la multitud, "que sólo si confieso mi intimidad me entero bien a bien de qué se trata".

La arquitectura fronteriza que corresponde a los *talk shows* y *reality shows*, a ese fin de la privacidad y de la intimidad, es una arquitectura en serie, de casas presurosas que se multiplican entre psicologías que se enfrentan con los estilos de las subculturas juveniles (los cholos, los punks, los *low-riders*), con la americanización superficial, con la conversión de la cultura juvenil en la Ciudad del Tiempo Libre, lo que para los jóvenes es la verdadera Frontera Norte, moderna y americanizada pero no gringa (en el sentido de vida comunitaria) ni aséptica. Y ya en la década de 1990 se impone la necesidad de la arquitectura que señale la decisión de permanencia.

A principios del siglo XXI ya no hay duda sobre los cambios. Si se busca un equivalente del barón Haussman, el urbanista que modificó el París del siglo XIX, allí está Internet, el remodelador de las avenidas electrónicas, el creador de los bulevares interminables de la comunicación. En la vida cotidiana el repertorio es típico: la familia es el caparazón, las instituciones son las fraguas psíquicas, la vida social es la gloria de la intimidad, y a esos "tacones cercanos" donde se acudía como al amanecer de lo inesperado (la ciudad como aventura), los reemplazan las computadoras, las tarjetas de crédito, los faxes, el e-mail, el *bipper*, el teléfono celular, el *palm*. Se borran las geografías precisas y el centro antiguo de las ciudades, cada vez más interpretado por la literatura,

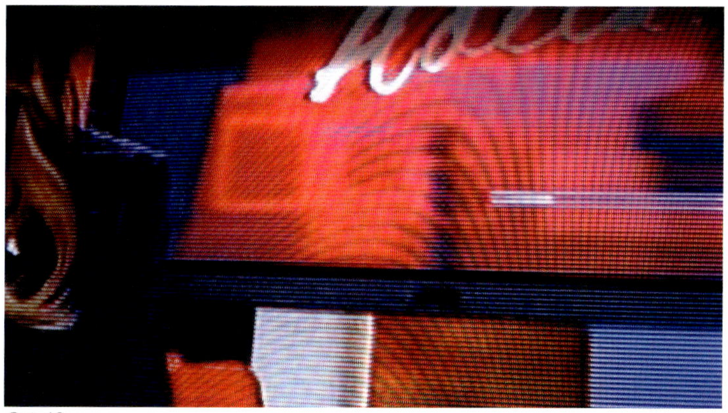

Cat. 16

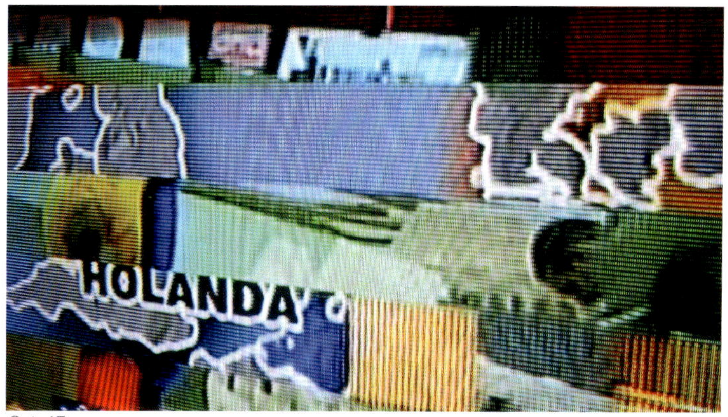

Cat. 17

es la zona que ignoran las clases en ascenso. El *Mall* reemplaza a los paseos y a la plaza mayor, y la cultura televisiva se vuelve el código de la cultura urbana concebible, mitad consumo y mitad construcción de sensibilidades diferentes. Y a lo cotidiano lo invaden las técnicas fragmentarias. Si los jóvenes suelen sentirse atrapados en un videoclip de MTV, los adultos quedan a medio camino entre el comercial televisivo y el miedo al asalto en el restaurante. Lo fragmentario es el espejo de las ciudades.

Tijuana, ciudad fronteriza, va dejando de ser el lugar liberado de las presiones del lugar de origen y vuelve la duda entre la vida colectiva y la individual. Y surgen las nuevas especies, muy similares en cada una de las ciudades, en apariencia clonadas por la urgencia de americanizarse para no quedarse atrás del tiempo psicológico de la época, animadas por las distancias tomadas respecto a la vida de sus padres (las victorias más preciadas de una generación se dan siempre a costa de las anteriores), divididas entre el ansia de la diversidad y el temor de ya no ser homogéneos.

En la escena final de la película *Born in East L.A.*, la muchedumbre que simboliza la explosión demográfica de los migrantes se abalanza desde Tijuana hacia San Diego, California. Y, con el énfasis de la alegoría, su carrera exhibe lo irreversible: cada año, en proporciones en nada disminuidas, se precipitan hacia su meta obsesiva (la modernidad cuya raíz es el empleo, la oportunidad que siempre está en otra parte), cientos de miles de mexicanos, salvadoreños, guatemaltecos, nicaragüenses, dominicanos, hondureños, que desafían la brutalidad policíaca, la red de engaños y estafas de los guías, de los indocumentados (los "polleros"), el racismo de sus empleadores, y las sensaciones de insuficiencia (cultural, idiomática, tecnológica). Pese a todo, y pese al abandono de sus arraigos, persisten.

Desde la década de 1970 Tijuana se recompone, pierde su carácter de lugar de paso, se "rehabilita moralmente", se desarrolla industrialmente, se deja invadir y diezmar por narcotraficantes, se diversifica en lo político, amplía sus sistemas universitarios y sus grupos culturales, se olvida de las leyendas del vicio a pequeña escala, sufre y se beneficia y se descompone y se perjudica ecológicamente con las maquiladoras, aspira al pleno empleo, y se integra a fondo con la economía norteamericana, mientras algunos de sus intelectuales discuten la preservación de la Identidad Nacional. Continúan los abusos del centralismo, pero en forma categórica Tijuana debate: ¿es antesala del sueño migratorio, es espacio secuestrado por el narco, es entidad con desarrollo propio?

Una parte de la arquitectura fronteriza parece irremediable al margen de las lecciones de Frank Lloyd Wright y Le Corbusier y Mies van der Rohe y Philip Johnson y Pei y Frank Gehry y Luis Barragán. Es lo que representa la densidad del cinturón periférico de las grandes ciudades, las casas y los edificios pequeños de los emigrantes que sueñan con irse al otro lado y se estacionan y apoyan la educación de sus hijos y se meten en política o le entran a las variedades del delito y se van quedando. Es la Tijuana de la colonia Lomas Taurinas el 23 de marzo de 1994, el día del asesinato del candidato presidencial del PRI Luis Donaldo Colosio, una ciudad de la desesperación demográfica y la furia de los asentamientos urbanos.

> "Soy fronterizo por adopción y soy fronterizo de primera generación; por adopción, porque vine mientras arreglaba la salida a los States; de primera generación, porque tardé demasiado en aceptar que ya no me iba"

Algunos hechos que apoyan los alegatos del determinismo: la frontera de tres mil kilómetros con Estados Unidos, la dependencia económica de México (el 92% de sus transacciones se dan con el mercado norteamericano), la fuerza y la debilidad de la industria maquiladora, y el flujo migratorio incesante a Texas, California y Chicago sobre todo, pero no únicamente (ya son importantes las migraciones a Nueva York). Antes, si querían orientar su relación con la modernidad, los provincianos miraban a la ciudad de México; ahora, cuando el país se va unificando, la atención, normada por los medios y esas "fantasías de viajero" que son los relatos de los inmigrantes, abandonan ya el centralismo.

*   *   *

Que no exagere la fantasía integracionista. La Frontera existe y con vigor y crueldad y rechazos. Y Tijuana es parte de una nación y comparte sus niveles educativos y sus niveles de pobreza y miseria. Pero lo real, por importante que sea, no interfiere con los ansiosos de ser contemporáneos de sus ilusiones, de igualar lo que viven con lo que sueñan. Si la computadora e Internet borran límites, si la globalización es un hecho inescapable, y si la arquitectura contemporánea intenta duplicar las formas del horizonte urbano para "desterritorializar" y hacer cruzar virtualmente la frontera a los mexicanos, entonces acéptese la condición "fronteriza" de amplios sectores de la nación. Ser fronterizo es disponerse a salir de inmediato, ir y venir de un país a otro en la realidad o en la imaginación, calificar

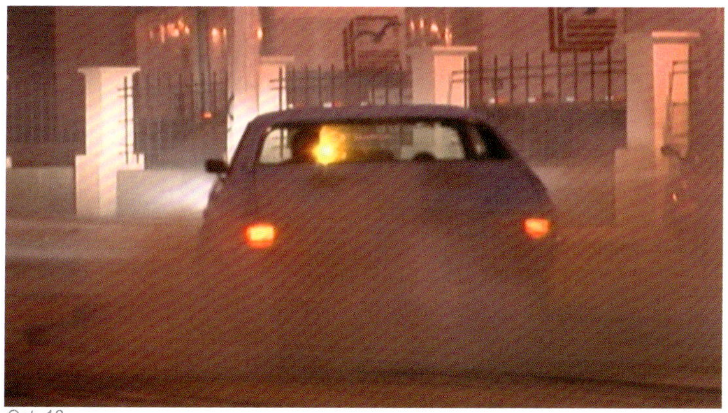
Cat. 18

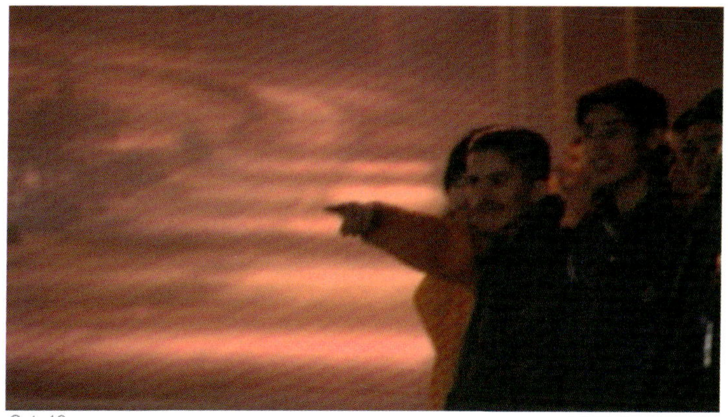
Cat. 19

a lo típico y lo tradicional de dispositivos de la nostalgia, no de la globalidad.

La frontera es también, y en contra de las evidencias del racismo y la brutalidad policíaca, un estado de ánimo. Cuando se dice que México se "chicaniza", se indica el método para usar lo fronterizo como tarjeta de presentación ante la modernidad.

* * *

Durante casi todo el siglo mexicano, la Frontera (no hace falta decir que con Estados Unidos) señaló el límite de las esperanzas y el auge del anacronismo en relación a los que vivían del otro lado. Esto ha cambiado extraordinariamente. La Frontera es la alegoría del tránsito cultural, psíquico, de costumbres, y la idea de México, nación de fronterizos, ocupa un espacio extraordinario sin que esto signifique la crisis terminal del nacionalismo ni, mucho menos, el deterioro de la conciencia nacional. Pero el fronterizo se adelanta en el tiempo a la integración binacional, acepta la globalización con ánimo viajero, y hace uso de todos los pasaportes que la imaginación concede.

"Y le hablé en inglés y no me contestó;
le hablé en español y ni me miró;
te soy sincero, no domino suficiente
el espanglish como para hacer la conversación"

A partir de 1990 (muy aproximadamente), la vida cultural en Tijuana se modifica, y aquí uso "cultura" en un sentido amplio. Están las universidades, y las instituciones culturales del

Estado y el gobierno de Baja California, y los esfuerzos privados y las revistas irregulares y un puñado de librerías, y el Centro Cultural de Tijuana (el CECUT, o "La Bola"), y esto conforma un panorama de estímulos similar a otros en el país, regidos por las tensiones entre las burocracias y la escasez de ofrecimientos. Pero el caso de Tijuana es muy peculiar, y genera movimientos, grupos, tendencias musicales, búsquedas de fusión en las artes, literaturas marcadas por la necesidad de condensar dos experiencias nacionales desde el idioma.

Tijuana es un hervidero, el escenario de las confrontaciones interminables entre grupos de narcos, el sitio de los auges inexplicables ("Si este edificio no viene del lavado de dinero, a lo mejor no tiene cimientos"), de la gana de construir una sociedad ideal, es decir, donde todos estén libres de sospechas en cuanto al origen de sus ingresos. Y, como en todo México, pero con energía multirregional, Tijuana combina la opulencia y los cadáveres en casas de colonias residenciales, el uso de la americanización con el conocimiento de primera mano de una cultura de segunda mano (la habitual en California), el esfuerzo de las vanguardias artísticas con la creación más bien lenta del público que les corresponde.

Los fenómenos no definen pero tampoco son por entero a la esencia de Tijuana: la leyenda de Juan Soldado, la conversión del narcotráfico en cultura popular y narcocorridos, el jazz y el rock como lenguajes generacionales inevitables, "la secularización" de la Línea (ya no es sagrada, así siga resguardada por arcángeles racistas), el Norte K como propuesta y realidad que arraiga en lo electrónico y en la confianza de que se han extinguido los oídos puramente melódicos.

Y están, recurrentes, imaginativos, los instaladores, producto de las generaciones de emigrantes, y de la metamorfosis de cada recién llegado en una generación entera de emigrantes, de los sonidos y los enredijos y las zozobras y las acumulaciones de estímulos. ¿Qué se elige cuando todo en Tijuana parece de pronto una instalación *ready made*: una sesión de rodeo, unas elecciones municipales (qué chiste fallido eso de "Que gane el mejor"), la vida nocturna con sus rancheros intrépidos que, infieles a su tradición mexicana, ya ignoran quién fue John Wayne o qué pasó en el O K Corral? La instalación es una experiencia artística que le conviene inmensamente a Tijuana, porque en la época global, y en la Frontera, o en los alrededores de la Línea, lo propio de la tradición es que siempre está por hacerse, el porvenir se sitúa en la nostalgia y la tradición en el ir y venir de Tijuana a San Diego, de Tijuana a Los Ángeles, de Tijuana a Guadalajara y a la ciudad de México. En Tijuana abundan los músicos, los artistas plásticos, los teatristas, los bailarines (lo que aún no se traduce en existencia del público que en justicia les corresponde), y en el entrecruce de las oportunidades y la dificultad para aprovecharlas, los instaladores y los performanceros reclaman la titularidad de la ciudad. Está bien que no se la den, y, por supuesto, está muy bien que les pertenezca porque en la ciudad de las instalaciones nadie sabe bien qué fue primero, si el hacerse o el deshacerse.

THE REINVENTION OF TIJUANA: FRONTIER AND TRANSFRONTIER

Carlos Monsiváis

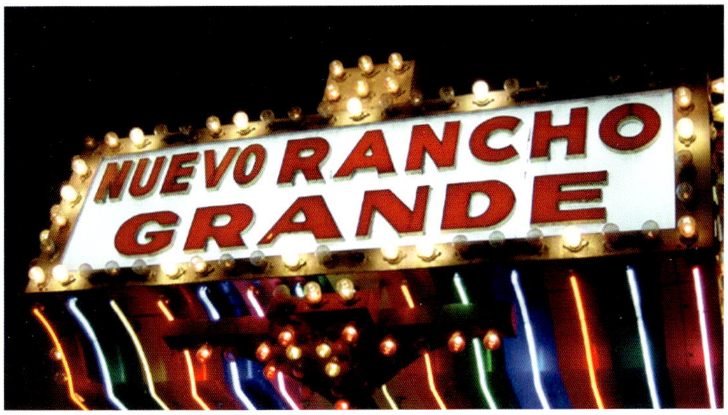

Cat. 20

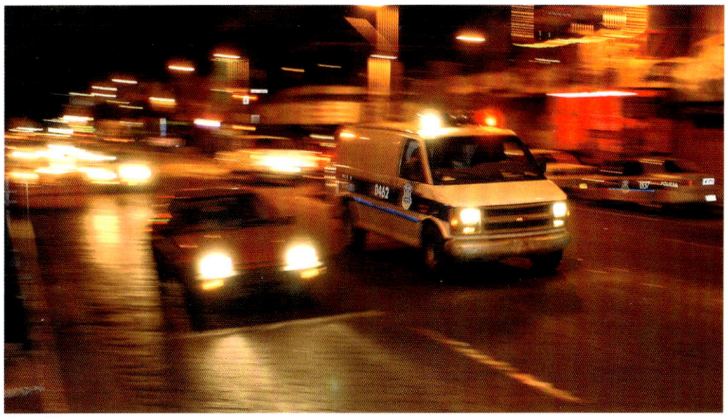
Cat. 21

Tijuana, Baja California, began its destiny, or at least one of its destinies, in the 1920s when it emerged as an extraordinary advertisement of the "free zone" (merchandise and sin, sin as merchandise): come to me those who do not wish to eat dinner at home, those who wish to experience possible adventures. Tijuana very soon became one of the "Sin Cities" of the world, like Hong Kong, Marseille, Panama and Macao, like the ports where tourists who fail to prepare themselves with a sailor's mentality, find out their trip is quite senseless. The wages of sin is fun and entertainment: Tijuana is the Casino Agua Caliente. It is the utopia of the roulette wheel, which even the early-morning suicides do not scare off; it is (according to legend) the dancer Margarita Cansinos before she became Rita Hayworth; it is the group of gangsters who watch the croupiers in order to acquire elegance and unruffled faces whilst they facilitate the resources for urbanization. In short, Tijuana is the prostitution that flourishes in order to protect the morality of the region; it is the sum of shady deals that found dynasties, it is productive bad reputation. On the ranch of Tía Juana, Hollywood stars, who have learned of its status as a general archive of the world's dreams, are captivated, and the orgy escalates without any sign of the still far-distant paparazzi.

Ah, how we miss the absence of sin! When there was still a reason to "dirty one's soul" by getting away for a weekend of lust and alcohol, Tijuana was a paradise. How could you not find inspiration in an ambience in which unconsciousness was the ideal state in which to establish a dialogue with reality? Without meaning to, throughout its decade of splendour (the 1920s) and three decades of blurred dreams, Tijuana generated the ethic and aesthetic that, once its legend had become established, determined its urban direction. Everything there is short-lived, scenery in the most fleeting sense, life as scenery and scenery as a succession of different forms of life. Hotels tend to be passing establishments ("If you know one bar, one bed and a bathroom, you already know the whole city"), and in the high-class hotels the only difference is financial; the cantinas seem to be paradise-like if you compare them to the dives that existed in the times of the Prohibition in America, whilst the burlesque shows that are staged seem to have the sole purpose of inspiring "noir" novelists such as Raymond Chandler and David Goodis. The semi-clandestine shows,

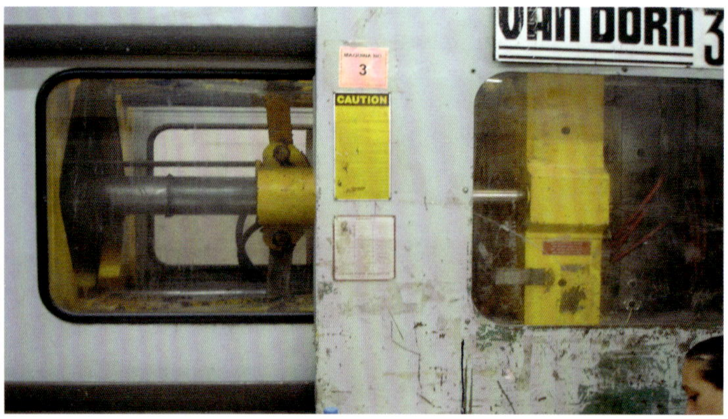

Cat. 22

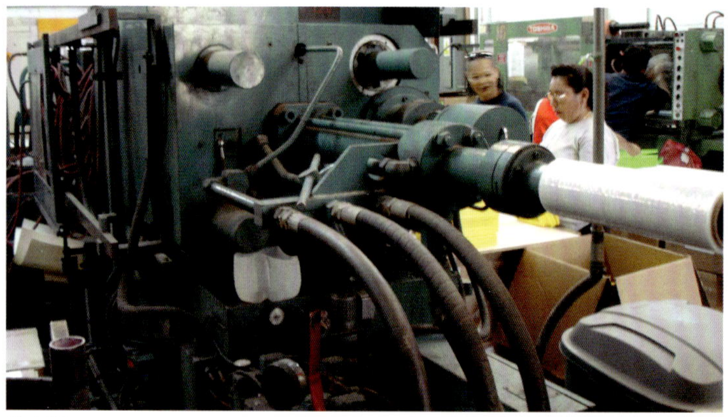

Cat. 23

with their bestial aura, preach Tijuana's lack of limits, its raison d'être.

The ephemeral is, and can serve as, the starting-point of urban sedimentation. If, in its early days, Tijuana promoted a sense of pride that buildings would disappear almost as soon as they were built, and if it encouraged the idea of a ghost town which – for example – conceives religion as a series of sets in which the Supreme Being makes occasional appearances, that are contracted years in advance, Tijuana is simply fulfilling its destiny. The city, strictly speaking, is binational: a city of buildings and "the Yankees", a city of rented sex and "the Yankees", a city of nightlife and "the Yankees". How can you avoid it? The "Yankees" are not just simple tourists, they are an organic part of the project, the customers who reappear as the investment landscape, those who impose the taste that is scorned ("It's a Yankeeism") but that invades the "no-man's-land" and forms the basis of the touristic shop-window, which, for the purposes in mind, resolves any kind of identity. For many years, Tijuana promoted the poor taste that was demanded from it and that the city itself demanded. What stuccoed palaces! What false Chinese vases and heaps of Mexican tack ("This is an image of Tláloc, who, according to Ancient Aztec beliefs, made it rain semen on nights of infertility") and Chinese vases anticipating the deification of Mao, and boudoirs where loose women get drunk before their own eyes! (This is what is called "the anticlimax of vice".)

And sex, sex at every time of the day or night, multi-regional sex with young people who come from all over the Republic in order to not continue going to bed out of obedience or pleasure, and with Americans and Spaniards and Asians. Sex encompasses everything and makes any reference to "impurity" and the urgent need to eradicate it quite useless. Nobody moralizes about their source of employment, and if Americans want to sin against nature, let them pay double and wallow in vice a few streets further up. Ethics were founded in Tijuana on the rationale of survival, and aesthetics on what is not yet called "kitsch".

"I left Comala because they told me that my father lived in Los Angeles, a man called Pedro Páramo"

If we know something about border cities, it is the migratory patterns followed by the majority of their residents:

—from the ranch, which is tedium redeemed by periodic feelings of importance, to the city, where anonymity is synonymous with secrecy,

—from a small town to the achievement of unknown freedoms,

—from the eye fixed on dreams of employment to serial opportunities, which are almost all identical,

—from the enjoyment of learning English to the memory of the blue skies and clear regions still named in Spanish,

—from the tribal family to the nuclear family,

—from a numerous descent to a descent that matches the size of the apartment,

—from the pleasure of seeing countrymen to the urgency of becoming countrymen born all over the country,

—from an attitude of intolerance to one of tolerance, which

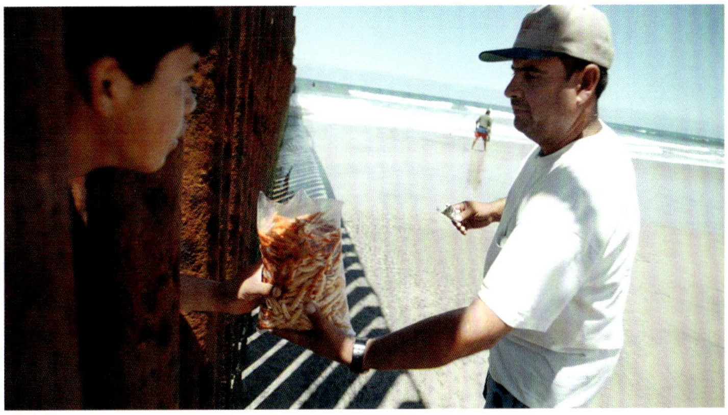

Cat. 24

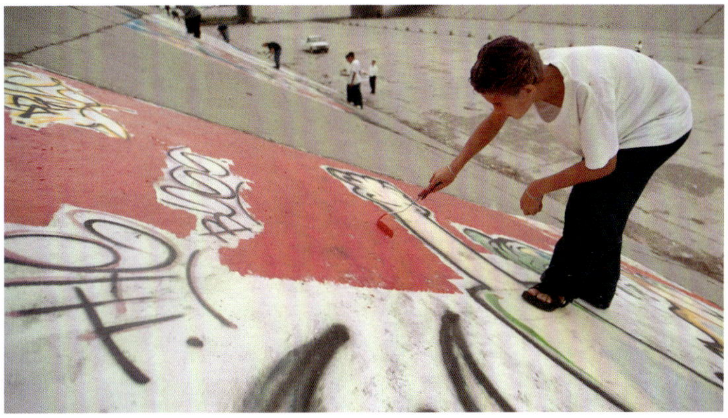

Cat. 25

begins as a form of resignation at other people's behaviour that cannot be changed,

—from agora created in a neighbourhood courtyard to a hurried salutation in a crowded district,

—from family evenings to televisual autism,

—from the organization of family life around popular programmes to sex conceived as "hours without television",

—from the violent defence of honour to the not-so-secret wish that the adultery of one of both of the spouses will reinvigorate the marriage,

—from a distant appreciation of the modern to a confused nostalgia of the traditional,

—from a desire to cause envy among your own to a fear of inciting the envy of strangers.

For the inhabitants of the North Border, time invested in waiting becomes a form of training. They wait at La Línea, they wait on the buses, they wait in the queues to obtain the American visa, they wait for regular work, they wait for a home, and for water and for transport... And while they do so, they sometimes imagine what their houses and apartments will be like, and in doing so they are guided by utilitarian principles, so that people and things will fit, although of course, the furniture must not take up too much space in case relatives come to stay; and in the bedroom the bed must be very wide in case one set of parents or the other arrives, and the children must understand once and for all and get used to the fact that this squeezing is not promiscuity; promiscuity occurs when there are fewer people.

"What is beautiful" now depends on the second generation, which has distanced itself from its peasant asceticism and decoration replete with the Virgin of Guadalupe, and the new centre of the home is the television set, around which all its joys and woes revolve. As a general rule, or in principle, the desire to obtain representations of "the beautiful" emerges from offers made on television or in the newspaper, from the observation of the tastes that gradually populate cities in the form of a kind of nomadic sensibility. "What is beautiful" is gaudy, colours that blind you, reproductions of religious themes, offers from supermarkets, offers made one thousand and one times...

And gradually, but without the moralizing energy that would scare off any founding spirit or trade, Tijuana also industrialized the area not governed by sinful appetites.

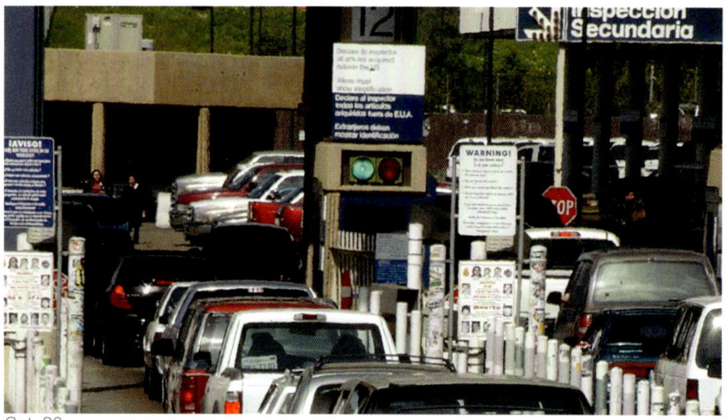

Cat. 26

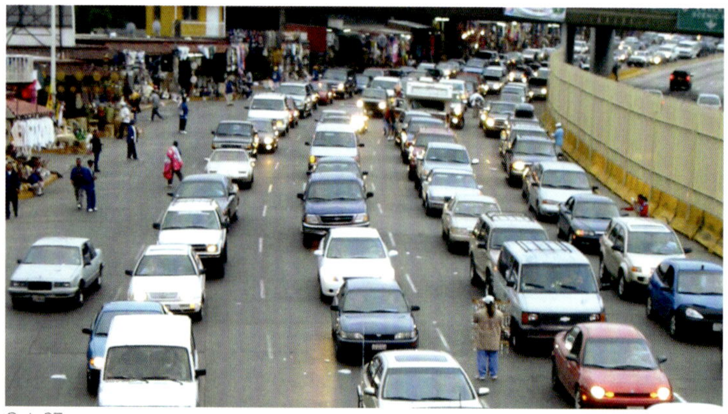
Cat. 27

Aesthetic demands take a long time to settle in Tijuana, which, unlike almost any other provincial city, never fears the ridiculous; it does not take that "What Will They Say?" seriously, it does not conceive of the dream of the Good Society, it does not take any interest in (or its authorities and businessmen do not take any interest in) creating a cultural infrastructure, it does not tremble when threatened with excommunication, and it endows the fashions of the moment with the guise of eternity, to the extent that what lasts does not tend to be that stable. For many years, Tijuana was a street – Revolution Avenue – surrounded by expectations of wealth and disgust at the indifference of the Centre, which lies in Mexico City.

Until just a few years ago, the criteria and demands of aesthetics had little or nothing to do with the North Border.

"When I reached the Border here, I only wanted to leave as soon as possible"

Tijuana: 1940-1980. Physical space was reduced by the demographic explosion and poverty; in the social arena, the public and the private were identical and the boundaries of exclusion intensified, as did the boundaries of inclusion, in spite of everything. If a utopian feeling existed, it was that of purchasing power, and if there was an evaluative ambience it was that of a migratory greed that located expanses of barren land, built on them in any way possible and, after twenty years, showed them off as examples of "grand urban development". Tijuana is defined by a growing phenomenon: the city (the totality, the concept) flees from traditional urban ideas and is governed by an anxiousness to populate without any intention of remaining.

"Half-Way Cities", that is what Tijuana, Matamoros, Reynosa, Ciudad Juárez... have all been. This is where a fugitive from the provinces or the capital comes and here he will find an uncertain border, dependent on its provisional nature, on the private and public disrepute generated by drug-trafficking (the occupation of many), on the power of violence, which is the most tragic sign of urbanization. In recent decades, extreme mobility in Tijuana began to change a little or quite a lot, and various signs of durability began to emerge (institutions, people, recovered history, higher education centres, local pride) and the city's colourfulness began to be isolated.

This is what happened in the twentieth century on that route from the Mexican regions towards Texas, California, New

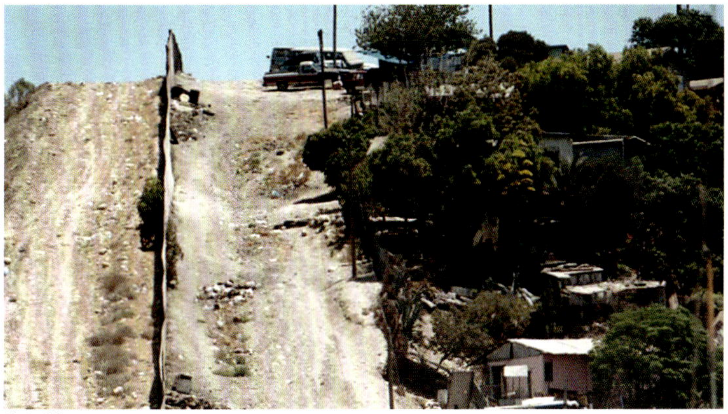

Cat. 28

Mexico, Illinois and towards the North Frontier: peasants tired of living on the knife's edge between subservience to local tyrants and extreme poverty; political militants fleeing for the miserable objective of preserving their lives; young people who leave their villages and towns unable to bear another minute of the dead-end boredom they find there; families whose yearning for opportunities transforms before their very eyes into a legendary crossing; unusual migratory profiles (there are a large number of paperless individuals who write and rewrite their papers and doctoral theses whilst fleeing from Border Patrol); identification of a spiritual life with minimal technological comforts; racial harassment; insecurities that range from cultural astonishment to lack of documents; efforts to understand in a moment something which is assimilated over the years... in short, forms of behaviour and attitudes that announce or betray a thirst for change, desperation, great hopes: "Let's get out of here, go to any place other than this, I'm tired of the prickly pears, gangs of cattle-rustlers, the thieves at the Bank of Credit, the counter you never reach, the market, the office. Let's go, the world is immense and we may even be able to expropriate it; that's it for us here, come on let's go, bro, and let our families join us later."

The story is typical and traditional for any migration on any part of the planet. To leave a place means risking everything; to stay means accepting that you will never risk anything again. Nomads aspire to a new settled life. As a compensatory technique, the sedentary tend to imagine the place from which they have departed either positively or negatively (That trip-around-my-room is known as "idealization" or "demonization"

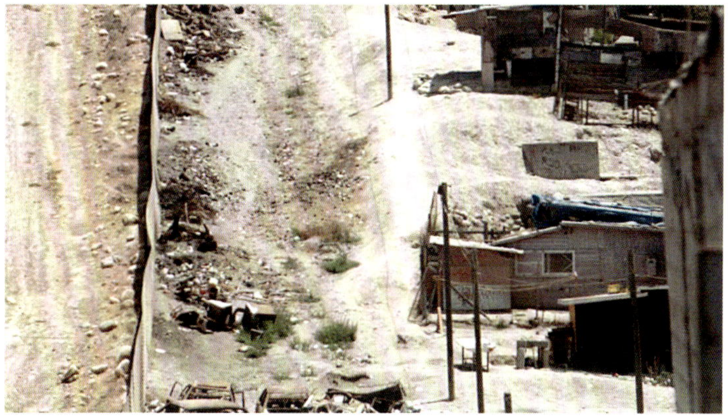

Cat. 29

of the native region or city). And the trip, even though it may be made alone, concerns the whole tribe. Someone – from the village, from the town, from the district, from work, from the family – has a go, and after him come the relatives, and after the relatives sometimes comes the entire community, that community that disappears from between the fingers of anthropologists who are devoted to researching settlement habits in the south of Oaxaca or in the north of Jalisco. Exhortations take the form of imperatives: "Come, what are you doing there? In Tijuana there are jobs, in California the harvest season is about to begin, the family I work with has told me they will help you, there are loads of public works going on in the city; you can live with us, I received your letter. Come on! I'm sure we can do something. Don't stay there in

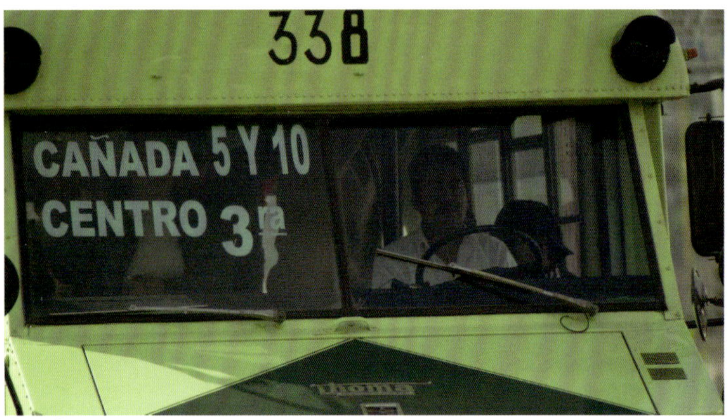

Cat. 30

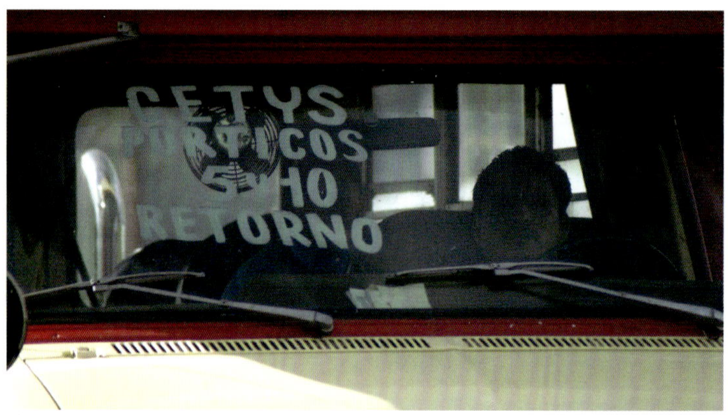
Cat. 31

that dump!" Throughout this century, many millions of nomadic Mexicans have left behind many millions of other more sedentary Mexicans.

The networks of relationships and bonds attracts those who seek adventures or those who are desperate to survive. In their tales, friends and relatives and countrymen embellish the truth about the region or the city or the job they have moved to, and this becomes the great dream of the outcasts, which does not, of course, consist of the open arms of the foreigner, but of the solidarity of their own people in their working area (in foreign lands, if you like, family is more family, countrymen are more countrymen, the reconstruction of what we know well is more devotional. This is the case as long as the more egotistical and Cain-like side of human nature does not break the rule). And those rooted in the village back home admire the migrants and, if they envy them, they lose no time to start talking about the "betrayal of the pochos, of those who have left the clan", or, worst of all, of tourism without opportunities. Migrants are invariably associated with modernity, which, once glimpsed, either seduces or terrifies, because, since the end of the nineteenth century, it is not only or even mainly the misfortunes of geography that have forced Mexicans to define the modern from an American point of view, but the feeling of anachronism that emerges when comparing their technological capacities and knowledge of the world. Whether they admit it or not, whether they know it or not, emigrants want to be modern, they want to move from one cultural state to another, from one planetary experience to another. Does this mean that Mexico is a backward country? It refers to migrants' eagerness to make modernity and job opportunity synonyms. And this, whilst waiting for globalization.

"Put this portrait of my mum opposite the dining-room suite / And where do I put the dining-room suite?"

An aesthetic criterion is late in coming in communities motivated by the rush and desire to set up here, only to leave as soon as possible. Before the 1980s, the photos and rare films that were taken of Tijuana, Ciudad Juárez, Mexicali, Matamoros and Nogales, to name but a few significant examples, give us an impression of pragmatism taken to extreme limits, of the efforts exerted by very effective master builders and architects without imagination or without experience or without the professional models to replace academic schools. Determinism reigned free throughout practically the entire twentieth century, a determinism that concedes nothing to its users or victims. Nobody even asks the question "Why shouldn't I have a right to beauty?", and the very few interesting or intrepidly kitsch buildings tend to be the work of American architects eager to shove the example of Los Angeles, California, down the world's throat, and more specifically, that of Hollywood. (A notorious case in hand: the Casino de Agua Caliente.)

Around 1950 or 1960, Tijuana was still an apprentice's workshop. Creators played around with freedom there, they attempted to transform resignation into alternative cheerfulness ("If I can choose between becoming depressed and not becoming depressed, I have overcome my depression"). The Medieval proverb "city air frees people", could be combined with "small town, large hell". City centres are created from a process of accumulation: from lawyer's offices specializing in divorce and shady dealings, from surgeries where the doctors provide accreditation of their specialization depending on the patient's illness, from engineers and architects who have emerged from the master builder category (I generalize, which is wrong, but the exceptions are few and far between). Contempt for aesthetics is contagious and the clerics and teachers also lean towards the law of minimum effort – you only have to look at the churches and the schools. The fluidity of new traditions is a long time coming, and architectural illiteracy turns into a form of devotion of haste. "Quick, quick, quick!" Let the middle class areas emerge, the few residences, schools, churches.

As building extends its tentacles and urban development sets in, this lack of criteria as a border policy is modified. But this did not happen before 1970 or 1980, as little ago as that.

What is common is unique in Tijuana

If one phenomenon has marked the emergence of the new urban feeling in Latin America – tumultuous, free and easy, shameless according to traditional norms – it is that of the talk-shows. Upon hearing the adventures and misadventures of their participants, the viewer returns to that interchangeable world in which neighbours come and go, the desire to leave immediately is a form of rootedness and the dreaded "What will they say?" does not signify a scandal but lack of commentary. Everything is congested and on the verge of exploding. This is the Tijuana repertoire: the border-line, the bus, the traffic, the apartment that contrives to accommodate the family of the brother who has recently arrived from the village, informal employment, the pride of belonging to the second generation of Tijuana inhabitants, daily experiences of San Diego. From what has been a city of deterioration arises what has previously been silenced or hidden, such as emerging gulfs in partner relationships, "psychopathologies", manias, and the fundamental thing, the desire for a job "from the other side". And the conservative temperament is alarmed, not because of what it sees and hears, but because of the imminent welling-up of inner freedoms. And the talk-shows and reality shows reveal the psyche of much of the city in full movement, which is also a sketch of the architecture of the crowd mentality: we live so much within the crowd "that I will only understand what it's all about if I confess my private thoughts".

The border architecture that corresponds to the talk-shows and reality shows, to that end to privacy and intimacy, is a mass-produced architecture, of hurried houses that multiply among psychologies that knock against the styles of youth subcultures (the half-breeds, the punks, the "low-riders"), against superficial Americanization, against the conversion of youth culture in the City of Free Time, which for young people is the real North Border, modern and Americanized but not Yankee (in the sense of community life) or aseptic. And by the 1990s a need for architecture which indicated the decision to stay, imposed itself.

At the dawn of the twenty-first century there is no doubt about these changes. If we wish to look for an equivalent to Baron Haussman, the urban developer who changed nineteenth century Paris, there is the Internet, the re-designer of electronic avenues, the creator of interminable boulevards of communication. In daily life the repertoire is typical: the family is the shell, institutions are the psychological forge, social life is the glory of privacy, and those "nearby taco bars" where people go as the initiation of the unexpected (the city as adventure), are replaced by computers, credit cards, faxes,

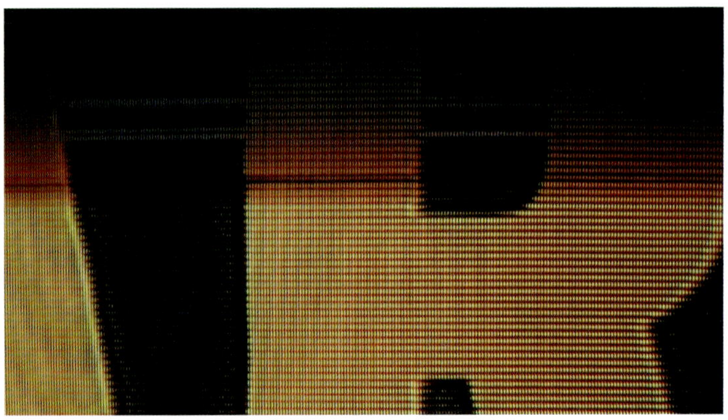

Cat. 32

e-mail, the beeper, the cell phone, the palm. Precise geographical limits are rubbed out and the old parts of cities which are increasingly interpreted by literature are the areas that the rising classes are unaware of. The Mall replaces the promenades and the Main Square, and television culture becomes a conceivable urban culture code, half consumption and half construction of different sensibilities. And daily life is invaded by fragmentary techniques. If young people tend to feel trapped in an MTV video-clip, adults are half-way between the television advert and the fear of being attacked in a restaurant. The fragmentary is the mirror of cities.

Tijuana, as a border city, is gradually losing its quality as a place liberated from the pressures exerted by the place of origin, and the doubts that exist between collective and personal life are returning. And a number of new species are emerging which are very similar in every town or city, cloned in terms of appearance due to the urgent need to become Americanized in order not to be left behind in the psychological moment of the time, and motivated by the distance they have put between them and the lives of their parents (the most precious victories of a generation are always achieved at the cost of the previous generations), split between an anxious desire for diversity and the fear of no longer being homogeneous.

In the final scene of the film *Born in East L.A.*, the crowd that symbolizes the demographic explosion of the migrants, rush from Tijuana towards San Diego, California. And, through the emphasis of allegory, their race highlights something that is irreversible: each year, in proportions that never diminish,

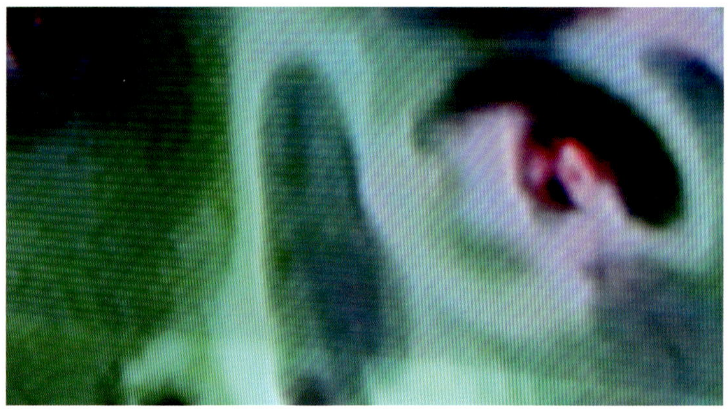

Cat. 33

they hurry towards their obsessive goal (modernity, based on employment and the opportunity that is always some place else), in a mass consisting of hundreds of thousands of Mexicans, Salvadoreans, Guatemalans, Nicaraguans, Dominicans and Hondurans, in the face of police brutality, the network of deceptions and swindles set up by the men who guide those without papers (the "polleros"), the racism of their employers, and feelings of insufficiency (cultural, linguistic, technological). In spite of all this, and in spite of giving up their roots, they still persist.

Since the 1970s, Tijuana has reconstituted itself. It has lost its character as a half-way home, it has been "morally rehabilitated", it has been industrially developed, it has let itself be invaded and decimated by drug-traffickers, it has become politically diversified, it has extended its university systems and its cultural groups, it has forgotten the legends of small-scale vice. It has suffered and benefited and deteriorated and caused damage to the environment with its assembly plants, the maquiladoras; it has aspired to full employment and become profoundly integrated within the American economy, whilst some of its intellectuals discuss the preservation of the National Identity. The abuses of centralism continue, but Tijuana debates categirically: Is it the waiting-room of the migratory dream? Has it been taken over by the drug-traffickers? Is it an entity with its own development?

A part of border architecture seems quite irremediable, in spite of the lessons of Frank Lloyd Wright and Le Corbusier and Mies van der Rohe and Philip Johnson and Pei and Frank Gehry and Luis Barragán. It is represented by the density of the peripheral belt of large cities, the houses and small buildings of migrants who dream of getting to the other side and remain stationary and support their children's education and become involved in politics or become involved in various forms of crime, and then remain. It is the Tijuana of the Lomas Taurinas District on 23rd March 1994, the day on which the presidential candidate of the PRI, Luis Donaldo Colosio, was assassinated, a city of demographic desperation, a city based on the fury of urban settlements.

> "I am a border inhabitant by adoption and I am a first generation border inhabitant; by adoption because I came while I was arranging my exit to the United States; first generation because I took too long to accept that I was never going to leave"

Various facts that support the allegations of determinism: the three-thousand-kilometre border with the United States, Mexico's economic dependence (92% of its transactions are with the American market), the strength and the weakness of the assembly plant industry, and the incessant migratory flow to Texas, California and Chicago, above all, but not only these places (migrations to New York are now significant). Earlier, if they wished to judge their relationship with modernity, the inhabitants of the provinces looked to Mexico City; now that the country is becoming unified, the focus of attention

– regulated by the media and those "travellers" fantasies" that make up the immigrants' tales – is shifting away from centralism.

* * *

We should not exaggerate the integrationist fantasy. The Border exists, with all its vigour and cruelty and rejections. And Tijuana is part of a nation and shares in its educational levels and its levels of poverty and misery. But reality, however important it may be, does not interfere with those who are anxious to entertain contemporary illusions, to bring their lives into line with their dreams. If the computer and the Internet rub out the boundaries, if globalization is an inescapable fact, and if contemporary architecture attempts to duplicate the forms of

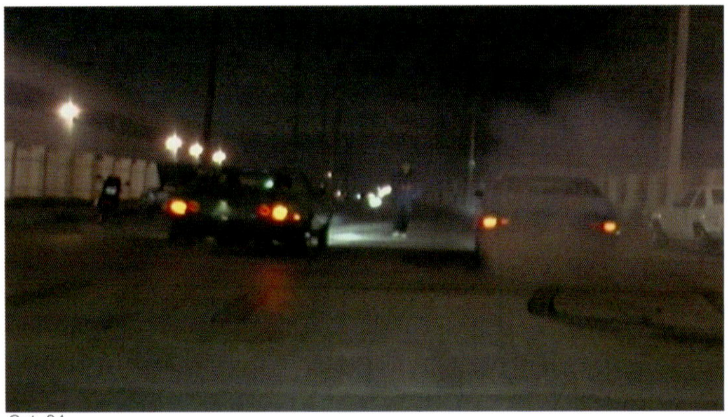

Cat. 34

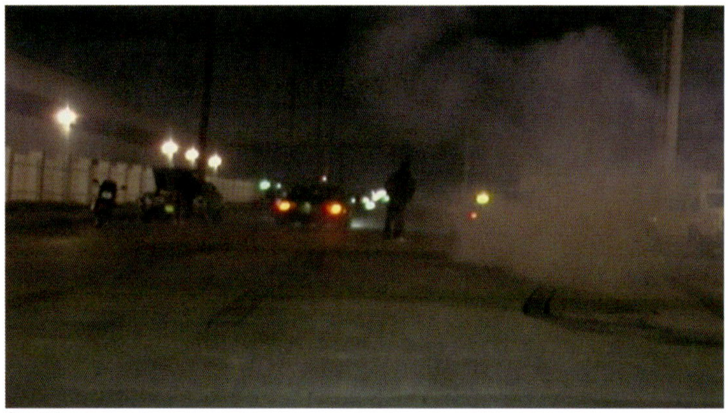

Cat. 35

the urban horizon in order to "de-territorialize" and enable Mexicans to cross the border in a virtual sense, then we must also accept the "border inhabitant" status of large sections of the nation. Being a border inhabitant means being prepared to leave immediately, coming and going from one country to another, either in reality or in the imagination, conceiving of the typical and the traditional in terms of nostalgia, not globality.

In spite of the evidence of racism and police brutality, the border is also a state of mind. When they say that Mexico "se chicaniza" or "is becoming Mexican-American", it is a means of using the border as a presentation card vis-à-vis modernity.

* * *

Throughout almost the entire Mexican century, the Border (we do not need to mention that it is the border with the United States) marked the limit to hopes and the rise of the anachronism in relation to those living on the other side. This state of affairs has changed in an extraordinary manner. The Border is an allegory for cultural and psychological transit, for the transfer of customs and the idea of Mexico, a nation of border inhabitants; it occupies an extraordinary place, without it signifying the terminal crisis of nationalism or the deterioration of the national conscience. However, the border mentality has anticipated bi-national integration in terms of time; it accepts globalization with a traveller's state of mind and makes use of all the passports the imagination can devise.

"I spoke to him in English and he didn't answer; I spoke to him in Spanish and he didn't even look at me; to tell the truth, I don't master Spanglish sufficiently to make conversation"

After 1990 (very approximately), cultural life in Tijuana changed, and here I am referring to "culture" in the widest sense of the term. We have the Universities and the cultural institutions of the State and the Government of Baja California, as well as private initiatives and a number of irregular magazines and a handful of bookshops, and the Tijuana Cultural Center (CECUT, or "La Bola"), and this makes up a panorama of incentives similar to that of others throughout the country, governed by the tensions between bureaucracies and the lack of offers. However, the case of Tijuana is very peculiar, and it generates movements, groups, musical tendencies, searches for fusion within the field of the arts, forms of literature marked by the need to condense two national experiences through language.

Tijuana is a boiling-pot, the scene for the interminable confrontations between groups of drug-traffickers, a place of inexplicable booms ("If this building does not come from money laundering, it probably doesn't have any foundations"); it derives from the desire to build an ideal society, which is to say, it is a place where everyone is free of suspicion as far as the origin of their income is concerned. And, as in the whole of Mexico, but with multi-regional energy, Tijuana combines opulence and corpses in residential housing districts; its Americanization features first-hand knowledge of a second-hand culture (the everyday culture in California); the efforts of its artistic vanguards are accompanied by the rather slow creation of the target groups that correspond to them.

Various phenomena define the city, but they do not sum up the essence of Tijuana either: the legend of Juan Soldado, the conversion of drug-trafficking into a popular culture and *narcocorridos*, jazz and rock as inevitable generational languages, "the secularization" of La Línea (it is no longer sacred, although it continues to be safeguarded by racist archangels), "Norte K" as a proposal and a reality which are rooted in the electronic and in the conviction that purely melodic sounds have been extinguished.

And there they are, recurrent and imaginative installation artists, the product of generations of emigrants, and of the metamorphosis of each individual recently arrived in an entire generation of emigrants, recorders of sounds and entanglements and ruins and accumulated stimuli. What do you choose when everything in Tijuana suddenly seems to be a ready-made installation: a rodeo session, municipal elections (what a joke all that about "letting the best win"), nightlife with all its intrepid ranchers who, unfaithful to their Mexican tradition, no longer know who John Wayne is or what happened at the OK Corral? Installation is an artistic experience which is immensely appropriate to Tijuana, because in the global age and at the Border or in the areas surrounding La Línea, the most typical aspect of tradition is that it is always on the verge of emerging; the future is located in nostalgia and tradition in the coming and going from Tijuana to San Diego, from Tijuana to Los Angeles, from Tijuana to Guadalajara and Mexico City. In Tijuana there are numerous musicians, artists, theatre performers, dancers (which has not yet led to the emergence of the public that they deserve), and at this crossroads consisting of opportunities and the difficulty of taking advantage of them, installation and performance artists claim the city as their own. It is a very good thing that it belongs to them, because in the city of installations, nobody knows what came first, creation or dissolution.

TIJUANA. PROCESOS DE UNA CIUDAD DE CIENCIA FICCIÓN SIN FUTURO

Heriberto Yépez

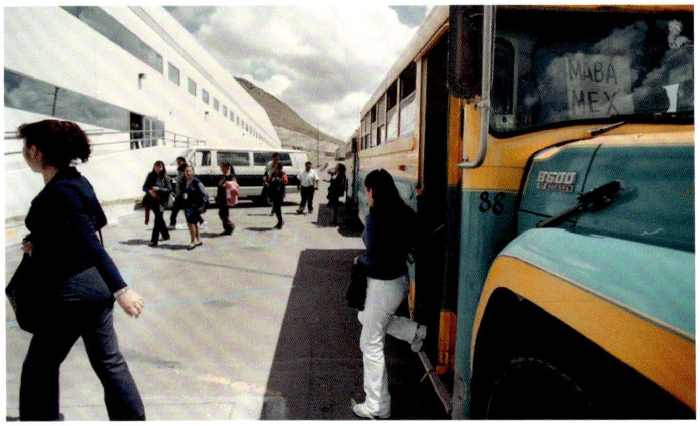

Cat. 36

No será difícil dar con su domicilio
Vive en los basureros.
Welcome to Tijuana
Tequila, sexo, mariguana…

Manu Chao, *Welcome to Tijuana*

Ciudades como Tijuana ayudan a entender a Genet, Beckett, Rulfo o Kafka. Ayudan a entender qué siguió.

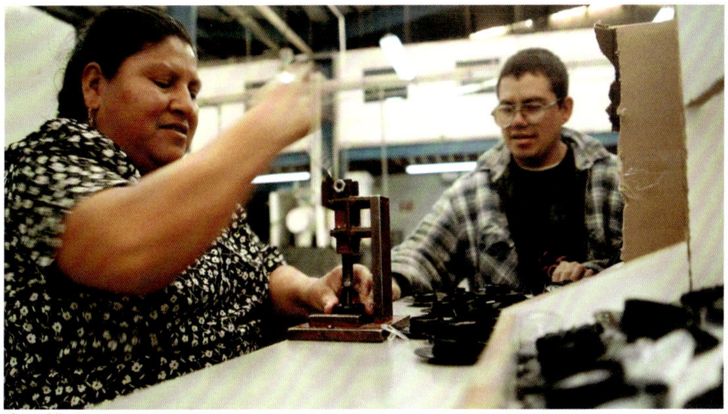

Cat. 37

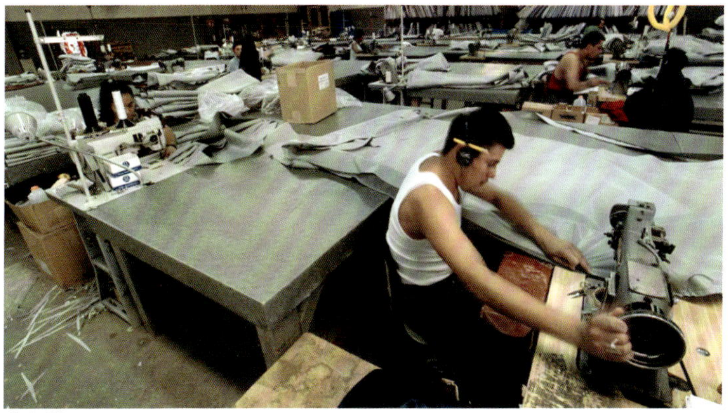

Cat. 38

"Tijuana es un parque industrial en las afueras de Minneapolis. Tijuana es una colonia de Tokio. Tijuana es un taller de *sweat shop* en Taiwan. Tijuana es una mancha más allá de los árboles de tilo de Hamburgo... Consideradas como una sola, Tijuana y San Diego forman la ciudad nueva más fascinante del mundo, una ciudad de ironía pura... Tijuana está aquí. Ya llegó. Silenciosa como un caballo troyano, inevitable como una flotilla de lancheros, más desconcertante por su inocencia y por su poder de proclamación que la más piadosa visión de Spielberg acerca de un platillo volador." (Richard Rodriguez, *Days of Obligation. An argument with my Mexican Father*, 1992)

En 1809 un indio de cincuenta y cuatro años se convirtió al cristianismo. Durante la ceremonia religiosa, el indio kumiai dijo el nombre de la ranchería a la que pertenecía. El indio vivía en lo que hoy es la frontera noroeste con California. El topónimo indígena de ese sitio era "Llantijuan". Pero lo que el padre escuchó o lo que decidió anotar en su libro de bautizos fue "Tía Juana".

El malentendido construyó a Tijuana. Lo que llamamos —para hacerle caso al cubano Lezama Lima— una erótica de errores, un errática.

Quizás una neurótica.

Lo que Derrida llamará el peor Derrida.

Llantijuan, por cierto, puede significar una de dos cosas: ya sea "lugar cerca del agua" o "tierra baldía".

La contradicción construyó a Tijuana.

La des-traducción y el borrón y cuenta nueva de la herencia indígena erigieron al primer personaje de la ciudad, Tía Juana, una anfitriona vieja, loca y ridícula, una histérica que, para acabarla de joder, ni siquiera existía. Tía Juana. Muchos niños y adultos de Tijuana, sin embargo, todavía creen en ella, casi tanto como en Santa Claus o el Chupacabras, el monstruo informe que saca la sangre de las vacas y acapara los noticieros cada vez que un escándalo político acaba de estallar.

Cuando la guerra entre México y Estados Unidos terminó, y México fue robado de la mitad de su territorio en el siglo XIX, se trazó una nueva frontera. En esa época, lo que ahora es Tijuana era un territorio perteneciente a San Diego, la actual ciudad californiana.

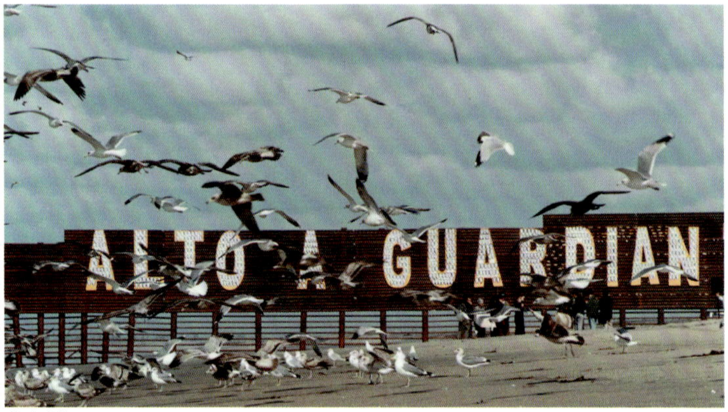

Cat. 39

El gobierno de Estados Unidos, en su fiesta de robo descomunal de territorio, en su jolgorio gabacho, cometió un descuido. El gobierno del Tío Sam se olvidó de llevarse a Tía Juana. Los mapas fueron mal trazados.

Y si el territorio de Tijuana es todavía parte de México, lo es por mero accidente.

De cualquier manera, desde el siglo XIX el desarrollo urbano de Tijuana dependió fuertemente de las necesidades de Estados Unidos. Durante la primera mitad del siglo XX, la ciudad se infestó de bares, licorerías, cantinas, moteles y casinos gracias al turismo barato, al *fast tourism*. (El turista medio sólo soporta 3 o 4 horas en Tijuana.) La clave del *boom* de Tijuana como ciudad para norteamericanos fue la Ley Volstead —o Ley Seca— de 1919, la cual prohibía la producción, distribución o consumo de alcohol en el territorio norteamericano. La misma ley que impulsó a la mafia estilo Al Capone y, por supuesto, a Tijuana. La ciudad donde interminablemente se podía tomar.

Las postales de esa época son, en verdad, delirantes. Caricaturas de norteamericanos despanzurrados en un páramo, rodeados de nopales imaginarios —en Tijuana los nopales no crecen normalmente, en Tijuana no crece casi vegetación, es un *wasteland*— y detrás de ese borracho feliz un camino de Oz de botellas vacías.

Pero aun antes de la Ley Seca, Tijuana ya se había ganado a pulso una reputación de ciudad del vicio. En 1888 un periodista norteamericano de *The Nation* escribió que Tijuana tenía más cantinas que casas.

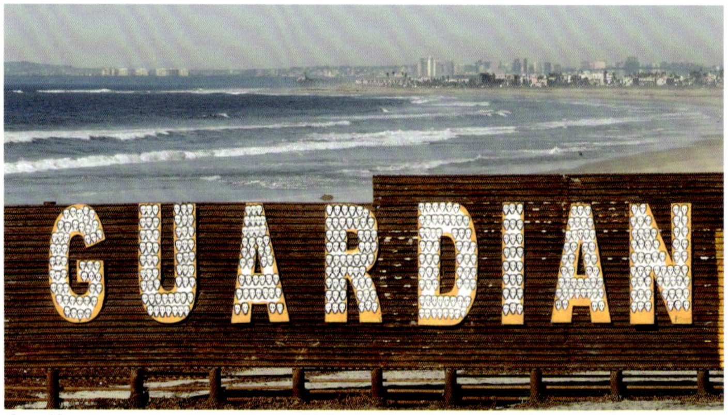

Cat. 40

En la segunda mitad del siglo XX el panorama se alteró. Tijuana transmutó de ciudad del vicio a ciudad industrial. A partir de los años sesenta las maquiladoras —plantas de ensamblaje pertenecientes a las grandes transnacionales o a los grandes talleres de trabajo intensivo que trabajan para ellas— llegaron y, como OVNIS aterrizando de golpe, transformaron el paisaje urbano, jalando todavía más emigración hacia la región, haciendo que la ciudad creciera, literalmente, cada hora; saturándose de inmigrantes fantaseantes de mejores sueldos; aunque no hay peor paga que la de las maquiladoras.

Space Invaders podría definir a Tijuana. Una ciudad de anarquitectura. Una ciudad de auto-deconstrucción.

Una buena parte de la ciudad ha sido construida por los inmigrantes o ciudadanos pobres que "invadieron" los cerros, levantaron sobre sus laderas y barrancos casuchas a partir de llantas usadas, madera vieja y todo material que la mente humana pueda imaginar. El reciclaje construyó a Tijuana. Tijuana redefinió al reciclaje.

Los carros de los tijuanenses tuvieron dueños californianos. No es extraño subir a un auto y ver todavía en el tablero las marcas de una revisión exhaustiva, pues ese auto lo adquirió tu novia o tu amigo en una subasta (organizada por la Patrulla Fronteriza) de vehículos decomisados por haber sido encontrados en ellos cargamentos ocultos de mariguana, heroína o cocaína.

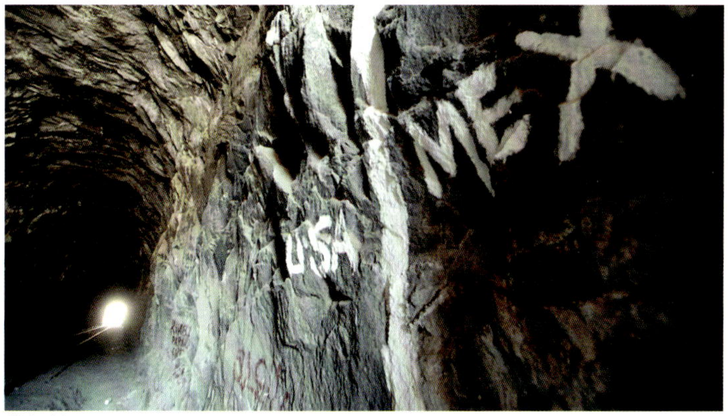

Cat. 41

Tijuana sobrevive gracias a la basura y los artefactos de segunda o tercera mano desechados o traídos de Estados Unidos. Ropa. Computadoras. Sueños. A veces, Tijuana más que una ciudad es un *Swap Meet*. Un tianguis.

La ilegalidad construyó a Tijuana, desde sus cerros habitacionales invadidos "a la brava" hasta sus distritos comerciales y sus gánsteres. El crimen es parte de la identidad tijuanense, la violencia es su vértebra.

Los travestis, *by the way*, son uno de los rasgos de la vida nocturna de Tijuana. En la avenida Revolución —sí, la Revolución mexicana terminó hecha una pintoresca avenida para turistas— algunos antros tienen que colocar anuncios que dicen "Real Women Here", y los laboratorios del centro colocan en sus cristales el letrero "Papanicolao SÓLO para mujeres". En Tijuana parece que nadie quiere ser *quién* es.

En la frontera de Estados Unidos con México todos quieren ser otros. Los norteamericanos quieren tener su fin de semana de transformación mexicana, los inmigrantes, su conversión a la *American Way of Life* o, por lo menos, al chicanismo. Y si alguien tiene acento chilango o sureño, no se va a acabar la "carrilla", la destrucción del otro a través del sarcasmo contra su lenguaje y contra su identidad, la autodestrucción nuestra en los mismos vocablos. Aquí no se sabe quién es quién.

Tijuana está resentida hacia el gobierno federal. Muchos tijuanenses se sienten olvidados por el poder central. Pero Tijuana desconfía también de los gringos. Y no le gusta ser relacionada con los mexicoamericanos, a quienes llama "pochos", que significa arrancados de raíz, desarraigados.

Tijuana es una frontera con un fuerte sentido de su propia identidad. Aunque muchos dentro y fuera son de la irónica opinión de que Tijuana no tiene identidad alguna.

La fantasía construyó a Tijuana.

Tijuana es *Television Town.* Tijuana presume de haber llegado a ensamblar el 75% de todos los televisores del planeta. Miles de personas trabajan en San Diego, California, y viven en Tijuana. La cultura se está remezclando en ambas direcciones. La gente en Tijuana tiene mentalidad de puerta giratoria. *We have revolving door minds.*

Tijuana es una playa fría, aunque familiar, literalmente a unos metros de la *American Patrol,* y helicópteros sobrevolando los tres muros que fueron instalados en ciertos sectores de la línea divisoria. Primer Mundo *meets* Tercer Mundo.

Es la asimetría. Tijuana es pura asimetría, *Get it?* ¿Comprendes, Méndez?

Así está la cosa. Así es Tijuana.

La desigualdad, el encontronazo de fuerza, delineó el mapa de Tijuana.

Tijuana tiene un millón de habitantes o quizá tres.

Carlos Santana aprendió a tocar la guitarra en Tijuana y el músico local que le enseñó, por supuesto, no hay día que no maldiga a su exitoso pupilo. Tijuana es una ciudad obsesionada consigo misma, como Nueva York o Buenos Aires.

Tijuana es una ciudad *freaky*, una metrópolis sin un centro reconocible. Tijuana es centrífuga.

El centro de Tijuana apesta a orines. El reloj municipal asemeja a uno de los arcos de McDonald's y su arquitectura oficial es puro simulacro y cita *kitsch*. Antes de Baudrillard, ya existía Tijuana.

Tijuana fue construida por los intereses norteamericanos.

La pobreza construyó a Tijuana. La economía explica esta ciudad.

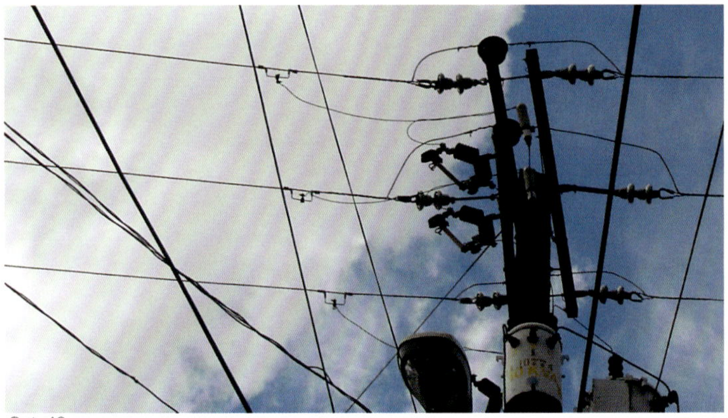

Cat. 42

Por eso tanto desmadre, *fun*, diversión, fiesta o *party*, música alta... porque si todos fuimos a parar a las maquiladoras y sus insómnicos turnos y horas extras, ello no significó que nos despedimos de la vida nocturna. Al contrario, la vida nocturna también pasó a ser matutina, vespertina, dos noches en una. Se fortaleció la industria del turismo sexual, los clubes para cada gusto y presupuesto, el alcohol y las sustancias ilegales, todas.

"Tijuana no es México", escribió en 1953 Raymond Chandler en *El largo adiós*. Tijuana se define a sí misma en constraste con la ciudad de México. Dos ciudades que se desprecian. Dos órdenes mentales distintos. Dos metáforas vueltas literales.

Tijuana es apropiacionismo. Tijuana se desenvuelve como una novela de Kathy Acker en que una ciudad toma una historia ya escrita —digamos, el sueño californiano o el desastre mexicano— y la reescribe, dándole el típico giro de Tijuana.

Tijuana es arte Bart Sánchez.

Tijuana es ultra-satírica. Detesta a los turistas a quienes da la bienvenida. Bukowski lo sabía: "Le pregunté al cantinero qué día era y el cantinero dijo 'jueves', así que tenía un par de días. Aleseo tenía que esperar para que los gentíos gringos llegaran a la frontera para tener sus dos días de locura después de cinco días de infierno. Tijuana se hacía cargo de ellos. Tijuana se hacía cargo de su dinero, pero los americanos nunca supieron qué tanto los odiaban los mexicanos [...] iban por TJ como si fuera de su propiedad, y cada mujer era una

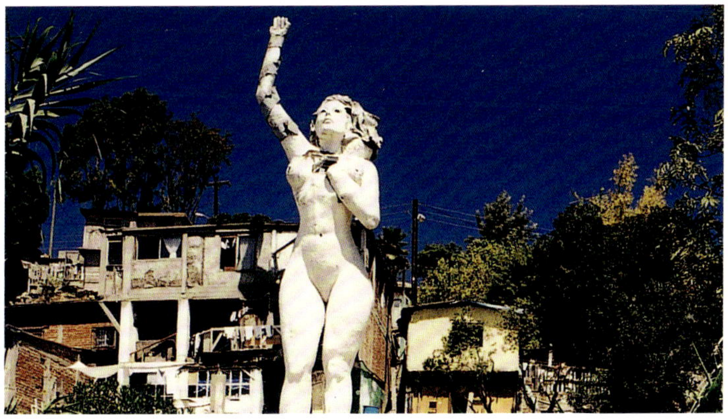

Cat. 43

cama y cada policía un personaje en un *comic strip*, pero los americanos habían olvidado que habían ganado un par de guerras a México, como americanos o texanos o como haya sido. Para los americanos esto era tan sólo parte de los libros de historia; para los mexicanos esto era algo vivo, real, no se sentía bien ser un americano en un bar mexicano un jueves por la noche, los americanos arruinaban incluso los toros; los americanos arruinan todo". (Charles Bukowski, *The Stupid Christs,* 1967)

Tijuana es un vendedor mexicano que se acerca a dos turistas asiático-americanas mirando ropa en una tienda de la avenida Revolución y Tijuana les dice: "*Chicken try it. And if you want, I can 'hara-kiri' price*". Así es cómo Tijuana deconstruye.

El modo en que Tijuana suele hacerse intraducible. Inclusive para sí misma.

"—¿Quién es? —se preguntaban unos a otros.

—'Tijuana in' —respondían los más enterados.

—¡Raro nombre!

—¡Pero bellísima la dueña! —alegaba el entusiasta interlocutor—, mujer imantada, radiactiva, que subyuga con sólo verla una vez. Es de las que, sin mentir, puedes decirles: 'Mi vida por un beso'." (Hernán de la Roca, *Tijuana in*, 1932)

Tijuana es desigual a Tijuana.

Tijuana es una lesbiana con cinto piteado, grandes botas, sombrerote y tequila en una mano mientras con la otra abraza

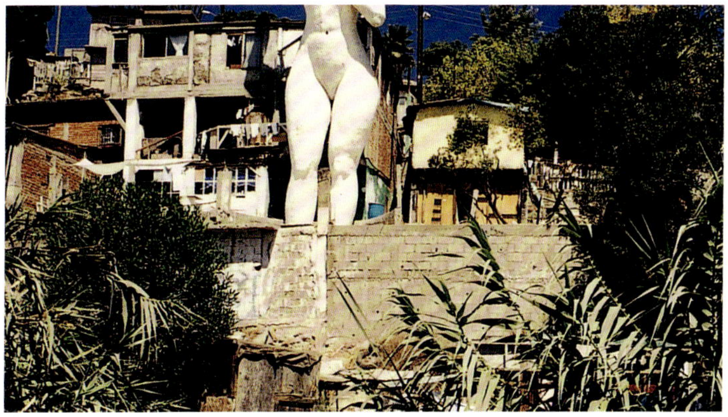

Cat. 44

a un transexual vestido de Paulina Rubio, mezclada con Mónica Naranjo y Madonna. Pero Tijuana también es ese transexual cuando trabaja en la oficina de correos disfrazado de burócrata normal.

Tijuana juega a la baraja de estereotipos. La mascota de Tijuana es un burro pintado con rayas negras y blancas. Una cebra simulada. Su nombre es "Zonkey".

Tijuana reinventó a México y reinventa, asimismo, a Estados Unidos.

Y es que a veces Estados Unidos deconstruye Estados Unidos a través de principios tijuanenses.

No es ningún accidente que los abuelos pervertidos de *Playboy* se llamaran, al principio del siglo XX, *Tijuana Bibles*, ochopagineros donde Betty Boop follaba con Popeye.

Imaginarios en donde todos los signos aparecían revueltos. Como en las calles o mercados de Tijuana.

Tijuana es semiología convertida en turismo pervertido.

Tijuana fue construida por las versiones contradictorias acerca de Tijuana.

En 1997 el nombre de la ciudad fue registrado por el gobierno municipal para hacerlo de su propiedad, volverlo un *copyright* e impedir que los medios, los hombres de negocios o cualquiera que quisiera usar "Tijuana" como parte de un título o mercancía tuviera que solicitar permiso o regalías.

Esa legislación, por supuesto, no funcionó.

Tijuana es cualquier cosa que cualquiera quiera decir sobre ella.

Docenas de escritores han escrito sobre Tijuana.

Cada vez que Tijuana está ebria, recita esas citas para todos los que esa noche se encuentran en la cantina. Tijuana está convencida de que todas sus citas son nada más que mentiras.

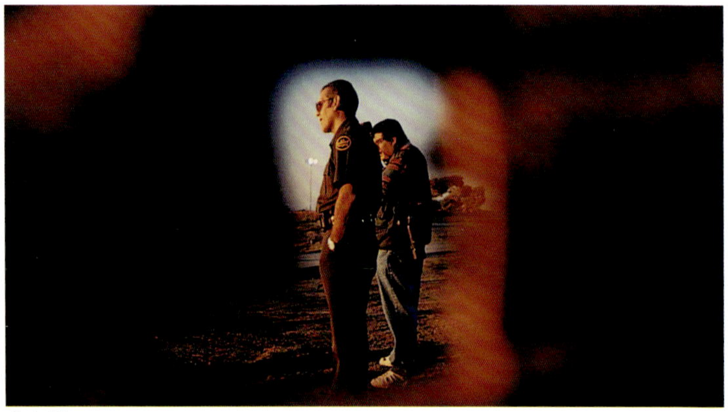
Cat. 45

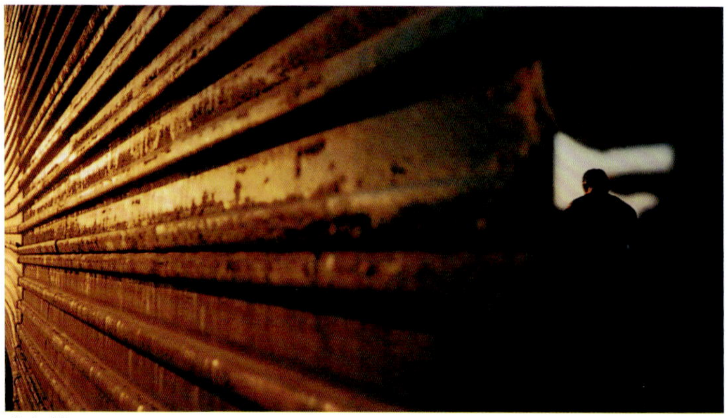
Cat. 46

Tijuana es casi una ciudad imaginaria. Una serie de ciudades que solamente tienen unas pocas cosas en común: maquilas, narcotraficantes y 2.000 emigrantes por día esperando cruzar ilegalmente hacia los Estados Unidos.

El cártel de Tijuana es más poderoso que los cárteles colombianos.

No es accidente que el santo no oficial de Tijuana sea un soldado que en 1938 fue encarcelado por violar a una niña de ocho años.

Después de haber sido asesinado por las autoridades para detener los motines de la grey que exigía lincharlo, otro segmento de la población estaba convencido de que Juan Soldado era inocente. Un chivo expiatorio. Algunos milagros empezaron a serle atribuidos. Ahora su tumba es un centro devocional al que miles de creyentes van para pedirle intervenciones para recuperar la salud, el perdón de una esposa engañada o —el milagro favorito de los fieles de Juan Soldado— que los ayude a conseguir la *green card*, el pasaporte, el exitoso cruce ilegal o la ciudadanía norteamericana.

Tijuana odia admitirlo pero el crimen construyó Tijuana.

No es un accidente que uno de sus presidentes municipales de principios del siglo XXI haya sido el propietario del hipódromo de Agua Caliente; el mismo individuo que presume de ser el autor intelectual de la ejecución del Gato Félix, el mismo hombre que ha estado en prisión bajo cargos de contrabando.

La mitad de los votantes lo eligieron, y el día que ganó salieron a inundar las calles, celebrando la victoria de su mega-pandilla.

Tijuana siempre está encabritada.

Cuando en los años treinta el presidente nacional Lázaro Cárdenas prohibió las apuestas y juegos de azar en el país, muchos dueños de casinos en Tijuana tomaron su dinero y lo pusieron a trabajar, adivinen dónde…

Tijuana casi era Las Vegas.

Pero, en su lugar, Tijuana se convirtió en Tijuana.

Tijuana es conocida en muchos círculos como una ciudad híbrida.

El posmodernismo no sólo arruinó fachadas. También arruinó la verdadera interpretación de Tijuana. Tijuana es mucho más que hibridismo. Tijuana tiene todo que ver con la tensión. Toma dos imanes y en lugar de dejar que se enamoren a través de sus polos contrarios, trata de que sus dos caras idénticas se embarren una contra la otra, como alguien cuyo rostro estrellas contra un espejo y luego, como clímax de dicha tortura, obligas a que mire a los ojos de su propio reflejo indeseable; toma, pues, los dos imanes enfrentados y cuando sientas la fuerza de repulsión entre sus dos polos idénticos y experimentes la lucha por alejarse uno del otro, como un cohete tratando de huir del planeta, y, sin embargo, también experimentes que ambos están sometidos a una fuerza superior empeñada en juntarlos, entonces, date cuenta de que la sensación de esa fuerza intensa es Tijuana.

Fuerza que da forma a toda la frontera, campo magnético,

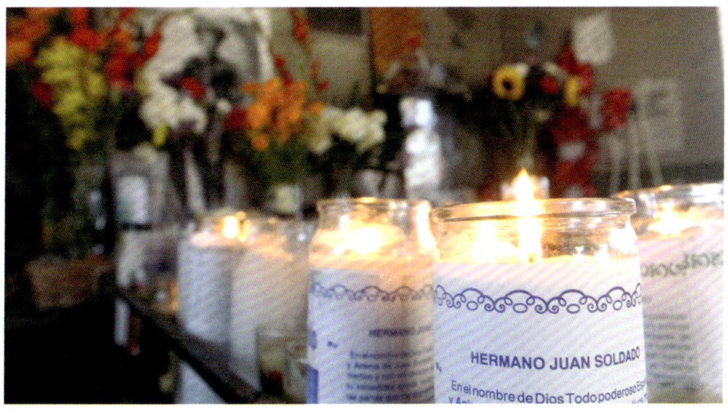

Cat. 47

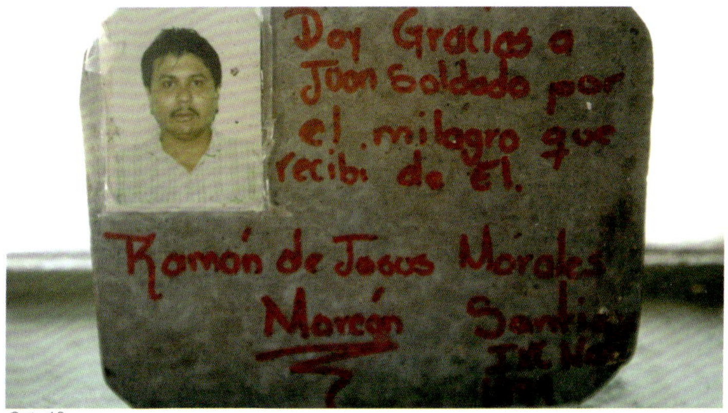

Cat. 48

no solamente de atracción sino, más fuerte aún, *campo de repelencia.*

La repelencia deconstructiva de Tijuana.

Una ciudad de adiós a Hegel. Una ciudad más allá de la síntesis.

Hay muchas Tijuanas. Cada una de ellas, mitad mito, mitad temporalmente fuera de servicio. Tijuana es una pesadilla de diversión, un fin de semana adicto al trabajo.

Una ciudad de vivienda serial y producción sin parar, rumores en Internet y taxis colectivos, ejecuciones semanales e historias de éxito, narcotraficantes sin piedad y miles de prostitutas, inmigrantes, *homeless* y ejecutivos japoneses, millonarios mexicanos y sociópatas autodidactos.

Una ciudad de ciencia ficción sin futuro.

TIJUANA: PROCESSES OF A SCIENCE FICTION CITY WITHOUT A FUTURE

Heriberto Yépez

It will not be difficult to find his home
He lives in the rubbish dump.
Welcome to Tijuana
Tequila, sex, marijuana…

Manu Chao, *Welcome to Tijuana*

Cities such as Tijuana help us to understand Genet, Beckett, Rulfo and Kafka. They help us to understand what came next.

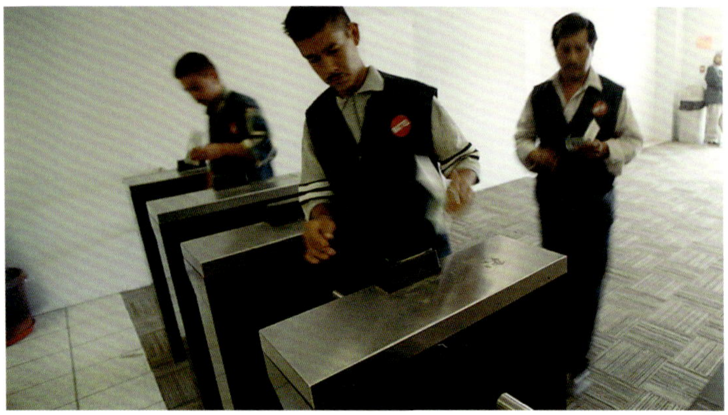

Cat. 49

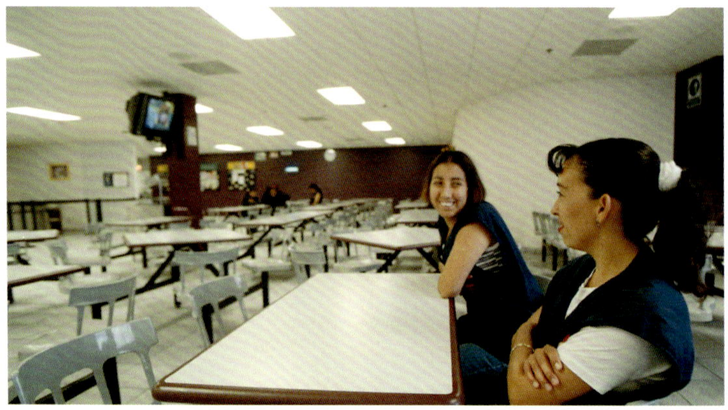

Cat. 50

"Tijuana is an industrial park on the outskirts of Minneapolis. Tijuana is a colony of Tokyo. Tijuana is a sweat shop in Taiwan. Tijuana is a stain that spreads beyond the linden trees of Hamburg... Taken together as one, Tijuana and San Diego form the most fascinating new city in the world, a city of world-class irony ... Tijuana is here. It has arrived. Silent as a Trojan horse, inevitable as a flotilla of boat people, more confounding in its innocence, in its power of proclamation than Spielberg's most pious vision of a flying saucer." (Richard Rodriguez, *Days of Obligation. An Argument with My Mexican Father,* 1992)

In 1809 a 54-year-old Indian converted to Christianity. During the religious ceremony, the Kumiai Indian stated the name of the ranch he belonged to. The Indian lived on what today is the north-east border with California. The native name for this place was "Llantijuan". But what the father heard or decided to note down in his book of baptisms was "Tía Juana" ("Aunt Jane").

Tijuana was built on misunderstanding. This is what the Cuban writer Lezama Lima might call an "erotica of errors", an *errática*.

Perhaps even a *neurótica*.

What Derrida would call the worst Derrida.

Llantijuan, by the way, could mean one of two things: either "place near water" or "barren land".

Tijuana was built on contradiction.

This mistranslation and blotting out of native heritage gave rise to the first character of the city, Tía Juana ("Aunt Jane"), an old, mad and quite ridiculous hostess, a hysteric who, to top it all, never even existed. Tía Juana. Many children and adults from Tijuana nevertheless believe in her, almost as much as they believe in Santa Claus or the "Chupacabras", the shapeless monster who sucks the blood from cows and dominates the news headlines every time a new political scandal erupts.

When the war between Mexico and the United States ended and Mexico was robbed of half its territory in the nineteenth century, a new border was created. At that time, the area known as Tijuana today was, in fact, a territory belonging to San Diego, the Californian city of today.

The United States Government, in its massive campaign of territorial theft, in its Yankee merrymaking, overlooked a small detail. The Government of Uncle Sam forgot to bring Aunt Jane with it. The maps were badly drawn up.

If the territory of Tijuana is still part of Mexico, it is nothing more than an accident.

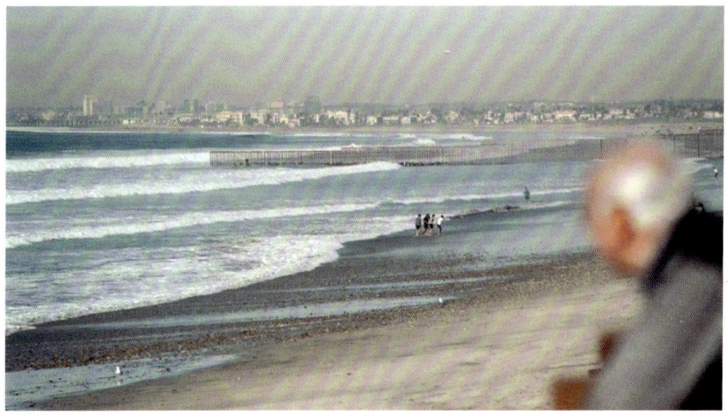
Cat. 51

Whatever the case may be, the urban development of Tijuana since the nineteenth century has been strongly dependent on the needs of the United States. During the first half of the twentieth century, the city became infested with bars, liquor stores, cantinas, motels and casinos, thanks to cheap tourism, thanks to fast tourism. (The average tourist only stays for 3 or 4 hours in Tijuana.) The key to Tijuana's boom as a city for Americans was the Volstead Law – the Dry Law – of 1919, which prohibited the production, distribution or consumption of alcohol on American territory. The same law that promoted the Al Capone-style mafia also promoted Tijuana, the city where visitors could find an interminable supply of alcohol.

Postcards from that period are quite crazy: caricatures of Americans standing around a wild landscape – in Tijuana prickly pears do not normally grow, since hardly any vegetation prospers in Tijuana, which is a wasteland –

and behind that happy drunkard we can make out a yellow brick road of empty bottles.

However, even before the Dry Law, Tijuana had already earned a reputation as a city of vice. In 1888, an American journalist from *The Nation* wrote that Tijuana had more *cantinas* than houses.

In the second half of the twentieth century, the situation changed. Tijuana transformed itself from a city of vice into an industrial city. In the 1960s the *maquiladoras* – bonded assembly plants belonging to large multinationals or large sweatshops working for them – arrived and, like UFOs suddenly landing, they transformed the urban landscape, attracting still further emigration towards the region, making the city grow, literally, by the hour. The city became saturated with immigrants fantasizing about better wages, although, in reality, there are no worse wages than those paid by the *maquiladoras.*

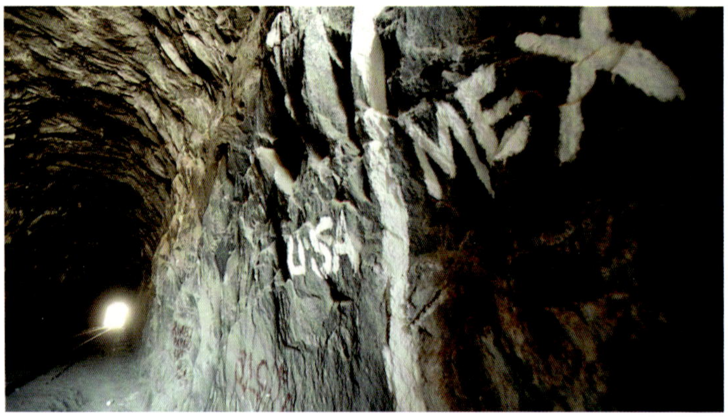

Cat. 52

Space Invaders could easily define Tijuana. It is a city of "anarchitecture", a city of auto-deconstruction.

A large part of the city has been built by immigrants or the poor who "invaded" the hills and raised their hovels on its slopes and cliffs made of used tyres, old wood and every kind of material the human mind can imagine. Tijuana was built by recycling. Tijuana redefined the idea of recycling.

The cars driven by the inhabitants of Tijuana all had Californian owners. It is not unusual to step into a car and see the signs of an exhaustive examination still on the dashboard, since your girlfriend or your friend bought that car at an auction (organized by the Border Patrol) of decommissioned cars that had been caught carrying hidden loads of marijuana, heroine and cocaine.

Tijuana survives thanks to rubbish and second – or third – hand items thrown away or brought in from the United States. Clothing. Computers. Dreams. Sometimes Tijuana seems more of a Swap Meet than a city. An open-air market.

Tijuana was built on illegality, ranging from its dormitory hills taken by force to its business districts and its gangsters. Crime is part of Tijuana's identity; violence its backbone.

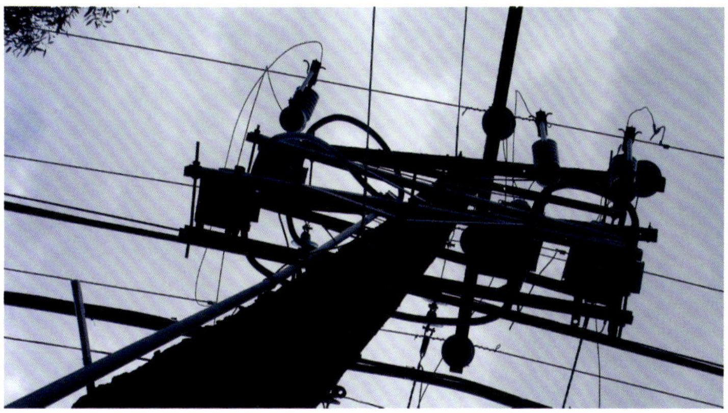

Cat. 53

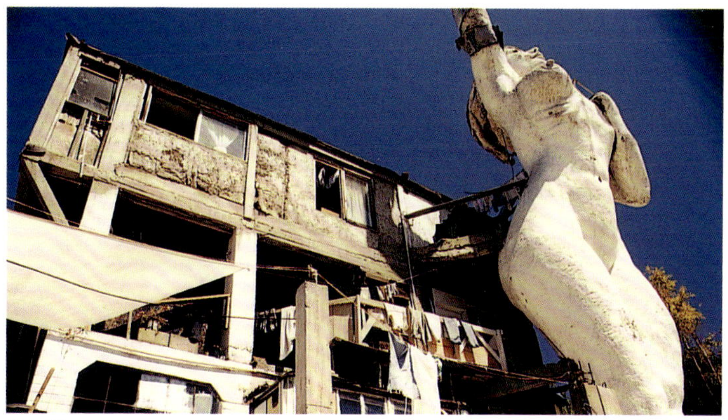

Cat. 54

Transvestites are one of the characteristic sights of Tijuana night-life. On Revolution Avenue – yes, even the Mexican Revolution ended up as a picturesque avenue for tourists – some of the dives have to place signs up in the window that read "Real Women Here" and the laboratories in the city-centre place other signs in their windows that read "Smear test ONLY for women". It seems that in Tijuana nobody wants to be who *they really are*.

On the United States border with Mexico, everyone wants to be someone else. Americans want to have their weekend of Mexican transformation and the immigrants want to sign up to the "American Way of Life" or, at least, to the "Chicano Way of Life". And if someone has a Mexico City accent or a southern accent, no matter. There is no destruction of the other through sarcastic references to their language or their identity, the way that we destroy ourselves through the very language itself. Here nobody knows who is who.

That is why there is so much chaos, fun, amusement, festivity and partying, loud music... because although we all ended up at the maquiladoras, observing their sleepless shifts and overtime hours, this did not mean that we waved goodbye to the nightlife. On the contrary, nightlife also spilled over into the next morning, the next evening, two nights in one. The sexual tourism industry received a massive boost, with its clubs for every taste and pocket. As for alcohol and illegal substances, they're all here too.

"Tijuana is not Mexico", wrote Raymond Chandler in *The Long Goodbye* in 1953. Tijuana defines itself, in contrast to Mexico City. Two cities that scorn each other. Two different mental states. Two metaphors interpreted literally.

Tijuana resents the Federal Government. Many inhabitants of Tijuana feel they have been forgotten by the central powers. But Tijuana also mistrusts the Yankees. And it doesn't like to be associated with Mexican-Americans either, whom it calls "pochos", which means "uprooted", "rootless".

Tijuana is a border city with a strong sense of its own identity, although many both inside and outside the city ironically believe that Tijuana has no identity at all.

Tijuana was built on fantasy.

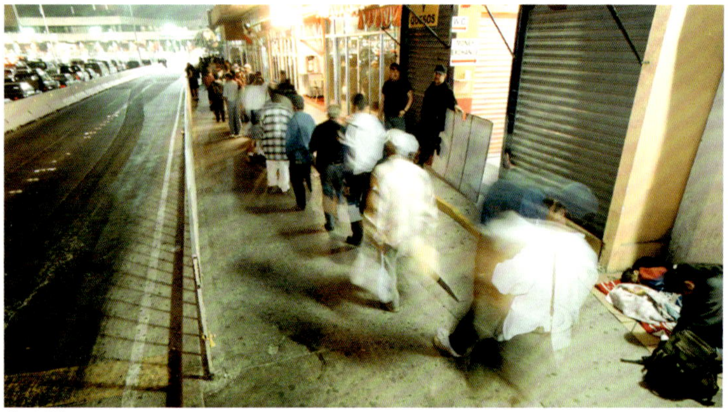

Cat. 55

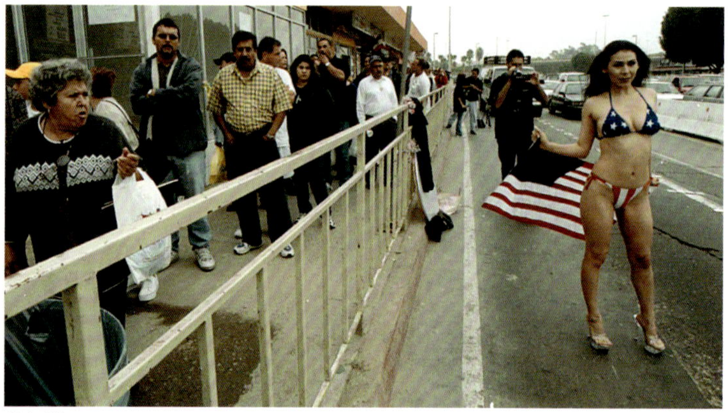

Cat. 56

Tijuana is "Television Town". Tijuana boasts of having assembled 75% of the television sets on Earth. Thousands of people work in San Diego, California, and live in Tijuana. Cultural influences are moving in both directions. People in Tijuana have revolving-door minds.

Tijuana is a cold beach, one that is nevertheless familiar, literally just a few metres away from the American Patrol and helicopters flying over the three walls that were set up in certain sections of the dividing line. The First World meets the Third World.

This is asymmetry. Tijuana is pure asymmetry. Get it? Comprendes, Méndez?

That is how it is. That is Tijuana.

Inequality, a clash of forces, sketched out the map of Tijuana.

Tijuana has one million inhabitants or maybe three.

Carlos Santana learned how to play the guitar in Tijuana and the local musician who taught him doesn't let a day go by, of course, without cursing his successful pupil. Tijuana is a city obsessed with itself, like New York or Buenos Aires.

Tijuana is a freaky city, a metropolis with no recognizable centre. Tijuana is centrifugal.

The centre of Tijuana stinks of urine. The municipal clock looks like one of the McDonalds arches and its official architecture is pure simulacrum, pure kitsch. Tijuana existed long before Baudrillard.

Tijuana was built for American interests.

Tijuana was built on poverty. The economy explains this city.

Tijuana is appropriationism. Tijuana unravels like a Kathy Acker novel in which a city takes a story already written – let us say, the Californian dream or the Mexican disaster – and rewrites it, giving it that typical Tijuana twist.

Tijuana is Bart Sánchez art.

Tijuana is ultra-satirical. It detests the tourists it welcomes. Bukowski knew it: "I asked the barman what day it was and the barman said 'Thursday', so I had a couple of days. Aleseo had to wait for the Yankee crowds to reach the border to have his two days of madness after five days of hell. Tijuana took care of them. Tijuana took care of their money, but the Americans never knew that the Mexicans hated them so much […] they went around TJ as if they owned it, and every woman was a bed and every police officer a character from a comic strip, but the Americans had forgotten that they had won a couple of wars against Mexico, as Americans or Texans or whatever. To the Americans, this was only something out of history books; to the Mexicans it was something alive, real, and it did not feel good to be an American in a Mexican bar on a Thursday evening; the Americans even ruined the bulls; the Americans ruin everything". (Charles Bukowski, *The Stupid Christs,* 1967)

Tijuana is a Mexican seller who approaches two Asian-American tourists looking at clothes in a shop on Revolution Avenue and Tijuana says to them, "*Chicken* try it. And if you want, I can *hara-kiri* price". That is how Tijuana deconstructs.

It is how Tijuana tends to become untranslatable.

Even to itself.

"—Who is it? —they asked one another.

—'Tijuana in' —replied those most in the know.

—Strange name!

—But so beautiful the owner! – claimed the enthusiastic speaker – a magnet woman, a radioactive woman who, seen only once, captivates you for ever. She is among those to whom, without lying, you can say: 'my life for a kiss'." (Hernán de la Roca, *Tijuana in*, 1932)

Tijuana is unlike Tijuana.

Tijuana is a lesbian wearing a hand-crafted belt, thigh-length boots and large hat holding a tequila in one hand while she embraces a transsexual dressed as Paulina Rubio, crossed with Mónica Naranjo and Madonna. Tijuana is also that transsexual who works at the post office disguised as a normal bureaucrat.

Tijuana shuffles its stereotypes. The mascot of Tijuana is a donkey painted with black and white stripes, a simulated zebra. Its name is "Zonkey".

Tijuana reinvented Mexico and also reinvents the United States at the same time.

And sometimes the United States deconstructs the United States through Tijuana principles.

It is no coincidence that the perverted grandparents of

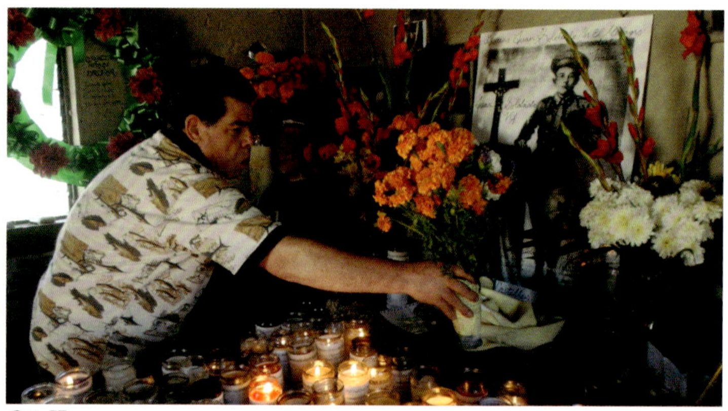

Cat. 57

Playboy were known, in the early twentieth century, as *Tijuana Bibles*, eight-page volumes where Betty Boop fucked Popeye. Images in which all the symbols seemed jumbled up, as in the streets and markets of Tijuana.

Tijuana is semiology converted into perverted tourism.

Tijuana was built on the contradictory versions of Tijuana.

In 1997 the city name was registered by the municipal authorities in order to make it its own property, to make it a copyright and prevent the media, businessmen or any other person from using "Tijuana" as part of a title or piece of merchandise without asking for permission.

This legislation did not, of course, work.

Tijuana is anything anyone might wish to say about her.

Dozens of writers have written about Tijuana.

Every time Tijuana is inebriated, it recites those quotes for everyone who happens to be in the *cantina*. Tijuana is convinced that all its quotes are nothing but lies.

Tijuana is almost an imaginary city, a series of cities that only have a few things in common: assembly plants, drug traffickers and 2,000 migrants a day waiting to cross over into the United States illegally.

The Tijuana Cartel is the most powerful of all the Colombian cartels.

It is no accident that the unofficial saint of Tijuana is a soldier who was incarcerated in 1938 for raping an 8-year-old girl.

After being shot by the authorities in order to stop the rioting crowd that wanted to lynch him, another section of the population became convinced that Juan Soldado was innocent, a scapegoat. Various miracles began to be attributed to him. Now his tomb is a devotional centre to which thousands of believers flock in order to ask the saint to intervene on their behalf, perhaps to recover their health or to earn the forgiveness of a deceived wife or – the favourite miracle of the devotees of Juan Soldado – to help them obtain the green card or a passport, to achieve a successful illegal crossing or be given American citizenship.

Tijuana hates to admit it but Tijuana was built on crime.

It is no coincidence that one of its municipal chairmen in the early twenty-first century was the owner of the Hippodrome of Agua Caliente; the same individual who is supposed to be the mind behind the execution of Felix the Cat, the same man who has been in prison on smuggling charges.

Half of the voters elected him, and the day he won they flooded the streets to celebrate the victory of his mega-gang.

Tijuana is always shirty.

When the Mexican President, Lázaro Cárdenas, banned betting and gambling in the 1930s, many owners of casinos in Tijuana took their money and put it to work, and guess where …?

Tijuana was almost Las Vegas.

But instead, Tijuana turned into Tijuana.

Tijuana is known in many circles as a hybrid city.

Post-Modernism did not only ruin the façades of buildings. It also ruined the true interpretation of Tijuana. Tijuana is much more than just a hybrid creation. Tijuana has everything to do with tension. Take two magnets and instead of allowing them to attract the other through their opposite poles, rub the two identical sides against each other, like someone's face you smash against a mirror and, as a climax to the torture, you then force them to look into the eyes of their own undesirable reflection; take, then, the two magnets and when you feel the force of the repulsion between the two identical poles and you feel their struggle to distance themselves from each other, like a rocket trying to escape the Earth and, yet, you nevertheless feel that they are both subjected to a superior force that is determined to join them together, only then will you realize the intense force that is Tijuana.

This force gives shape to the entire border. It is a magnetic field, and it not only a field of attraction, but also a field of repulsion.

This is the deconstructive repulsion of Tijuana.

A city of farewell to Hegel. A city beyond synthesis.

There are many Tijuanas. Each one of them, half legend, half temporarily out of order. Tijuana is a nightmare of enjoyment, a weekend addicted to work.

It is a city of serial housing and ceaseless production, rumours on the Internet and collective taxis, weekly executions and success stories, merciless drug traffickers and thousands of prostitutes, homeless immigrants and Japanese executives, Mexican millionaires and self-taught sociopaths.

A science fiction city without a future.

CRONICAS PLASTICAS TIJUANENSES

Taiyana Pimentel

"Tijuana Sessions"[1] es una exhibición que aborda la relación entre la metrópolis y la creación artística; se refiere a un fenómeno cultural en proceso de consolidación y estrechamente ligado a la generación de creadores que, en los últimos cinco años, ha puesto el quehacer artístico de Tijuana en el marco de los paradigmas visuales del país.

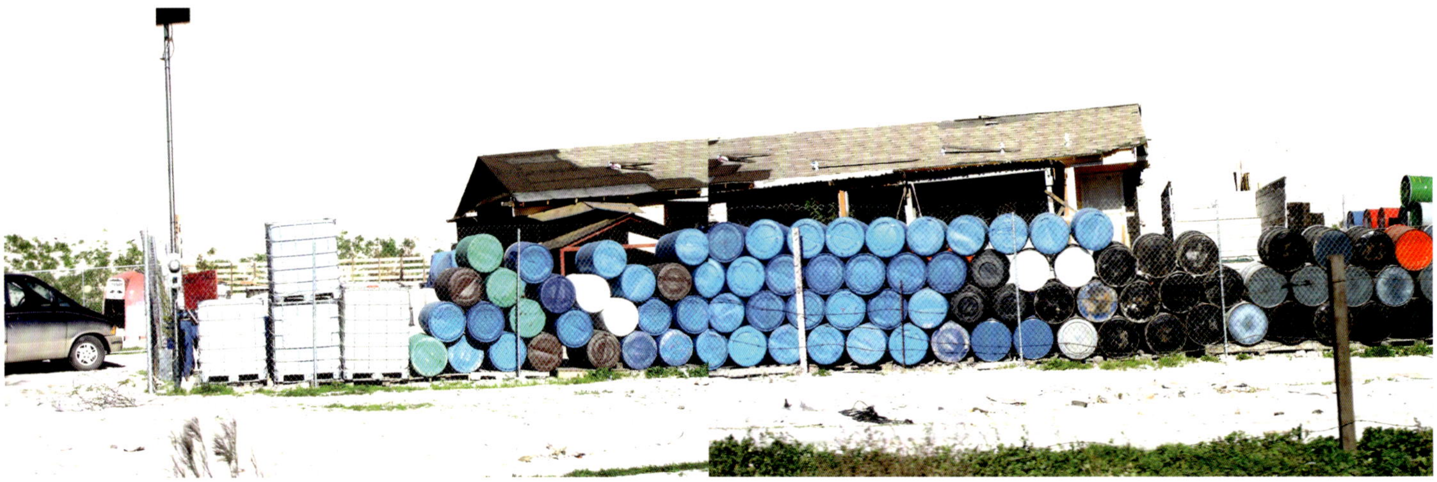

Cat. 58

El movimiento artístico que se desarrolla hoy en Tijuana pertenece a una generación de gestores culturales inmersos en el proceso de transformación de la identidad tijuanense. Se trata de un grupo de jóvenes artistas que parecieran estar diseñando un nuevo modelo de icono visual en el que se entremezclan los análisis antropológicos, el uso de las nuevas tecnologías, el modelo empresarial, las estrategias del marketing, la inserción en los mecanismos económicos, el desafío a la concepción clásica de institución cultural —cercana a galerías y museos— y, sobre todo, la exploración de un modelo interdisciplinario en el que dialogan los lenguajes visuales con la arquitectura, el diseño, la música, el baile y la literatura bilingüe. Artistas visuales y escritores comparten un reconocimiento de la problemática fronteriza, traspasan las teorías híbridas[2] y pretenden re-ubicarse respecto a sus propias construcciones históricas. Para el escritor Heriberto Yépez: "Lo que toca es explorar los detalles inconclusos y las falacias escondidas de dichas 'hibridaciones'; las partes débiles y cueros viejos del(os) discurso(s) posmoderno(s)".[3]

Pero, ¿dónde se ubican los antecedentes de este movimiento artístico? A pesar de su juventud fundacional, 1882, Tijuana posee una amplia red de instituciones académicas que han sustentado investigaciones sobre las problemáticas culturales de la frontera y de la ciudad misma, al tiempo que abren redes de colaboración con sus pares californianos. El Colegio de la Frontera, la Universidad Autónoma de Baja California, la Universidad Iberoamericana y la Universidad de San Diego (UCSD), principalmente, cobijan investigaciones culturales, urbanas, demográficas, artísticas, entre otras, que han permitido, no sólo mantener un constante análisis de los fenómenos socioculturales, sino que ha hecho partícipe de este proceso a los propios artistas y escritores. Tal vez por esa razón, una buena parte de estas propuestas se base en estudios contextuales de corte académico; es decir, para muchos de estos creadores la subjetividad está subordinada a un proceso escolástico que permite sustentar las teorías desarrolladas sobre la ciudad y su cultura, un fenómeno del que el colectivo Torolab es su máximo exponente, pero no el único. En otro sentido, o sea institucionalmente, INSITE ha ofrecido —con su producción de obras contemporáneas basadas en las intervenciones públicas— posibles caminos a seguir para la búsqueda incisiva en el análisis del contexto urbano y sus posibilidades estéticas[4], han ofrecido herramientas para pensar el espacio y el tiempo que se habitan. Curiosamente, una de las primeras piezas que en INSITE atrajo el cuestionamiento del espacio social en Tijuana fue *Century 21,* una construcción arquitectónica del artista local Marcos Ramírez Erre, considerado pionero del movimiento artístico del nuevo siglo. Erre construyó en la explanada del Centro Cultural de Tijuana (CECUT), en 1994, una casa habitación siguiendo los lineamientos estéticos frágiles que caracterizan al tipo de construcciones de las áreas marginadas de la ciudad, colonias que albergan una amplia gama de inmigrantes de bajos recursos económicos y, asumiendo, una postura crítica frente a las fronteras sociales que imperan en la sociedad tijuanense. Con *Century 21*, Erre adelantó planteamientos como los que el colectivo Torolab realiza en estos días e independientemente de los trasfondos conceptuales que les aleja, situó en el contexto de la arquitectura, de lo urbano, uno de los principales símbolos identitarios de Tijuana.

Aparejado a estas instituciones, el Centro Cultural de Tijuana, fundado en 1982 como parte del proceso de descentralización que en esos años vivió la cultura en México[5], ha fungido como memoria museográfica de las últimas generaciones plásticas; un papel que, en años recientes, comparte con el Museo de Arte Contemporáneo de San Diego, institución que ha estado dedicando sus espacios periódicamente a los jóvenes artistas tijuanenses[6]. Pero si bien este modelo institucional ha albergado las propuestas estéticas de la última generación de creadores, no fue la clave institucional que sirvió como plataforma a los nuevos planteamientos artísticos. Como casi toda generación pujante, los tijuanenses buscaron caminos alternativos de representación, una especie de gestión independiente que entreteje la búsqueda de fondos a través de fundaciones privadas e instituciones públicas de ambos lados de la frontera con la gestión empresarial y, tal vez, en esta búsqueda radica otro de los elementos novedosos de este grupo de artistas: el encontrar en sus creaciones artísticas formas adquiridas de otras disciplinas para la circulación acelerada de un producto artístico que arroja ganancias comerciales. Así, la camiseta o *t-shirt* frecuentemente registra los diseños del proyecto *Torovestimenta* del colectivo Torolab, la imaginería del colectivo Radio Global, las pinturas de Charles Glaubitz, los esténciles de Gerardo Yépiz (Acamonchi), las ideas de Itzel Vargas[7], o los logos del colectivo Bulbo.

Definitivamente, Nortec fue el movimiento que logró aglutinar y ofrecer una visión del cambio que estaba ocurriendo en el panorama cultural de Tijuana. Y aclaro, no fue generador de las nuevas ideas estéticas, aunque sí parte de ellas; Nortec, aprovechando las estrategias comerciales que secundan los eventos musicales, extendió sus conciertos hacia una especie de gestión curatorial carnavalesca, que permitió ir identificando a un grupo de creadores afines a nuevas estrategias culturales y nuevos discursos estéticos; Nortec abrió las puertas a nuevas formas de apropiación de espacios citadinos que, en adelante, estarían identificados simbólicamente con los discursos de esta nueva generación; estos *raves* se apropiaron de espacios que, junto a análisis como el de Julio Orozco sobre las salas de cine en proceso de extinción en la ciudad, iban deconstruyendo desprejuiciadamente espacios olvidados del urbanismo y la cultura tijuanenses. *Nortec City* y *Maquiladora de Sueños* fueron dos de los conciertos-exhibiciones que el colectivo llevó a cabo en el Jai Alai, edificación construida en la segunda década del siglo XX y ubicada sobre una de las calles más populares de Tijuana, la avenida Revolución. José Manuel Valenzuela recuerda:

> "Nortec City invitaba a los transeúntes mediante una secuencia de imágenes Kitsch, entre las cuales se encontraba un músico enmascarado, ubicado a la entrada del edificio, interpretando canciones cumbieras y tropicalosas, y una calafia (camioneta de transporte urbano) estacionada a la puerta del Jai Alai. La entrada del edificio es un bombardeo de imágenes, aparecen videos de fiestas de quince años plagadas de estampas populares urbanizadas, como jóvenes cholos y un punkrobot de hojalata; visuales fragmentados que acompañan a los vatos norteños con sus botas, sus sombreros tejanos, sus camisas cuadradas y rayadas y sus pantalones de mezclilla y su cinturón grueso con hebilla metálica. La música nortec se cuela por todas partes y, a ratos, compite con las rolas del cumbiero enmascarado".[8]

La estrategia de Nortec era bastante nítida: además de localizar elementos identitarios generacionales, pretendía encontrar elementos relacionales entre las creaciones jóvenes y la propuesta visual que estaban llevando a cabo los dos principales diseñadores del colectivo: Jorge Verdín y Fritz Torres. Pretendía no aludir a la exclusividad, sino ubicarse en el centro de la escena, recurrir a la bien reseñada zona de servicios nocturnos de la ciudad que ha ido construyendo parte importante de la literatura ensayística, en y sobre Tijuana[9]. Seis meses más tarde, el colectivo Nortec, bajo la coordinación de Pedro Beas, realizó *Maquiladora de Sueños,* una experiencia estética distante de *Nortec City* y, con un objetivo curatorial definido: en esta ocasión, la convocatoria se dirigió hacia el tema de las maquilas.[10] Las piezas resultantes se alejaban de la estética *kitsch* de *Nortec City* y parecieron buscar más en los ecos conceptuales y los posibles usos estéticos de la tecnología. Estas experiencias tuvieron, por otra parte, el arribo de un público masivo afín a esta generación y permitió entender que:

> "Nortec construyó un sonido donde lo que se escucha no es sencillamente una fusión de música popular norteña y tecnología digital. Construyeron algo más interesante: un sonido tensorial, un sonido en que se perciben las tensiones provocadas por los desencuentros culturales, un sonido donde se escuchan las intermitencias y las alternancias propias de una policultura donde reina el movimiento de acercamiento y distanciamiento entre culturas. No fusión sino Crash".[11]

El *rave*, la escena musical electrónica y Nortec forman parte del discurso cultural tijuanense; acentuaron la importancia del trabajo colectivo y han sido pauta para la reflexión de otros artistas. Hans Fjellestad en su largometraje *Frontier Life* (Vida fronteriza) establece líneas narrativas analizando al "otro"; para Hans (que vive en San Diego, territorio norteamericano de la frontera), la vida fronteriza se ubica del lado mexicano; es decir, la cultura que le permite organizar sus líneas narrativas es aquella que hace explícita su condición; pareciera que el artista quisiera acentuar la efervescencia de un movimiento cultural y musical tijuanense en oposición a la inexistencia de un fenómeno de esta naturaleza en San Diego; narrar la utilización de recursos naturales como el agua, un símbolo de diferenciación entre ambas ciudades que marca, a su vez, la visión urbanística disímil que entre ellas existe y, por último, hacer referencia a las culturas suburbanas como síntoma de la contracultura.

Absolutamente inmerso en el discurso musical se encuentra ubicado el colectivo Radio Global. Integrado por diseñadores, comunicólogos, ingenieros y otros afines a la transmisión radial, Global propone una estética suave, adolescente, que hace gala del buen sentido del humor, recreando algunos símbolos identificados con la estética del *rave* (como las drogas, pero convertidas en ingenuos muñecos de peluche, camisetas que ostentan los diseños juveniles y no pretenden otra cosa que ubicarse respecto a la línea dura que lleva implícita la crítica); pero, especialmente, el colectivo Radio Global hace uso de la tecnología radial vía Internet que le ofrece libertad de acción y una rápida colocación en el mercado de la radio por Internet en Estados Unidos, Canadá y Sudamérica. Radio Global explota la crónica, como otros colectivos y artistas en Tijuana, están interesados en inmiscuirse en la memoria de la ciudad, construirla; buscan testimonios de músicos, artistas

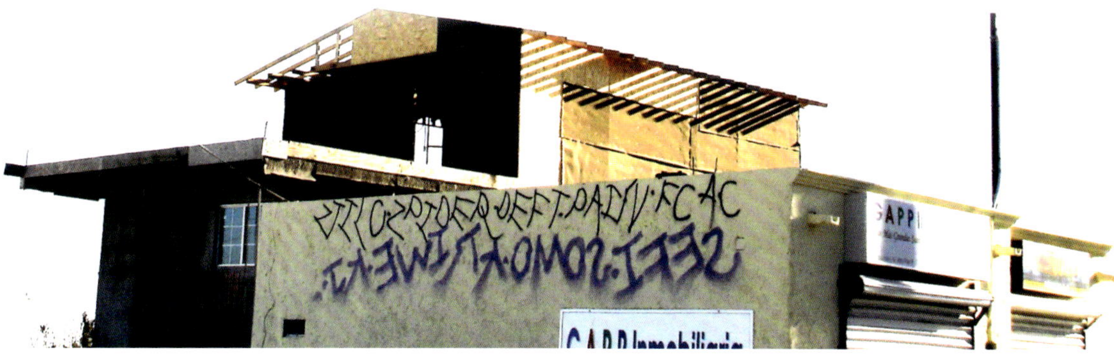

Cat. 59

plásticos que pasan por Tijuana, archivando las memorias, reflexionando, cuestionando el quehacer contemporáneo citadino.

El colectivo Bulbo es un equipo de profesionales de la comunicación que abarca una amplitud de lenguajes mediáticos a través de sus proyectos: *Bulbo Press* (prensa escrita), *Radio Bulbo* (radiofónico) y, televisivo, *Bulbo TV*. En un corto tiempo Bulbo ha logrado registrar el quehacer sociocultural de la vida en Baja California, en ocasiones acentuando la inmediatez de la noticia, en otras, recreando los valores estéticos de las propuestas. A diferencia de Global, donde el colectivo se vuelca sobre una propuesta estética centralizada, Bulbo gusta de explorar las colaboraciones de sus invitados (tal vez, la diferencia radique en la utilización de distintos *medias*) y, en ese sentido, su propuesta es barroca, heterogénea. La programación televisiva de Bulbo refleja abiertamente la casi ausencia de la individualidad para dar paso a la colectividad como eje central del discurso, pero a semejanza de Radio Global, busca ser una crónica citadina, extenderse a cualquier contexto en el que Bulbo esté presente para reciclarlo a la cultura local.

En Pepe Mogt tal vez se resume la connotación que la investigación musical tiene en esta exhibición. Partiendo de su experiencia como músico y, sobre todo, en la investigación de los artefactos que han permitido la progresión social de la música electrónica, Mogt se concentra en la transmisión a su público de la creación musical, traspasándole la capacidad creativa al otorgarle pautas musicales que le permitirán

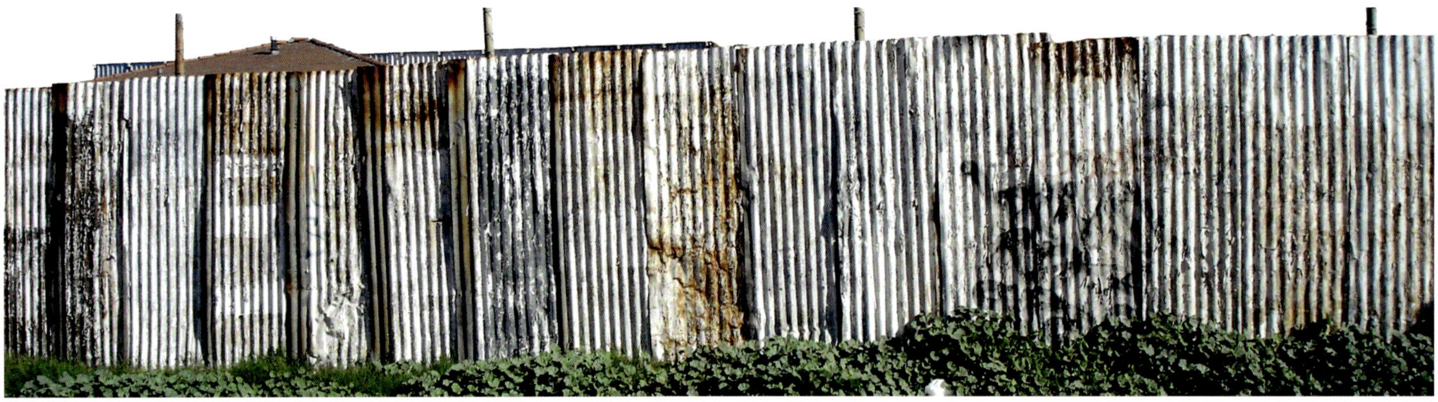
Cat. 60

interactuar y crear sus propias composiciones. José Morales ha creado un artefacto electrónico denominado "teletrón" que generará no sólo pautas musicales, sino una combinación de imágenes televisivas que acompañan a la experiencia sonora, haciéndola eco de lo que el artista sitúa como una de las principales influencias en su trabajo musical: la relación de los lenguajes televisivos con la música electrónica.

El colectivo Torolab utiliza las influencias musicales en otro camino. Para este grupo de creadores, la música, como la arquitectura, el diseño de modas y el urbanismo, forman parte de un todo que cuestiona las fronteras entre las disciplinas artísticas, las fronteras sociales, políticas y económicas que van restringiendo o ampliando las posibilidades culturales de un ciudadano fronterizo. Basado en la experiencia de la frontera entre Tijuana y San Diego, las investigaciones antropológicas y, específicamente, entre el individuo y su contexto, el colectivo se define como un laboratorio que propone soluciones para el mejoramiento de la calidad de vida, que coadyuvan en la conformación de la identidad del ciudadano que habita la frontera. La poética del colectivo Torolab acentúa un carácter utópico casi ausente de las propuestas artísticas de nuestros tiempos; Torolab realmente confía en la posibilidad de realización de sus comunidades urbanísticas, en las que cada construcción arquitectónica pueda estar predeterminada por las necesidades de la familia que pueda ocuparla. En esta propuesta no existe ironía o ingenuidad, es simplemente una confianza en los métodos de investigación que sustentan sus proyectos. Curiosamente,

Torolab sí ha encontrado un camino de propagar sus ideas; a través de los diseños de ropa que conforman *Torovestimenta,* el colectivo ha logrado proyectar sus construcciones culturales sobre uno de los medios más populares en la moda contemporánea: la camiseta; de esta manera, hacen circular masivamente las ideas que, de otra forma, permanecerían enclaustradas.

En este sentido, de persecución de información a través del individuo y sus movimientos por la urbe, Julio Morales empalma sus intereses con el colectivo Torolab. Pero, a diferencia de ellos, el proyecto de Morales está enfocado sobre un elemento simbólico que le permite al artista re-crear la actividad económica de un grupo de emigrantes mexicanos en las ciudades californianas. Julio Morales no investiga al ciudadano fronterizo, se centra en el individuo emigrado; ello le permite realizar el seguimiento de un grupo social determinado ligado a la actividad económica informal heredada de la cultura mexicana. Julio deconstruye, a través de tecnologías y metafóricamente, carritos vendedores de burritos, tacos o *hot dogs,* en un afán de puntualizar la actividad económica en un grupo social caracterizado, precisamente, por la utilización de este instrumento como método de remuneración económica.

También Sergio de la Torre y Jorge Nava sitúan su punto de vista desde la otredad; es decir, analizando narrativas correspondientes al que se ubica en la cultura expandida. En el caso de Nava, lo hace a través de la documentación de un día en la vida de una trabajadora emigrada, investigando sus raíces culturales y la transculturación de las mismas crea una narración en video en líneas paralelas donde el tiempo delimita la acción y las posiciones sociales y lingüísticas. En cambio, De la Torre, a través de un ejercicio mínimo conceptual y ciertas reflexiones históricas a la expansión, tomadas de clásicos del cine o de la tecnología, analiza las connotaciones del desplazamiento, ocupación y pertenencia al tiempo y espacio. Curiosamente, en ambas reflexiones, los artistas forman parte del discurso; es decir, conforman la narrativa, intentan auto-referenciarse respecto al discurso.

Otro de los discursos centrado en la ciudad y su fisonomía es el estudio que Julio Orozco ha desarrollado, durante cuatro años consecutivos, sobre la arqueología de una de las construcciones simbólicas de la modernidad, actualmente desaparecida del contexto urbano tijuanense: se trata de la destrucción de casi todos los cines que jugaron un papel importantísimo en la visibilidad moderna de la Tijuana de la primera mitad del siglo XX. El trabajo de Orozco tiene la capacidad no sólo de haber documentado la desaparición de los monumentos, sino la creación de una poética ficcional que otorga nueva vida y continuidad al proyecto original. Al comienzo, *Salas del pasado, proyecciones en el futuro,* estuvo dedicada a la recuperación de símbolos de los cines (a través del registro fotográfico o de recuperación del mobiliario original), más tarde pasó a conformar una serie de carteles que añadían el elemento ficcional al proceso de recuperación y, jugaba con el carácter intrínseco de la arqueología. La ficción se expande hoy al recuperar la figura principal de aquellos primeros centros de la cinematografía, se trata del

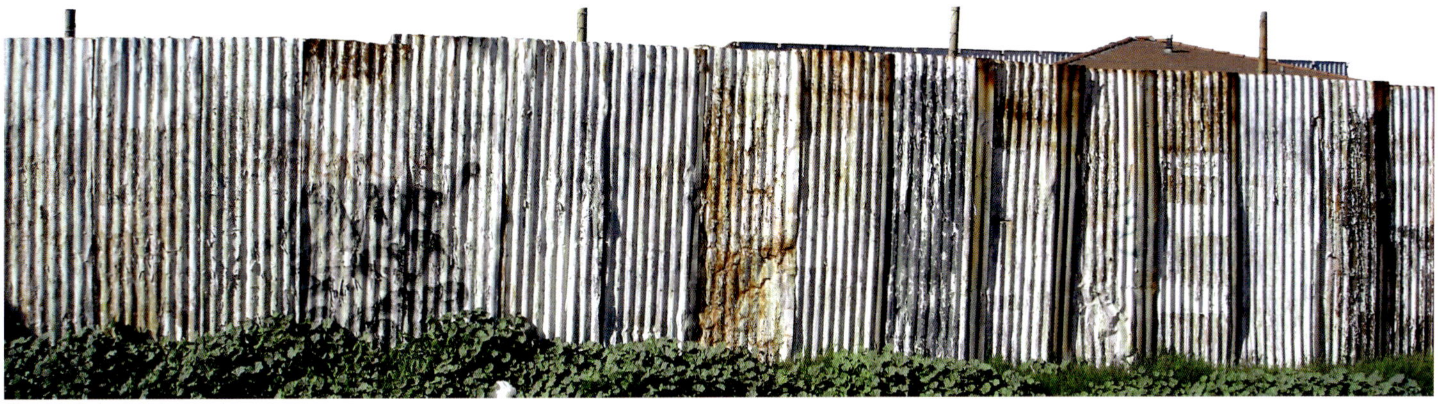

proyeccionista, figura a la que Orozco le otorga hoy un lugar central en su discurso.

Otro artista que utiliza el elemento ficcional para elaborar su propuesta es Charles Glaubitz, que ha desarrollado una técnica pictórica basada en la caricatura de origen japonés (manga) y en la influencia del pop infantil. Glaubitz, a través de sus personajes infantiles cargados de mensajes históricos —concretamente haciendo referencia al enfrentamiento de la cultura mexicana frente a la norteamericana— emprende la construcción de un mensaje didáctico no ausente de alusiones irónicas a capítulos de la historia mexicana.

Para Alicia Tsuchiya, la construcción de un discurso ficcional parte del trabajo documental de un fotógrafo y de la recuperación de una memoria que forma parte de su herencia japonesa. Alicia recorre las calles de California fotografiando, al menos en esta serie, monumentos arquitectónicos y, a través de procesos de laboratorios, unifica sus imágenes para otorgarles ciertas reminiscencias de la cultura oriental. Efectivamente, Tsuchiya hace dudar al que observa el Golden State de San Francisco, continuada de una edificación que recuerda las estructuras circulares de origen japonés y a la que titula *Japantown*; pero estas imágenes tienen la capacidad de aludir al rescate de una identidad, no persiguen una simulación, más bien son el proceso inverso: la idea que nace después de, simplemente, recorrer las calles, fotografiándolas, analizándolas.

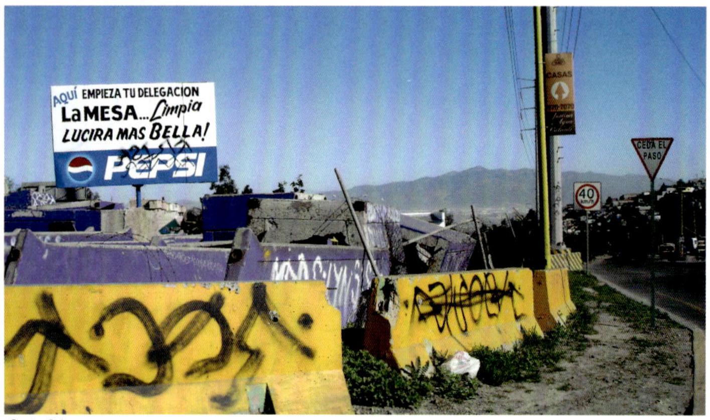

Cat. 61

Las calles han sido también el tema predilecto de Gerardo Yépiz (Acamonchi), que durante años ha colocado sus neograffitis en diversos espacios urbanos de Tijuana, San Diego, la ciudad de México, entre otras. Además de calcomanías y camisetas, Acamonchi utiliza la técnica del esténcil para superponer a muros y carteles imágenes de tecnología en desuso, símbolos de la cultura pop ridículamente estigmatizados; sus personajes son antihéroes y su imaginería parecería estar ironizando la validez que hoy otorga a la inteligencia ese delirio tecnológico por la información de última mano. Acamonchi utiliza la técnica de la guerrilla para realizar sus apariciones públicas y, sin abandonar su accionar callejero, hoy día analiza la capacidad discursiva del neograffiti sobre el muro de la institución que le cobija.

Entre estas poéticas relacionales con lo urbano y las obras de Tania Candiani e Yvonne Venegas, que parecieran estar anunciando una vuelta hacia cuerpos sociales internos, Jaime Ruiz Otis encuentra su materia de trabajo en los residuos de las compañías maquiladoras que operan en Tijuana. Desde los años setenta, la empresa de la maquila comenzó a florecer en la zona fronteriza entre México y Estados Unidos como una fuente de ingresos y obtenciones de empleos fundamentales para una economía nacional en riesgo de crisis. En pocos años las maquilas comenzaron a mostrar los sistemas abusivos laborales bajo los que operan, la falta de seguridad y los bajos salarios que las caracterizan y, en otro sentido, impusieron un añadido estético muy peculiar al paisaje urbano de las ciudades fronterizas, del que forma parte todo un residual de desechos del que se ha apropiado Otis para construir su discurso sobre el reciclaje industrial. Lo interesante del trabajo de Jaime es el sutil sarcasmo con que suele abordar la problemática; una de sus piezas hace referencia a un *Jardín Zen* construido en tonos dorados y residuales de estas transnacionales, pero también lo es la construcción de patrones estéticos novedosos basados en uno de los más rudimentarios ejercicios de la economía posmoderna.

Los trabajos de Candiani y Venegas se acercan a las estructuras sociales que rigen los patrones estéticos en la sociedad contemporánea fronteriza. Candiani centra la atención en la elaboración del cuerpo posmoderno femenino, analiza los rigurosos patrones estéticos que lo rigen y decide hacer mención —por oposición— a la excesiva delgadez que fija los patrones de belleza en la sociedad contemporánea, y los representa en relación a las nuevas enfermedades y terapias a que es sometido el cuerpo. El tema de la belleza está abordado desde las *Gordas*, telas de gran formato que proponen una nueva forma de "pintar cuerpos" cociendo enormes áreas que representan siluetas obesas. En cambio, para Venegas, el ensayo fotográfico se sitúa en "festejos en salones, fotos de grupo o parejas, socialización de gente bonita, ritos de formación de roles familiares o exhibición de adecuados entornos domésticos", como asevera Heriberto Yépez en *Todos vs. Todos*[12].

Algunas omisiones hacen incompletas estás crónicas plásticas tijuanenses, especialmente las ausencias de Teddy Cruz, Colectivo Rizoma, Daniel Ruanova, Melly Barragán, Iván Díaz, Salvador Ricalde, el colectivo Yonke Art e Itzel Vargas. Lo cierto es que "Tijuana Sessions" apunta hacia los cambios paradigmáticos que describen un cambio en el escenario cultural de Tijuana, de la frontera; pretende mostrar a la ciudad en su diálogo con lo novedoso y, sobre todo, reflexionar sobre los aportes que esta generación de jóvenes creadores realiza a la plástica nacional y a la de la frontera.

[1] "Tijuana Sessions" es un título tomado del disco original del colectivo Nortec, 2001.
[2] Néstor García Canclini en su reconocido libro *Culturas híbridas*, analizó la cultura tijuanense como paradigma de la hibridación, pensamiento que marcó, particularmente en la década de los noventa, el análisis de los fenómenos artísticos en la zona de Tijuana-San Diego.
[3] Yépez, Heriberto, *Todos vs Todos. Arte y literatura fronterizas*, p.1, versión original del autor.
[4] INSITE es una exposición binacional que se ha celebrado en los años 1992, 1994, 1997 y 2000 en la frontera entre Tijuana y San Diego. A través de intervenciones públicas, INSITE convoca a artistas del quehacer contemporáneo internacional a dialogar con la problemática sociocultural de la zona fronteriza.
[5] Recientemente, diciembre de 2004, José Luis Barrios analizó en el congreso de la Universidad del Estado de México, Toluca, el proceso de descentralización al que hago mención y el papel que han jugado los museos de las principales urbes paralelas a la ciudad de México.
[6] Individualmente, y curado por Toby Kamps, el colectivo Torolab, mostró tempranamente, en el año 2000 su influyente exhibición "Torolab: Laboratory of the Future in the Present". Posteriormente, los artistas Tania Candiani, Yvonne Venegas y Julio Morales han formado parte del programa curatorial "Cerca Series", realizado por Rachel Tagle en la sede *downtown* del Museo de Arte Contemporáneo.
[7] Itzel Vargas, artista visual que trabaja en la escena tijuanense como parte del colectivo Yonke Art pero no forma parte de esta exhibición.
[8] José Manuel Valenzuela, *El paso del Nortec*, 2004, Trilce Editores.
[9] La avenida Revolución ha sido ampliamente reseñada por escritores y ensayistas como una zona dedicada a la prostitución, la diversión nocturna para jóvenes norteamericanos menores de edad en su territorio y venta de drogas.
[10] Término usado en el norte del país, principalmente, para definir la industria que procesa una de las operaciones en la fabricación de un producto. Las maquiladoras han terminado por formar parte del paisaje urbano de Tijuana.
[11] Yépez, Heriberto, *op. cit.*, p. 3.
[12] Yépez, Heriberto, *op. cit.*

TIJUANA ARTISTIC CHRONICLES

Taiyana Pimentel

"Tijuana Sessions"[1] is an exhibition that tackles the relationship between the metropolis and artistic creation; it refers to a cultural phenomenon in the process of consolidation, one closely linked to a generation of creators who, over the last five years, have placed the Tijuana art scene at the centre of the country's visual paradigms.

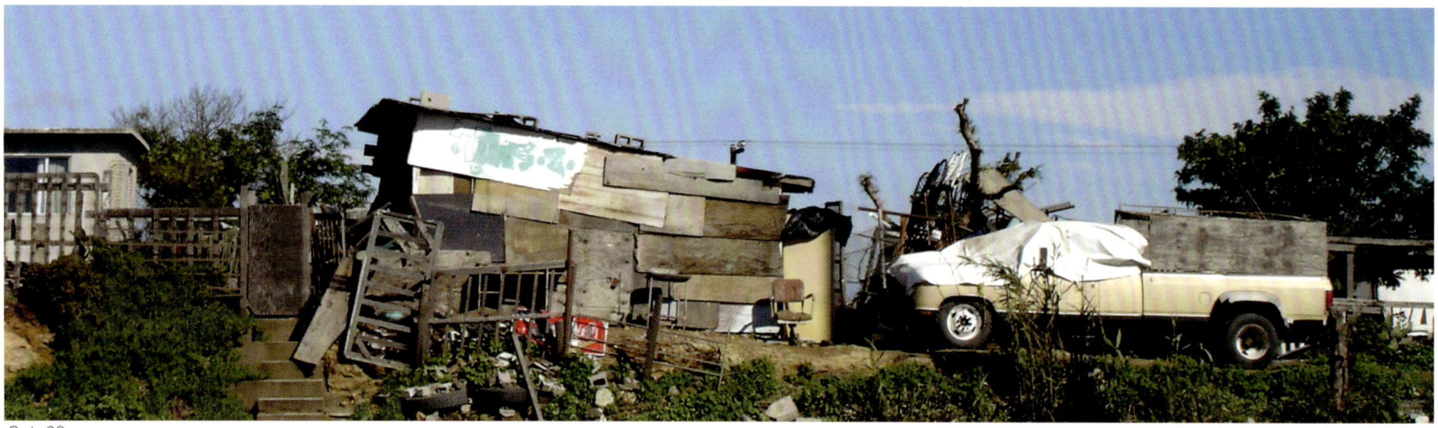

Cat. 62

The art movement that exists in Tijuana belongs to a generation of cultural managers immersed in the process of transforming Tijuana's identity. It consists of a group of young artists who seem to be designing a new model of visual icon featuring a combination of anthropological analysis, the use of new technologies, business models, marketing strategies, incorporation within economic mechanisms, challenges to the traditional conception of the cultural institution – similar to galleries and museums – and, above all, an exploration of an interdisciplinary model in which visual languages establish a dialogue with the fields of architecture, design, music, dance and bilingual literature. Visual artists and writers share an acknowledgment of the border problem, going beyond hybrid theories[2] and seeking to re-position themselves with respect to their own historical constructions. According to writer Heriberto Yépez: "The idea is to explore the inconclusive details and hidden fallacies in those 'hybridizations'; the weak parts and old skin of post-modern discourse(s)."[3]

But what was the background that gave rise to this art movement? In spite of the fact that Tijuana was only founded back in 1882, it possesses an extensive network of academic institutions that have carried out research into the cultural problems of the border area and of the city itself, whilst also establishing collaborative links with their Californian counterparts. Institutions such as the Colegio de la Frontera, the Universidad Autónoma de Baja California, the Universidad

Iberoamericana and the University of San Diego (UCSD), have promoted cultural, urban, demographic and artistic research, among other kinds, that have not only facilitated an ongoing analysis of socio-cultural phenomena, but have also made the artists and writers themselves a part of this process. Perhaps for this reason, a good number of these ideas are based on contextual studies of an academic type; that is to say, for many of these creators, subjectivity is subordinate to a scholastic process that forms the basis of theories developed regarding the city and its culture, a phenomenon of which the Torolab Group is the maximum – although not the only – exponent. In a different sense, which is to say institutionally, INSITE has offered, with its production of contemporary works based on public actions, a range of possible directions to be followed in an incisive analysis of the urban context and its aesthetic possibilities[4], presenting tools for considering inhabited space and time. Curiously, one of the first works that INSITE created that questioned the social arena in Tijuana was *Century 21*, an architectural construction by the local artist Marcos Ramírez Erre, who is considered a pioneer of the art movement of the new century. Erre built the esplanade at the Tijuana Cultural Center (CECUT) in 1994, a house that is in keeping with the fragile aesthetic lineaments that characterize the type of buildings found in marginalized areas of the city, districts that provide a home to a wide range of immigrants with low financial resources, assuming a critical stance vis-à-vis the social boundaries that reign supreme in Tijuana society. With *Century 21*, Erre developed approaches such as those pursued by the Torolab Group today and, independently, using the same conceptual undercurrents, he placed one of the main identifying symbols of Tijuana within the context of architecture, within the context of the urban sphere.

Twinned with these institutions, the Tijuana Cultural Center, founded in 1982 as part of the decentralization process witnessed in those years by the cultural sector in Mexico,[5] has become a museographic record of the latest artistic generations, a role that it has shared in recent years with the San Diego Museum of Contemporary Art, which has devoted space to young Tijuana artists on a periodic basis.[6] However, although this institutional model has promoted the aesthetic ideas of the latest generation of creators, it did not provide the key institutional backing that served as a forum for new artistic approaches. Like almost all the members of the up-and-coming generation, Tijuana creators sought for alternative means of representation, consisting of a kind of independent management that was sustained by a combination of funds from private foundations and public institutions on both sides of the border with a business management approach. This approach contained, perhaps, another of the most innovative aspects of this group of artists: in their artistic creations they sought to incorporate forms acquired from other disciplines that would accelerate the distribution of an artistic product that would yield commercial earnings. Thus, T-shirts were frequently used to record the designs of the *Torovestimenta* project implemented by the Torolab Group, the imagery of the Radio Global Group, the paintings of Charles Glaubitz, the stencils of Gerardo Yépiz (Acamonchi), the ideas of Itzel Vargas[7] and the logos of the Bulbo Group.

Nortec was the definitive movement that managed to provide a unifying forum and offer a perspective of the changes taking place on the Tijuana cultural scene. It was not the generator of new aesthetic ideas, although it did depart from those ideas. Nortec, by taking advantage of the commercial strategies on which musical events are based, extended its concerts to include a kind of carnival-like curatorial management, which enabled a group of creators to emerge around a series of new cultural strategies and new aesthetic discourses. Nortec opened the door to new ways of appropriating city areas which, henceforth, would be symbolically identified with the approaches of a new generation; these raves appropriated spaces that, like analyses such as those of Julio Orozco on film theaters in the process of disappearing throughout the city, gradually deconstructed the forgotten areas of Tijuana urbanism and culture. *Nortec City* and *Maquiladora de sueños* (Factory of Dreams) were two of the concert-exhibitions that the Group carried out at Jai Alai, a building constructed at the 1920s located on one of the most popular streets in Tijuana, Revolution Avenue. José Manuel Valenzuela recalls:

> "Nortec City invited passers-by to enter by means of a series of kitsch images, one of which included a masked

musician standing at the entrance to the building playing *cumbieras* and *tropicalosas*, with a *calafia* (small urban transport truck) parked at the Jai Alai gate. The entrance to the building consisted of a bombardment of images, featuring videos of fifteen-year-olds' parties covered in popular urbanized stamps, such as young *mestizos* and a tin punk-robot; fragmented visuals that accompanied the northern peasants in their boots, their Texan hats, their checked and striped shirts and their light cloth trousers and thick belts replete with metal buckles. Nortec music pervaded throughout and sometimes competed with the songs of the masked musician playing *cumbieras.*"[8]

The Nortec strategy was quite clear: in addition to locating generational features of identity, it sought to establish relational links between the creations of young artists and the visual ideas of the two main designers in the group: Jorge Verdín and Fritz Torres. It did not attempt to create a sense of exclusivity, but to position itself at the heart of the scene, turning to the city's well-documented night-life, which has captured the attention of a good part of essay literature in and about Tijuana.[9] Six months later, the Nortec Group, under the coordination of Pedro Beas, carried out *Maquiladora de sueños* (Dream Factory), an aesthetic experience far removed from *Nortec City* featuring a well-defined curatorial objective: on this occasion, the Group focused on the theme of the bonded assembly plants, the *maquilas.*[10] The works that resulted from this project were far removed from the kitsch aesthetic of *Nortec City* and seemed to be more concerned with exploring the conceptual echoes and possible aesthetic uses of technology. Furthermore, these experiences enjoyed the massive acclaim of a section of the public akin to this generation and showed that:

> "Nortec constructed a sound which did not simply present a fusion of popular northern music and digital technology. They constructed something more interesting: a tensile sound, a sound in which listeners could perceive the tensions caused by cultural dis-encounters, a sound in which they could hear the intermittent and alternating aspects of a polyculture dominated by the ever narrowing and widening breach between cultures. Not *fusion* but Crash."[11]

The *rave*, the electronic music scene and Nortec all form part of Tijuana's cultural discourse. They accentuated the importance of collective work and provided a model of reflection for other artists. Hans Fjellestad, in his feature film *Frontier Life* establishes a series of narrative threads that analyze the "other"; for Hans (who is based in San Diego, the American border territory) frontier life is located on the Mexican side; that is to say, the culture that facilitates the organization of his narratives is the one which makes its condition explicit. It seems that the artist seeks to accentuate the effervescence of a cultural and musical movement in Tijuana in contrast to the non-existence of any phenomenon of this kind in San Diego. He seeks to describe the use of natural resources such as water, a symbol of differentiation between the two cities which also highlights the dissimilar urban vision that exists between them. Finally, he refers to suburban cultures as a symptom of counterculture.

The Radio Global Group is entirely immersed in a musical discourse. Made up of designers, communication theory experts, engineers and other experts connected to radio broadcasting, Global proposes a mild and adolescent aesthetic based on a strong sense of humour, recreating some of the symbols associated with the rave aesthetic (such as drugs, but now converted into innocent cuddly toys, T-shirts that present juvenile designs and seek to do nothing other than to gain their bearings with respect to the hard-line that is implicit in criticism). However, in particular, the Radio Global Group makes use of radio technology via the Internet, which offers freedom of action and rapid placement within the Internet radio market in the United States, Canada and South America. Radio Global exploits the idea of the chronicle and, like other groups and artists in Tijuana, it is interested in interfering with the memory of the city, in constructing it; it seeks out the testimonies of musicians and plastic artists who pass through Tijuana, recording recollections, reflecting and questioning the city's contemporary art scene.

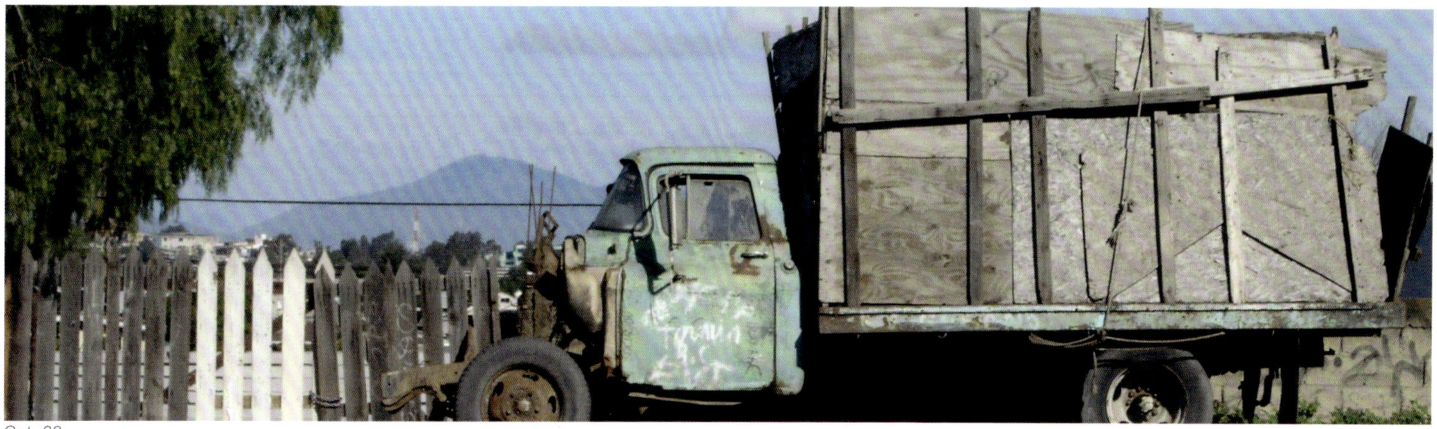

Cat. 63

The Bulbo Group consists of a team of communications professionals that encompasses an extensive range of media languages through its projects: *Bulbo Press* (written press), *Radio Bulbo* (radiophone) *Bulbo TV* (television). Within a brief period of time, Bulbo has managed to record the socio-cultural scene in Baja California, on occasion accentuating the immediacy of news, on others, recreating the aesthetic values of their ideas. Unlike Global, where the group focuses on a centralized aesthetic proposal, Bulbo likes to explore the contributions of its guests (the difference may perhaps lie in the use of different media) and, in this sense, its approach is Baroque and heterogeneous. Bulbo's television programming clearly reveals the absence of individuality in order to give way to the community as a focal point of the discourse. However, like Radio Global, it seeks to present a city chronicle, to extend it to any context in which Bulbo may be present in order to recycle it within the local culture.

Pepe Mogt's work may well sum up the connotations of musical research implicit in this exhibition. Departing from his experience as a musician and, above all, from his research into devices that have facilitated the social progression of electronic music, Mogt focuses on the broadcasting of musical creation to his public, transferring a sense of creative capacity by endowing it with musical patterns that will enable the public to interact with the music and create its own compositions. José Morales has created an electronic device known as the *teletrón*, which will not only generate musical patterns, but create a combination of television images to accompany the sound experience, making it an echo of what the artist establishes as one of the main influences on his musical work: the relationship between television languages and electronic music.

Musical influences are employed by the Torolab Group in a different manner. For this group of creators, music, along with architecture, fashion design and town-planning, all form part of a whole that questions the boundaries between different disciplines, the social, political and economic frontiers that restrict or expand the cultural possibilities of a border city. Based on their experiences of the border area between Tijuana and San Diego, anthropological investigations and, more specifically, research into the individual and his context,

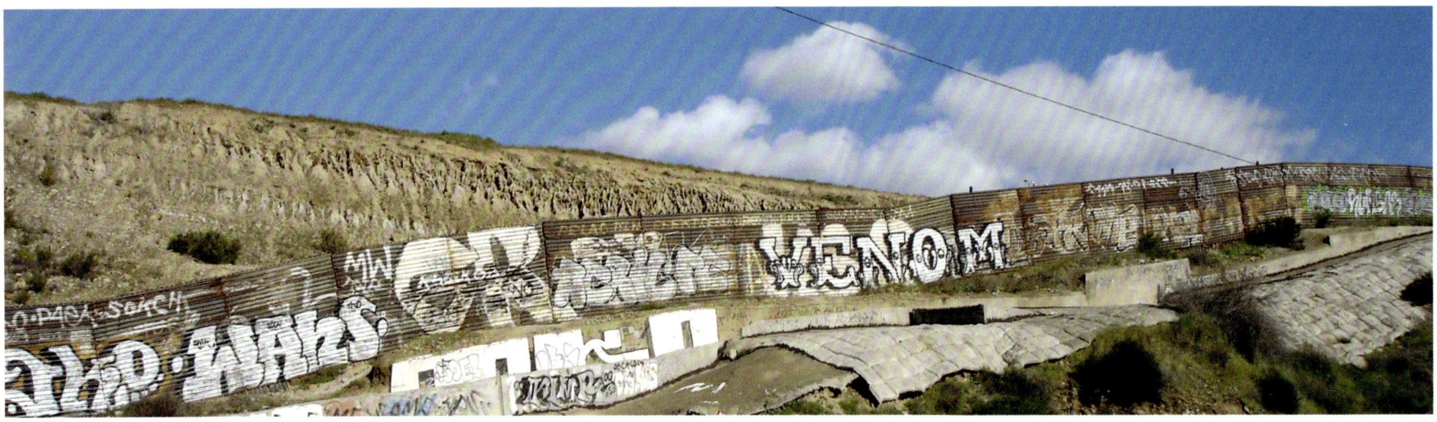

Cat. 64

the Group defines itself as a laboratory that proposes solutions with which to improve quality of life, thus helping to shape the identity of the border inhabitant. The poetics of the Torolab Group accentuates a utopian character that is almost entirely absent from the artistic ideas of our time; Torolab really believes in the possibility of creating its urban communities, in which each architectural construction could be predetermined by the needs of the family that might occupy it. There is no irony or naïveté in this proposal; it is simply an expression of trust in the research methods that sustain the Group's projects. Curiously, Torolab has discovered a way in which to propagate its ideas: through the clothes designs that make up Torovestimenta, the Group has managed to project its cultural constructions on one of the most popular items in contemporary fashion: the T-shirt. In this manner, the Group manages to ensure the mass circulation of ideas that would otherwise remain hidden.

In this sense, through his pursuit of information via the individual and his movements throughout the city, Julio Morales links his interests with those of the Torolab Group. However, unlike them, Morales' project focuses on a symbolic element that enables the artist to recreate the economic activity of a group of Mexican migrants in Californian cities. Morales does not explore the border inhabitant, but focuses on the émigré, which enables him to monitor a specific social group associated with informal economic activity inherited from Mexican culture. By means of technology and metaphor, Julio deconstructs *burrito*, *taco* and hot-dog stands, in a desire to specify the economic activity of a social group characterized, precisely, by the use of this tool as a means of economic remuneration.

Both Sergio de la Torre and Jorge Nava express their point of view from the perspective of *otherness*; that is to say, by analyzing narratives corresponding to an expanded culture. Nava does this by documenting a day in the life of an émigré worker, investigating her cultural roots and their transculturalization, thus creating a parallel video narrative in which time delimits action and social and linguistic positions. In contrast, De la Torre, through a minimal conceptual exercise and certain historical reflections regarding expansion taken from classic films or the field of technology, analyzes the connotations of displacement, occupation and belonging vis-à-vis time and space. Curiously, in their different approaches both artists form part of the discourse; that is to say, they shape the narrative and attempt to establish a self-referential approach with regard to the discourse itself.

Another of the approaches that focuses on the city and its physiognomy is the study that Julio Orozco has carried out over a period of four consecutive years regarding the archaeology of one of the symbolic constructions of modernity, which has disappeared from Tijuana's urban landscape today: we are referring to the destruction of almost all the cinemas that played an essential role in shaping the modern appearance of Tijuana during the first half of the 20th century. Orozco's work not only has the capacity to document the disappearance of the sights, but also create a fictional poetics that bestows new life and continuity to the original project. In the beginning, *Salas del pasado, proyecciones en el futuro* (Film Theaters of the Past, Projections in the Future) was devoted to recovering cinema symbols (through photographic records or the salvaging of original furniture), but later began to incorporate a series of posters which added a fictional element to the recovery process, playing around with the idea of the intrinsic character of archaeology. The fiction continues today with the recovery of the main figure of those first film theaters, the projectionist, a figure that Orozco today grants a central role in his discourse.

Another artist who employs a fictional element in order to elaborate his ideas is Charles Glaubitz, who has developed a pictorial technique based on caricature of Japanese origin (Manga) and on the influence of children's pop. Glaubitz, through his children's characters loaded with historical messages – specifically, making reference to the conflict between Mexican and American culture – undertakes the construction of a didactic message that is not free of ironic allusions to episodes of Mexican history.

For Alicia Tsuchiya, the construction of a fictional discourse begins with the documentary work of a photographer and the recovery of a memory that forms part of her Japanese heritage. Alicia tours the streets of California photographing, at least in this series, a number of architectural sights. Then, through the use of various laboratory processes, she unifies her images by endowing them with certain reminiscences of Oriental culture. In effect, Tsuchiya makes us doubt our eyes when we view the Golden State in San Francisco, which extends from a building that recalls circular structures of Japanese origin, a work she entitles *Japantown*. However, these images have the capacity to allude to the recovery of an identity. They do not seek to simulate, but rather the reverse: the idea is born after simply touring the streets, photographing them and analyzing them.

The streets are also the favourite theme of Gerardo Yépiz (Acamonchi) who, for years, has placed his neo-graffiti in various urban spaces throughout Tijuana, San Diego and Mexico City, among others. In addition to producing transfers and T-shirts, Acamonchi uses the technique of stenciling in

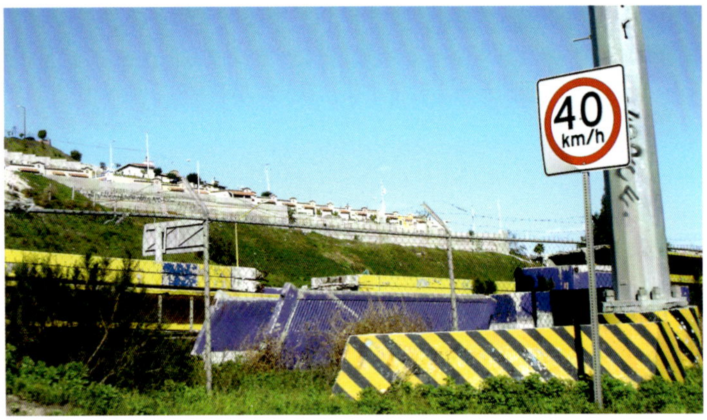

Cat. 65

order to superimpose on walls and posters various images of disused technology, ridiculously stigmatized symbols of pop culture; his characters are anti-heroes and his images seem to be making an ironic commentary on the validity of our modern-day technological delirium for the most up-to-date information. Acamonchi uses the guerrilla technique to carry out his public appearances and, without abandoning his street actions, today he analyzes the discursive capacity of his neo-graffiti on the wall of the institution that harbours his work.

Between these poetic attempts to relate to the urban sphere and the works of Tania Candiani and Yvonne Venegas, that seem to be announcing a return towards internal social bodies, Jaime Ruiz Otis finds his working material in the waste produced by the *maquilas*, the bonded assembly plants that operate in Tijuana. As of the 1970s, bonded assembly plants began to establish themselves and prosper along the border between Mexico and the United States, providing an essential source of income and employment for a national economy in the throes of a crisis. Within just a few years, the *maquilas* began to reveal the abusive labour systems under which they operate, not to mention the lack of safety measures and the low-paid wages that characterize them. In another sense, they entailed a very strange aesthetic addition to the urban landscape of border cities, to which an entire residue of waste appropriated by Otis to construct his discourse on industrial recycling belongs. The most interesting aspect of Jaime's work is the subtle sarcasm he employs in order to address the themes he focuses on; for example, one of his pieces makes reference to a *Zen Garden*, constructed in golden shades and the waste produced by these transnational companies; his sarcasm is also revealed in his construction of new aesthetic patterns based on one of the most rudimentary practices of the post-modern economy.

The works of Candiani and Venegas focus on the social structures that govern the aesthetic patterns of contemporary border society. Candiani concentrates on the elaboration of the post-modern female body, analyzing the rigorous aesthetic norms that exist in this respect. She also decides to make reference – by opposition – to the excessive slenderness which determines standards of beauty in contemporary society and depicts them in relation to new illnesses and the therapies that are applied. The theme of beauty is tackled through her *Gordas* (Fat Women), large-format canvases that propose a new way of "painting bodies" by sewing together enormous areas that represent obese silhouettes. In contrast, in the case of Venegas, her photographic essays focus on "celebrations in halls, group photos or photos of couples, the socialization of the beautiful people, rites by which family roles are formed and an exhibition of appropriate domestic environments", as described by Heriberto Yépez in *Todos vs. Todos.*[12]

Various omissions make these chronicles of Tijuana's plastic arts incomplete, especially the absence of the following artists and creators: Teddy Cruz, the Rizoma Group, Daniel Ruanova, Melly Barragán, Iván Díaz, Salvador Ricalde, the Yonke Art Group and Itzel Vargas. The fact is that "Tijuana Sessions" points towards the paradigmatic changes that have occurred on the Tijuana cultural scene and on the border; it seeks to depict the city in its dialogue with the new and, above all, reflect upon the contributions that this generation of young creators has made to the national plastic arts and the plastic arts of the border.

[1] "Tijuana Sessions" is a title taken from the original record by the Nortec Group, 2001.

[2] Néstor García Canclini, in his well-known book *Culturas híbridas,* analyzed Tijuana culture as a paradigm of hybridization, a line of thought that influenced the analysis of artistic phenomena in the Tijuana-San Diego area, especially in the 1990s.

[3] Yépez, Heriberto, *Todos vs. Todos. Arte y literatura fronterizas,* p. 1, author's original version.

[4] INSITE is a bi-national exhibition that was staged in the years 1992, 1994, 1997 and 2000 on the border between Tijuana and San Diego. Through public actions, INSITE invites artists from the international contemporary art scene to address the theme of the socio-cultural problems in the border area.

[5] Recently, in December 2004, José Luis Barrios analyzed the decentralization process to which I refer at a congress held at the State University of Mexico, Toluca, addressing the role the museums have played in the main towns and cities other than Mexico City.

[6] Independently and curated by Toby Kamps, the Torolab Group presented their influential exhibition in the year 2000 entitled "Torolab: Laboratory of the Future in the Present". Subsequently, the artists Tania Candiani, Yvonne Venegas and Julio Morales formed part of the curatorial programme known as "Cerca Series" carried out by Rachel Tagle at the downtown Museum of Contemporary Art.

[7] Itzel Vargas, a visual artist who works on the Tijuana scene as part of the Yonke Art Group, although he does not appear in this exhibition.

[8] José Manuel Valenzuela, *El paso del Nortec,* 2004, Trilce Editores.

[9] Revolution Avenue has been extensively depicted by writers and essayists as an area devoted to prostitution, night-life for young Americans who are minors in their own country, and drug dealing.

[10] Term used mainly in the north of the country to define the industrial processes of one of the operations in a product's manufacturing cycle. The *maquiladoras* have ended up becoming part of the Tijuana urban landscape.

[11] Yépez, Heriberto, *op. cit.* p. 3.

[12] Yépez, Heriberto, *op. cit.*

RUIDO BLANCO

Príamo Lozada

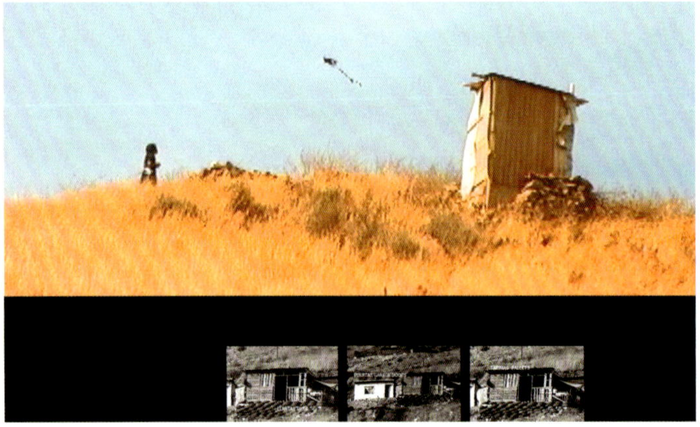

Cat. 66

Sonido/Ruido/Ruido Blanco

"Los bio-objetos que oscilan en el aire, dentro de las frecuencias auditivas, son los causantes del sonido, que es percibido por el oído humano a través de la transformación de la energía mecánica de la onda sonora en energía eléctrica dentro del cerebro".[1] Se trata de "la sensación que resulta de la estimulación del mecanismo auditivo a través de ondas o vibraciones que se transmiten por el aire".[2] El sonido en sí mismo se presenta como una unidad fundacional del lenguaje, el fonema. Al pronunciarlo con vibrantes acordes vocales, el lenguaje hablado cobra voz en la naturaleza.

Por otro lado, el ruido puede definirse como "la experiencia auditiva del sonido que carece de cualidad musical; un sonido que supone una experiencia auditiva desagradable".[3] Puesto que el sonido está relacionado con el lenguaje, resulta factible pensar en el ruido en términos de comunicación. Desde este punto de vista, el ruido se define como una "actividad acústica que puede entorpecer la comunicación"[4] y hace referencia a las señales extrañas relacionadas con la transmisión que degradan la calidad del mensaje y que son el detonante de la incomprensión, como resultado de una información irrelevante o de hechos carentes de significado. Por tanto, el ruido podría considerarse una interferencia capaz de destruir la integridad de las señales. Dentro del contexto urbano, el ruido se relaciona con cierta aleatoriedad, con la falta de cualquier plan u orden predecible. El paisaje urbano de Tijuana tiene mucho que ver con este desorden visual; se trata esencialmente de una esfera urbana sin planificar, "donde lo efímero se convierte en permanente".

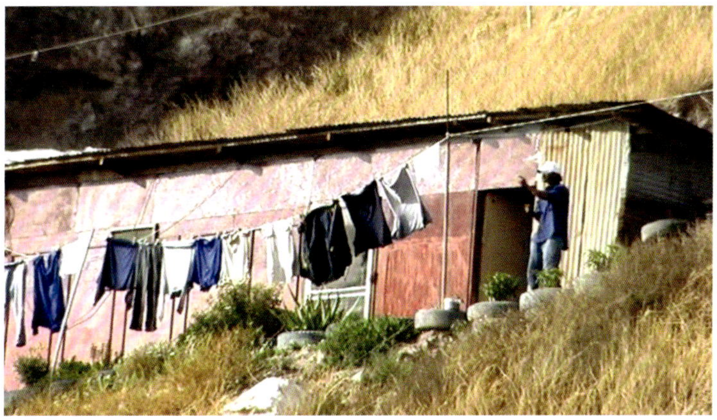
Cat. 67

El ruido blanco es "una señal auditiva que contiene ruido al mismo nivel en todas las frecuencias"[5] y en el que se incluyen "todas las frecuencias auditivas posibles formando un promedio igualitario de amplitudes".[6] "Por analogía con la luz blanca (que se compone de cantidades equitativas de frecuencias visibles de luz), el ruido blanco es un sonido que se compone de una mezcla equitativa de todas las frecuencias auditivas".[7] La luz blanca se obtiene gracias a la combinación de todos los colores (frecuencias) de luz. De la misma manera, el ruido blanco es una combinación de las distintas frecuencias de sonido, se trata de un ruido de fondo que se utiliza para enmascarar otros sonidos.

En términos espaciales, el contexto urbano de Tijuana se relaciona con la idea de ruido blanco. A través de ciertas prácticas artísticas podemos detectar estos niveles de frecuencia, que son la esencia del ruido blanco.

Realidades urbanas

Una obra influyente del colectivo Torolab titulada *Ruido Blanco* analiza este contexto urbano y se centra en varios canales de posibilidades que nos permiten observar el ruido blanco en términos constructivos. En el entorno existen las "posibilidades anuladas", pero se las ignora y menosprecia.

Por otro lado, las "posibilidades perdidas" hacen referencia a aquellos recursos, infraestructuras y tiempo que no están capitalizados; las "posibilidades que carecen de necesidad" son aquellas que tienen su origen en un sentido práctico y una disponibilidad absolutas, mientras que las "posibilidades humanas" surgen de las relaciones entre la gente y su entorno.[8]

La obra de Torolab *The Region of the Trans-border Trousers (La región de los pantalones transfronterizos)* se centra en las posibilidades humanas, valiéndose de la tecnología GPS para abordar esta relación entre tecnología y vigilancia a través de la investigación de nuevas cartografías de la región transfronteriza, en base a los itinerarios de circulación de un grupo de personas en su vida cotidiana. En dicha obra, estos nuevos itinerarios de circulación, que por norma general se superponen a los itinerarios impuestos, institucionales/oficiales, traiciona el orden de las cosas y por tanto nos ofrece una nueva lectura del paisaje urbano. Las fronteras de este nuevo trazado no están necesariamente definidas por las fronteras geopolíticas, sino por parámetros geopsicológicos relacionados con el uso que los habitantes de la región dan al espacio público. El territorio se actualiza por esta vía, creando una especie de zona autónoma mediante un proceso que consiste en volver a trazar las fronteras y en superar las limitaciones.

La naturaleza fragmentada del espacio urbano de Tijuana y su carga creativa son el tema principal de la serie de Julio Morales, que se inspira en los puestos ambulantes de la ciudad. Este proyecto se centra en el comercio marginal de los vendedores callejeros a través del estudio de los componentes constructivos de los vehículos en cuestión. Para esta propuesta, Morales desmonta estos vehículos con el propósito de aislar los elementos que lo componen. Estos elementos son un claro exponente del reciclaje de piezas dispares y tiene como finalidad producir construcciones increíblemente originales.

Julio Orozco también demuestra su interés por la naturaleza cambiante del contexto urbano de Tijuana. Este artista centra su interés en la desaparición o destrucción de las salas de cine y para ello crea un ensayo audiovisual situado en algún lugar perdido entre la realidad y la ficción, el pasado y el presente. Esta serie se centra en la naturaleza elusiva de la historia y la memoria a través del análisis de los aparatos cinematográficos y su relación tanto con la historia como con la memoria. Mitad documental, mitad construcción ficticia, esta serie habla de la falta de memoria histórica y de cómo las ciudades del futuro pueden reinventarse a sí mismas.

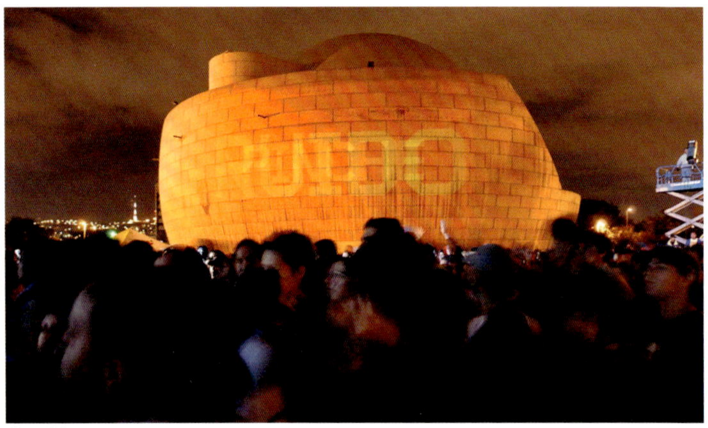

Cat. 68

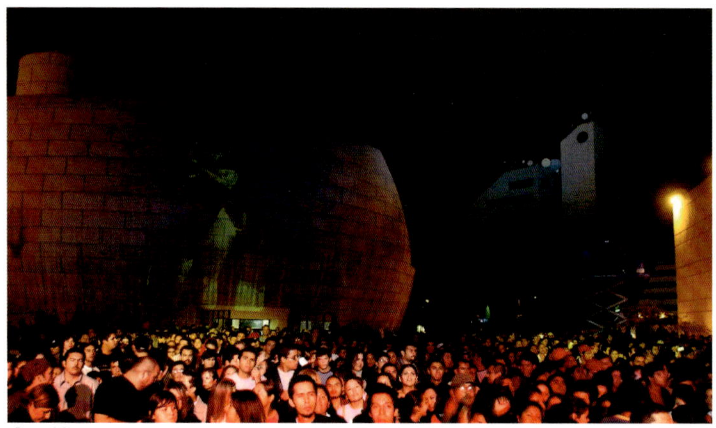

Cat. 69

Práctica colectiva

Además del interés por la esfera urbana, los artistas de la región han creado obras en proyectos colectivos y multidisciplinarios. Las obras de Nortec, Torolab, Bulbo y Radio Global son claros ejemplos de cómo la práctica colectiva puede cambiar nuestras nociones, no sólo en lo que se refiere a la concepción del arte, sino en la manera en que se produce. En este sentido, el colectivo Nortec ha influido sobremanera en las generaciones posteriores mediante la propuesta de localizaciones alternativas para su obra y la incorporación de las artes visuales a sus eventos multidisciplinarios.

Otros proyectos más recientes, como Bulbo y Radio Global, aspiran a llegar más lejos en lo que a la idea de localización se refiere a través de retransmisiones televisivas e Internet, respectivamente. Estas propuestas colectivas, que llegan a un público alternativo, han centrado su atención en la falta de representación en los medios de comunicación y han utilizado las telecomunicaciones de forma subversiva con el fin de desestabilizar e interferir las señales de los medios de comunicación de masas.

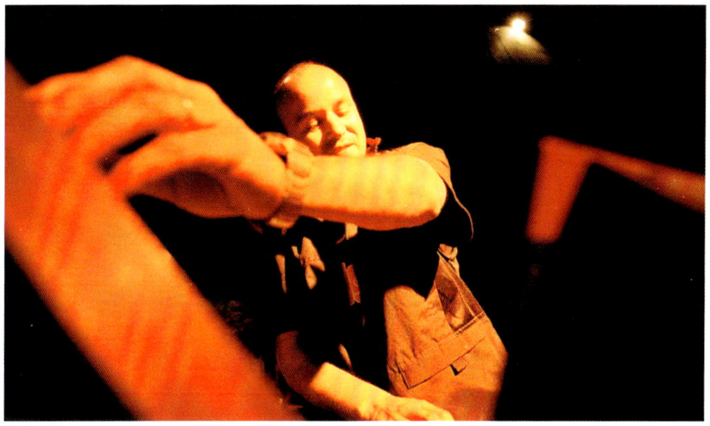

Cat. 70

Por tanto, la práctica artística puede considerarse un ruido necesario que se produce o crea con el fin de circunvenir o subvertir la ausencia de una plataforma legítima desde la que articular sus distintas perspectivas sobre las posibilidades culturales de Tijuana. Estos innovadores y exitosos modelos de producción, con la inestimable ayuda de la tecnología, han hecho de Tijuana el laboratorio que es hoy día.

[1] www.bownie.com/guide/glossary/bdc-RG-glossary-S.shtml
[2] www.hearingcenteronline.com/diction_stu.shtml
[3] www.cogsci.princeton.edu/cgi-bin/webwn
[4] www.cogsci.princeton.edu/cgi-bin/webwn
[5] www.dramatic.com.au/glossary/glossaryp_z.htm
[6] www.gozen.demon.co.uk/godric/sound/fglossary.html
[7] www.sfxmachine.com/docs/sfx_machine_glossary.html
[8] De una conversación con Raúl Cárdenas, fundador de Torolab. Diciembre de 2004.

WHITE NOISE

Príamo Lozada

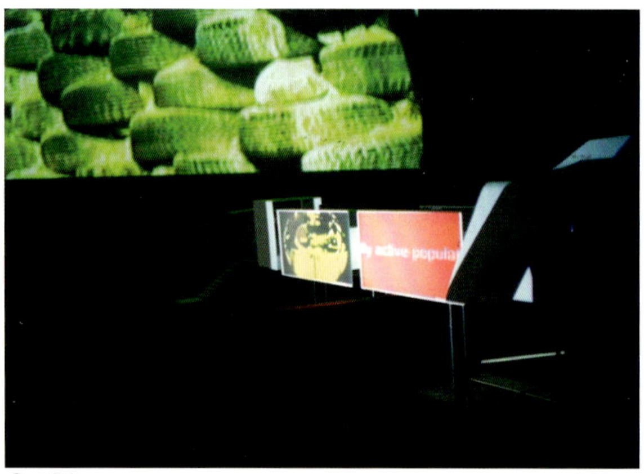

Cat. 71

Sound/Noise/White Noise

"Sound is caused by objects oscillating in air within the audible frequencies, and is perceived by the human ear by transforming the mechanical energy of the sound wave into electrical energy in the brain."[1] It is "the sensation resulting from stimulation of the auditory mechanism by air waves or vibrations."[2] Sound in itself is present as a foundational unit of language, the phoneme. Uttered with vibrating vocal chords, spoken language is auditory in nature.

Noise, on the other hand, can be defined as "the auditory experience of sound that lacks musical quality; a sound that is a disagreeable auditory experience."[3] Since sound is related to language, then we can think about noise in terms of communication. Seen this way, noise is an "acoustic activity that can disturb communication"[4] and refers to the extraneous signals on the transmission side that degrade the quality of the message detonating an incomprehensibility, resulting from irrelevant information or meaningless facts. Noise can thus be seen as an interference that destroys the integrity of signals. Within the urban context, noise refers to certain randomness, the quality of lacking any predictable order or plan. The urban landscape of Tijuana is very much about this visual clutter, it is mostly an unplanned urban sphere, "where the ephemeral becomes permanent".

White noise is "an audio signal that contains noise at the same level at all frequencies,"[5] containing "all possible audio frequencies in equal average amplitudes."[6] "By analogy with white light (composed of equal amounts of all visible light frequencies), white noise is a sound composed of an equal mix of all audible frequencies."[7] White light is light that is made up of all of the different colors (frequencies) of light combined together. In the same way, white noise is a combination of all of the different frequencies of sound, it is that background noise used to mask out other sounds.

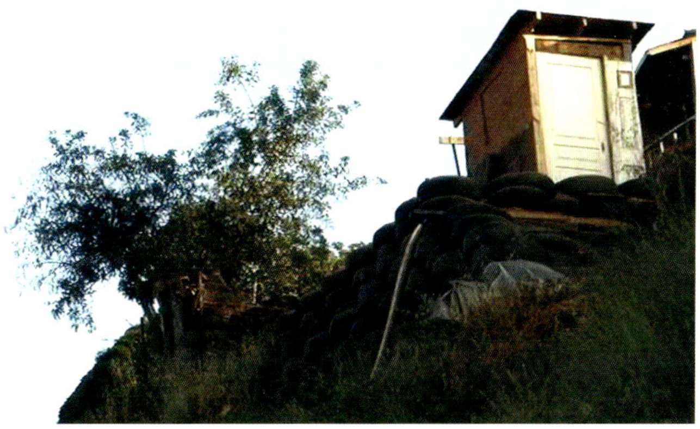

Cat. 72

In spatial terms, the urban context of Tijuana can be seen in relation to the idea of white noise. It is through certain art practices that we can detect this leveling of frequencies that is the essence of white noise.

Urban Realities

An influential work by the collective Torolab, titled *White Noise*, analyses this urban context and singles out various channels of possibilities that permit us to look at white noise in constructive terms. The "negated possibilities" exist in the environment but are ignored, underappreciated. "Lost possibilities" refer to those resources, infrastructures and time that are not capitalized, "possibilities out of necessity" are those that arise from sheer practicality and availability, while "human possibilities" are about the connections between people and their environment.[8]

Torolab's work *The Region of the Trans-border Trousers*, focuses on human possibilities, using GPS technology to address this technology's relation to surveillance through the tracing of new cartographies of the trans-border region in relation to the actual circulation routes of a group of people as they go about their everyday lives. In this work, these new circulation routes, usually superimposed over other imposed, institutional/official routes, betray the order of things, thus giving us a new reading of the urban landscape. The boundaries of this new tracing are not necessarily defined by geo-political borders but by geo-psychological parameters related to the use of public space by the inhabitants of the region. The territory is updated in a way, creating a sort of autonomous zone by the process of retracing boundaries and overcoming limitations.

The fragmented nature of Tijuana's urban space and its creative charge is the source of Julio Morales' series inspired by the city's vending vehicles. These projects address the

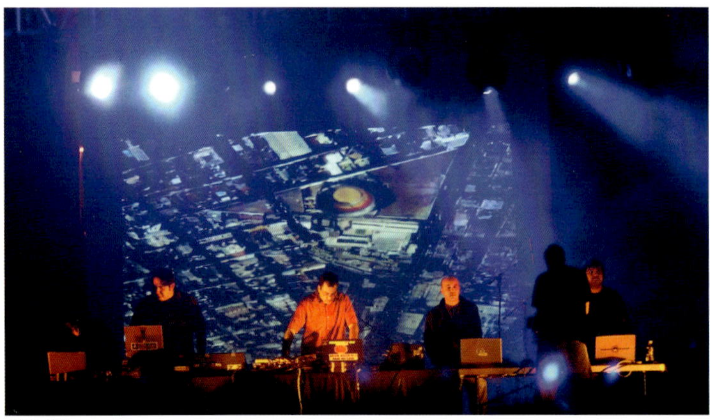

Cat. 73

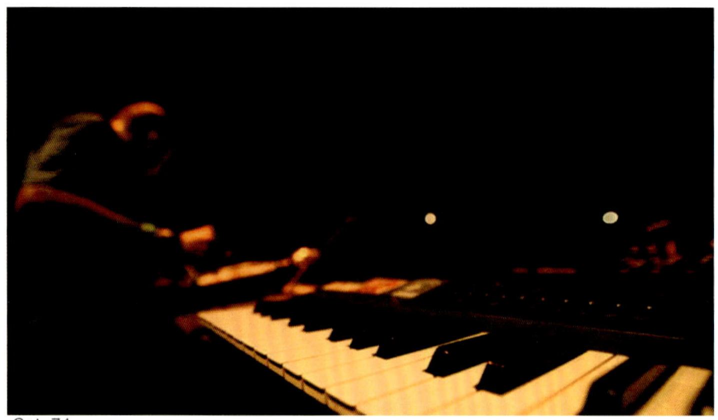

Cat. 74

informal economies of street vendors through a study of the constructive components of the vehicles in question. In his proposal, Morales deconstructs these vehicles in order to single out the elements that are used in their composition. These elements are indicative of the recycling of disparate parts in order to produce highly original constructions.

Julio Orozco is also interested in the changing nature of the urban context of Tijuana. In his case, through an interest in the disappearance or destruction of cinema houses, he creates an audiovisual essay situated somewhere between fact and fiction, the past and the present. This series addresses the elusive nature of history and memory through an analysis of the cinematographic apparatus and its relation to both history and memory. Part documentary, part fictive construct, this series speaks of the lack of historical memory and how the cities of the future may reinvent themselves.

Collective Practice

In addition to this interest in the urban sphere, artists from the region have been producing work in organized collective and multidisciplinary projects.The work of Nortec, Torolab, Bulbo and Radio Global are clear examples of how collective practice can challenge our notions not only of what art can be, but how it is produced. Nortec Collective in this sense has had a great influence on later generations precisely by proposing alternative venues for their work and by incorporating the visual arts into their multidisciplinary events.

More recent projects, such as Bulbo and Radio Global, have sought to expand our idea of venue even further, by working in broadcast television and the Internet, respectively. By reaching alternative audiences, these collective proposals have focused their attention on the lack of representation in the media and have used telecommunication in subversive ways in order to destabilize and interfere with the mass media signals.

Art practice can thus be seen as a necessary noise that is produced or created in order to circumvent or subvert the absence of any legitimate platform from which to articulate their respective perspectives on the cultural possibilities of Tijuana. These innovative and successful production models, aided by the use of technology, have made of Tijuana the laboratory it is today.

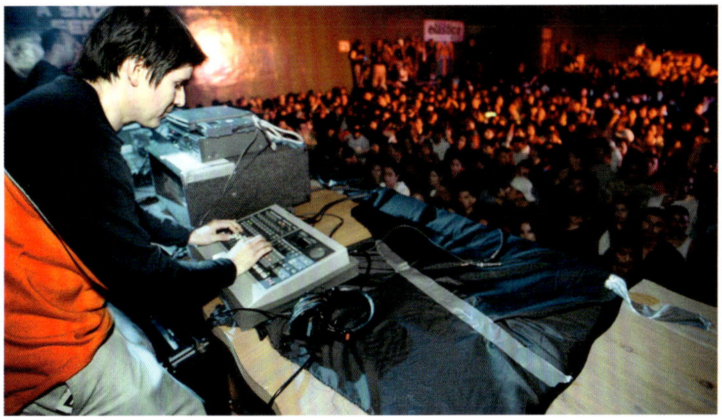

Cat. 75

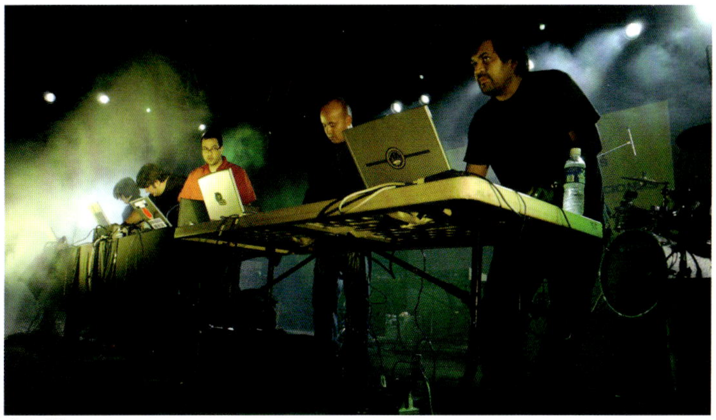

Cat. 76

[1] www.bownie.com/guide/glossary/bdc-RG-glossary-S.shtml
[2] www.hearingcenteronline.com/diction_stu.shtml
[3] www.cogsci.princeton.edu/cgi-bin/webwn
[4] www.cogsci.princeton.edu/cgi-bin/webwn
[5] www.dramatic.com.au/glossary/glossaryp_z.htm
[6] www.gozen.demon.co.uk/godric/sound/fglossary.html
[7] www.sfxmachine.com/docs/sfx_machine_glossary.html
[8] From a conversation with Raúl Cárdenas, founder of Torolab. December 2004.

GERARDO YEPIZ (ACAMONCHI)

El proyecto de Gerardo Yépiz, Acamonchi, se inserta en los procesos de la contracultura. El autor hace uso de los recursos del arte político y, al mismo tiempo, es totalmente ajeno a su esencia: no busca redimir principio alguno, no hay vestigio de mesianismo, más bien apunta hacia una estructuración paralela de supuestos absurdos; subraya construcciones simbólicas de la sociedad contemporánea. A través de sus neograffitis —como él los llama—, su humor adolescente, sus iconos monocromáticos y su acción callejera, Acamonchi ha creado un lenguaje peculiar del activismo cultural. Esta es una propuesta que reta a la ruptura, la subversión, lo prohibido, la ocupación de los espacios públicos, la circulación rápida, la distribución inmediata del último icono producido, la utilización eficaz de la tecnología como posibilidad de reproducir el activismo callejero. Su página HYPERLINK www.acamonchi.com no sólo informa, sino que permite la reproducción de la obra al interesado, utiliza las tácticas cotidianas del mercado para reproducir su activismo, una ramificación contemporánea del arte de guerrilla.

Acamonchi hace derroche del absurdo, sus imágenes pop no apuntan hacia un cinismo de lo grandioso, más bien desacralizan los usos de los medios, hace hincapié en la homogeneización que dichos medios ofrecen de los hechos: sociales, culturales, del espectáculo; monta historias paralelas basadas en personajes opuestos pero igualmente sugerentes por los usos que de ellos se hace. Entre sus protagonistas predilectos se encuentran Luis Donaldo Colosio, el candidato a la presidencia mexicana asesinado en Lomas Taurinas, Tijuana, en 1994, y Raúl Velasco, un plebeyo de la comunicación. Pero también las ilustraciones de los integrantes del colectivo Nortec: todas, historias superpuestas, dimensionadas en niveles. E inmediatamente aparecen frases en sus calcomanías: simplemente "Acamonchi", "Cacamonchi". Más tarde, los mofles (icono que en Tijuana avisa, en cada esquina, la posibilidad de reparar llantas), grúas que cargan con automóviles inservibles, computadoras en desuso; es decir, buscan nuevos lenguajes a contracorriente de la tecnología y su delirio *up-to-date*; el artista lo define como "retrotecnología".

Acamonchi refiere literalmente a un juego: montar al otro sobre las espaldas sujetando las manos; es la posibilidad encajosa de arrastrar, molestar, dirigir en un acto de rebeldía. Sus materiales son efímeros y utiliza técnicas que agilizan la reproducción y abaratan los costes, principalmente el esténcil, procedimiento que propaga sobre carteles, postales y camisetas. El objetivo es apropiarse rápidamente de la calle, de su urbanismo, de quienes lo habitan y consumen. De los mensajes que va elaborando la historia inmediata para torcerla; es intervenir puentes, parques, conciertos, instituciones culturales y abusar de la inminencia de su propaganda. Son posibilidades paralelas de apropiación política de los espacios públicos, búsquedas alternativas de circulación e inserción social.

Taiyana Pimentel

Gerardo Yépiz's project, Acamonchi, would come under the heading of counterculture. The artist resorts to the use of political art and, at the same time, remains entirely free from its essential influence: he does not seek to redeem any principle, there is no trace of Messianism. Instead, he aims to achieve a parallel structuring of absurd suppositions; he highlights symbolic constructions of contemporary society. Through his neo-graffiti – as he calls them –, his adolescent humour, his monochromatic icons and his street action, Acamonchi has created a unique language of cultural activism. This is an approach that dares you to break the mould, encourages subversion, supports the prohibited and the occupation of public spaces, rapid circulation, immediate distribution of the latest icon created, the effective use of technology as an opportunity to reproduce street activism. His page HYPERLINK www.acamonchi.com does not only inform us, but also permits the reproduction of the work for the interested party; it employs the daily tactics of the market to reproduce his activism, a contemporary ramification of guerrilla art.

Acamonchi overwhelms us with the absurd. His pop images do not point towards a cynicism of the grandiose, but demystify the uses of the media, highlighting the homogenization that these media offer us of real facts: social, cultural, show-business; he assembles parallel stories based on opposing characters, but which are equally suggestive due to the use he makes of them. Among his favourite characters is Luis Donaldo Colosio, the candidate to the Mexican presidency who was assassinated in Lomas Taurinas, Tijuana, in 1994, and Raúl Velasco, a plebeian of the media. But we also find illustrations by the members of the Nortec Group: all superimposed stories, split onto different levels. Then phrases suddenly appear in his transfers: simply "Acamonchi", "Cacamonchi". Later on, silencers (an icon which, in Tijuana, appears on every corner and announces the possibility of tyre repairs), cranes loaded with useless cars, out-of-use computers; that is to say, new countercurrent languages that work against technology and its up-to-date delirium; the artist defines it as "retro-technology".

Acamonchi literally makes reference to a game: carrying someone on your back and holding hands; it represents the possibility of dragging, of bothering, of leading an act of rebelliousness. His materials are ephemeral and he uses techniques that facilitate reproduction and cut costs, mainly stenciling, a procedure that can be used on posters, postcards and T-shirts. The aim is to rapidly appropriate the street, its urbanism, the people who inhabit it and consume; to appropriate the messages which immediate history has produced, only to twist them; it means intervening on bridges, in parks, concerts, cultural institutions and abusing the imminence of his propaganda. These are parallel opportunities for the political appropriation of public spaces, alternative searches for circulation and social integration.

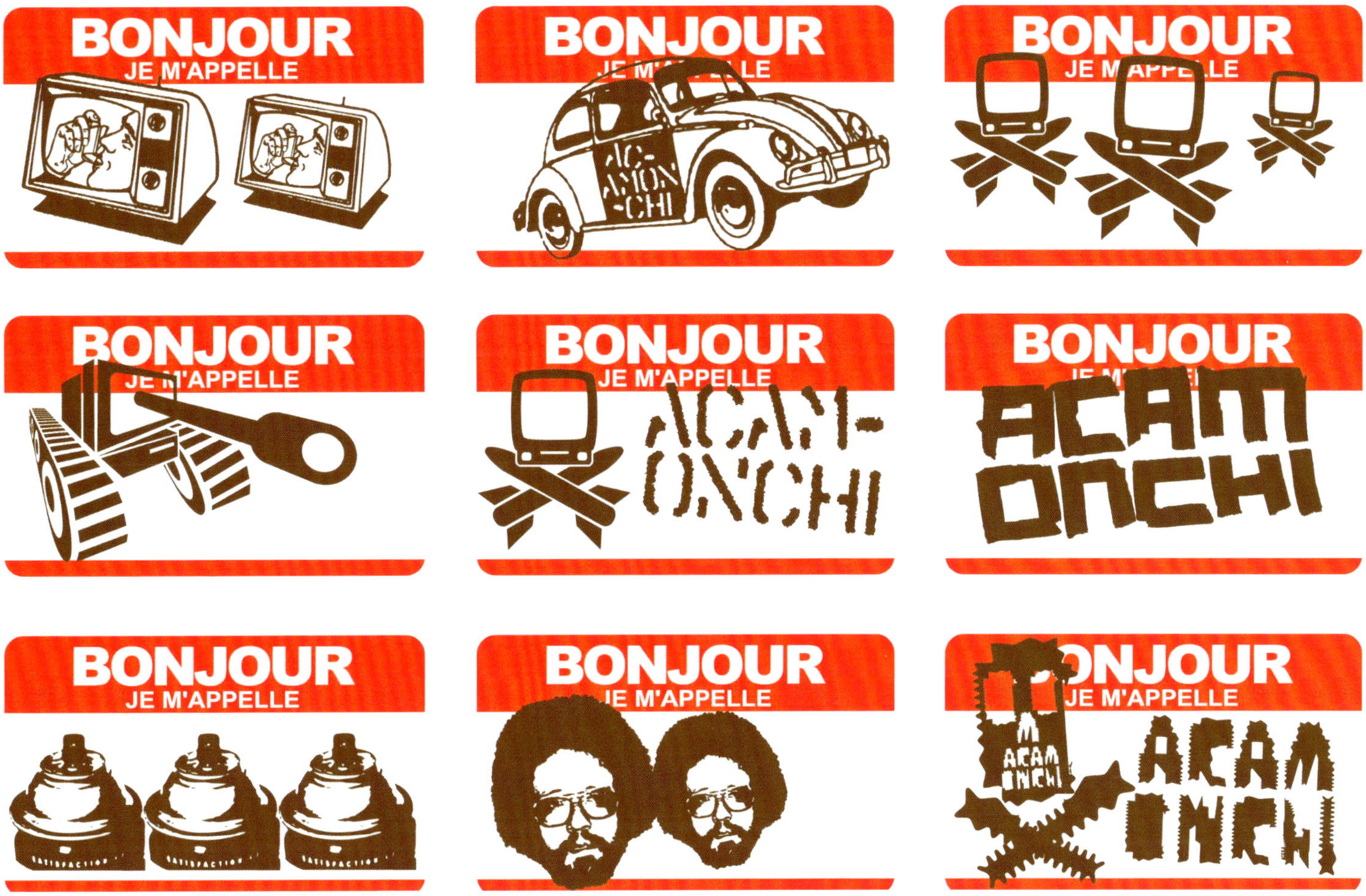

Acamonchi • Carteles, 2004
Esténcil sobre cartulina

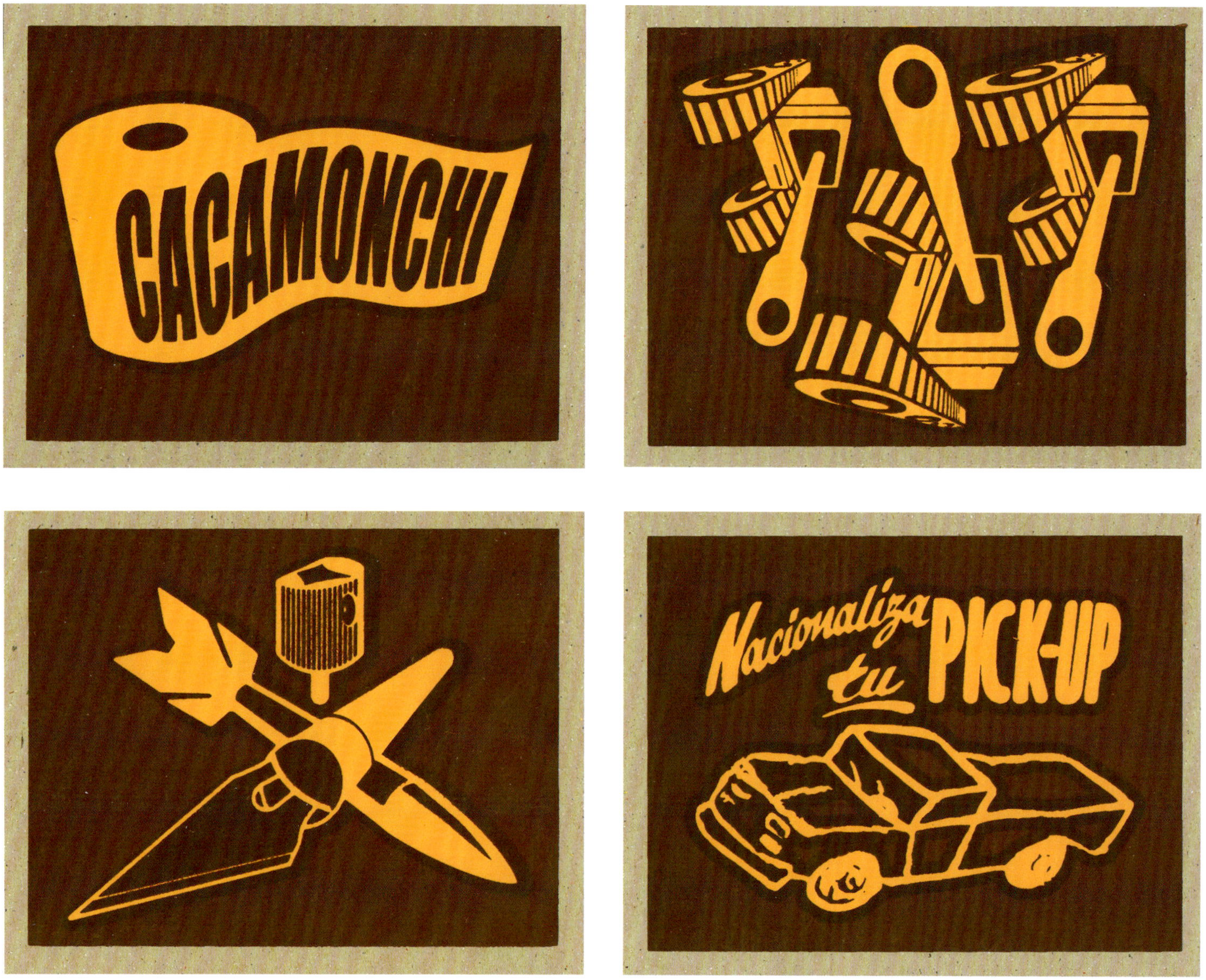

Acamonchi • Postales, 2004
Serigrafía sobre cartulina

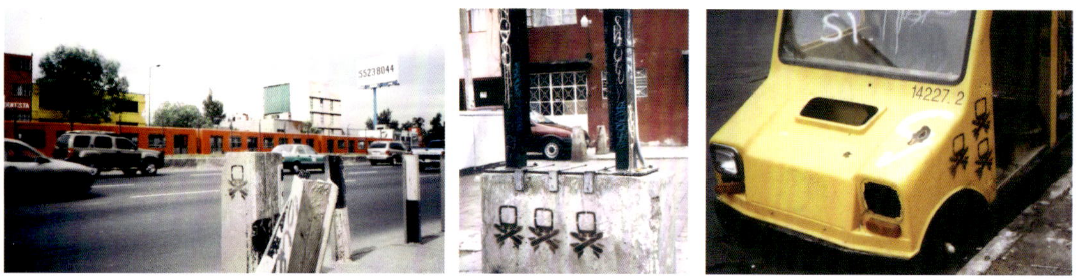

Acamonchi • Instalación callejera, 2002
Documentación fotográfica

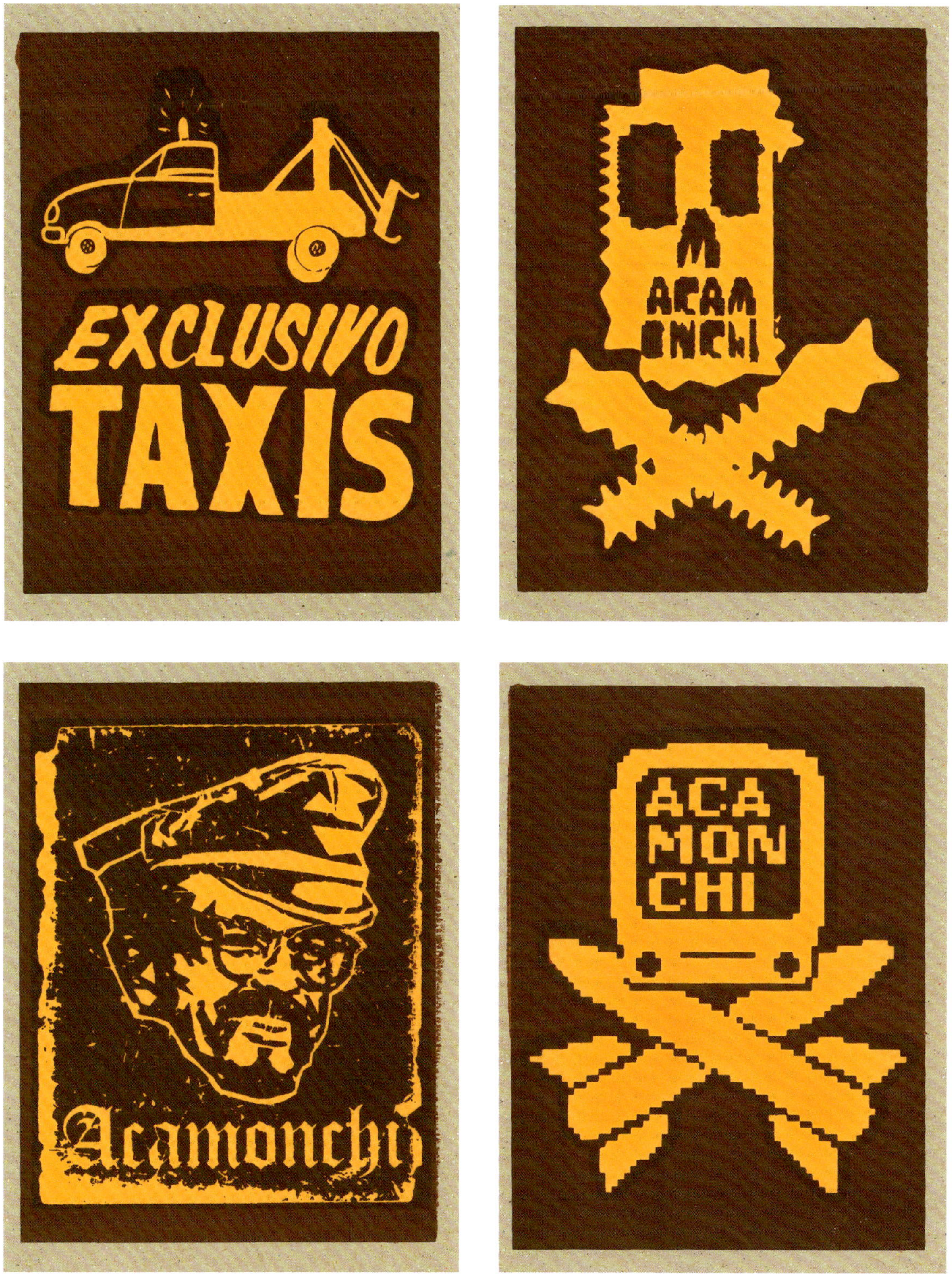

Acamonchi • Postales, 2004
Serigrafía sobre cartulina

BULBO

Bulbo es un proyecto mediático de proyección internacional producido por Galatea Audio/Visual, con sede en Tijuana. Su principal objetivo consiste en elevar la calidad de contenidos de los medios de comunicación de masas y en crear un público más crítico. Entre sus proyectos se incluyen *Bulbo TV, Radio Bulbo, Bulbo Press, Disco Bulbo* y *Bulbo Web*. En "Tijuana Sessions", el público podrá visionar una selección de 10 documentales extraídos de su extenso archivo. Producidas entre 2002 y 2004, estas selecciones de programas recogen diversos aspectos de la escena cultural de la región transfronteriza de Tijuana-San Diego. Dentro de los mismos se incluyen *Healthy Mutation: Electrónica @ México* (2004), donde se plasma la escena de la música electrónica en México y su "positiva mutación", y *Desde la frontera del arte contemporáneo* (2004), que trata cuestiones básicas relativas al arte contemporáneo e incluye entrevistas con los artistas, galeristas, críticos, historiadores y el público general. En *Taxis y calafias* (2004) Bulbo entrevista a los conductores y los usuarios del sistema de transporte público de Tijuana, mientras que *A Film for Peace* (2003) se centra en la comunidad creativa de San Diego y sus opiniones con respecto al conflicto de Irak, así como *Rap de la frontera* (2003), que nos sumerge en el mundo de los raperos (en español) de Tijuana, San Diego y Los Ángeles.

Príamo Lozada

Bulbo is a media project with international scope produced by Galatea Audio/Visual, based in Tijuana. With a focus on elevating the quality of mass media contents and creating a more critical audience, their projects include *Bulbo TV, Radio Bulbo, Bulbo Press, Disco Bulbo* and *Bulbo Web*. For "Tijuana Sessions" a selection of ten documentaries from their vast archive will be available to the public for viewing. Produced between 2002 and 2004, these selections of programs address diverse aspects of the cultural scene of the trans-border region Tijuana-San Diego. They include *Healthy Mutation: Electrónica @ México* (2004), which documents the electronic music scene in Mexico and its "positive mutation" and *Desde la frontera del arte contemporáneo* (2004), which addresses basic questions regarding the art of our time and includes interviews with artists, curators, critics, historians and the general public. In *Taxis y calafias* (2004), Bulbo interviews both drivers and users of Tijuana's public transport system, while *A Film for Peace* (2003), focuses on the creative community in San Diego and their opinions on the conflict with Iraq and *Rap de la frontera* (2003) introduces us to rappers (in Spanish) from Tijuana, San Diego and Los Angeles.

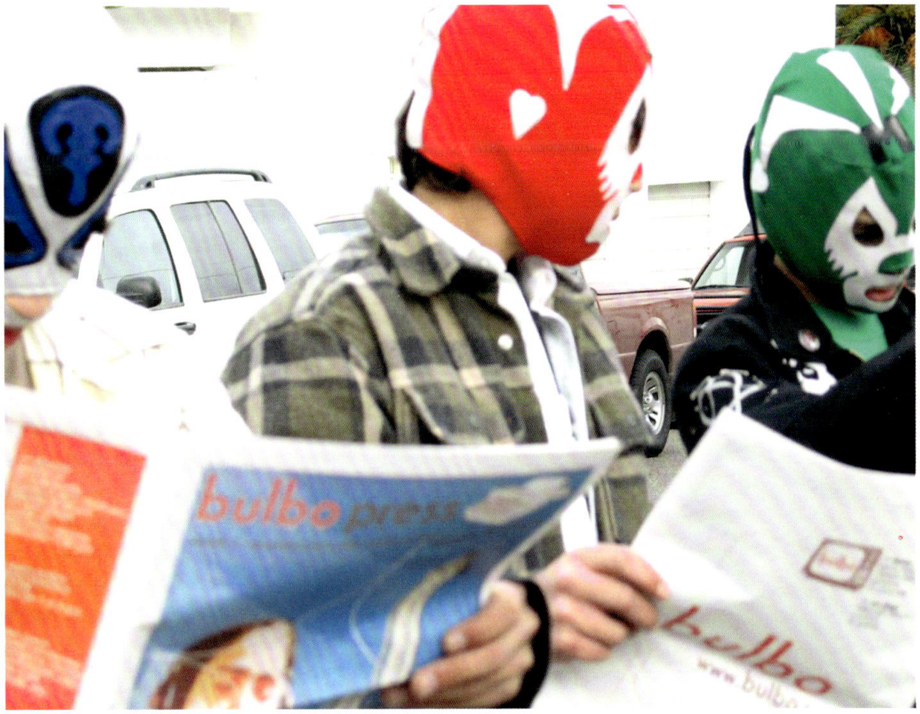

bulbo press

bulbo

bulbo

discobulbo

radio bulbo

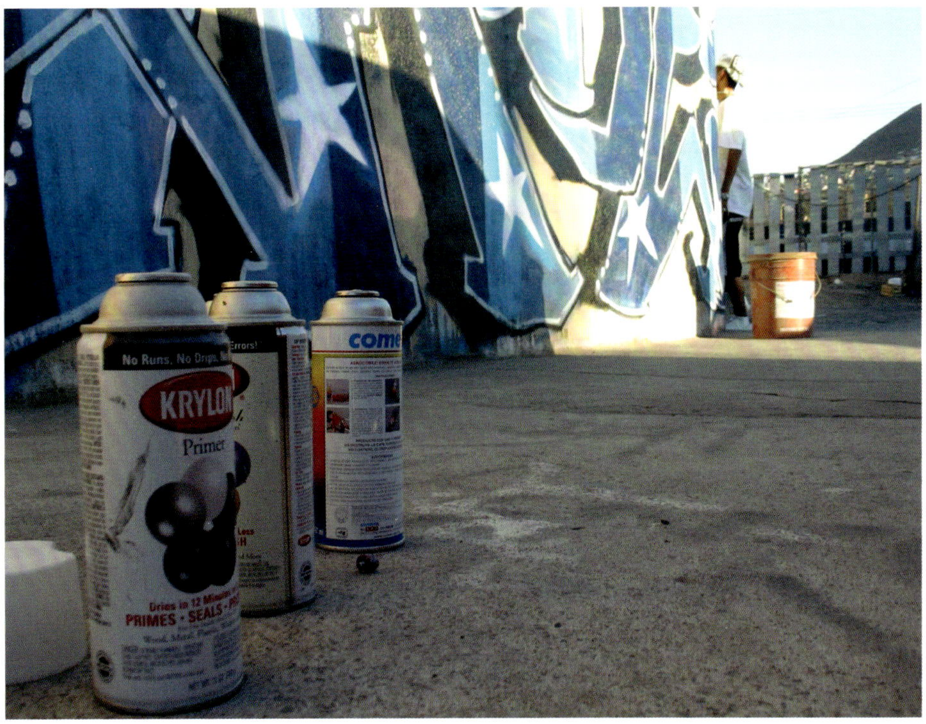

Bulbo • Lectura *Bulbo Press,* 2004
Bulbo • Logos *Bulbo Press, Radio TV* y *Radio Bulbo,* 2002-2004
Bulbo • Graffiti *Bulbo,* 2004

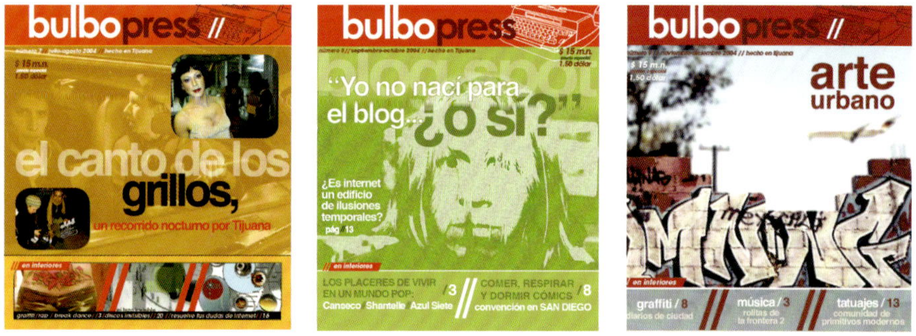

Bulbo • Portadas *Bulbo Press*, 2002-2003

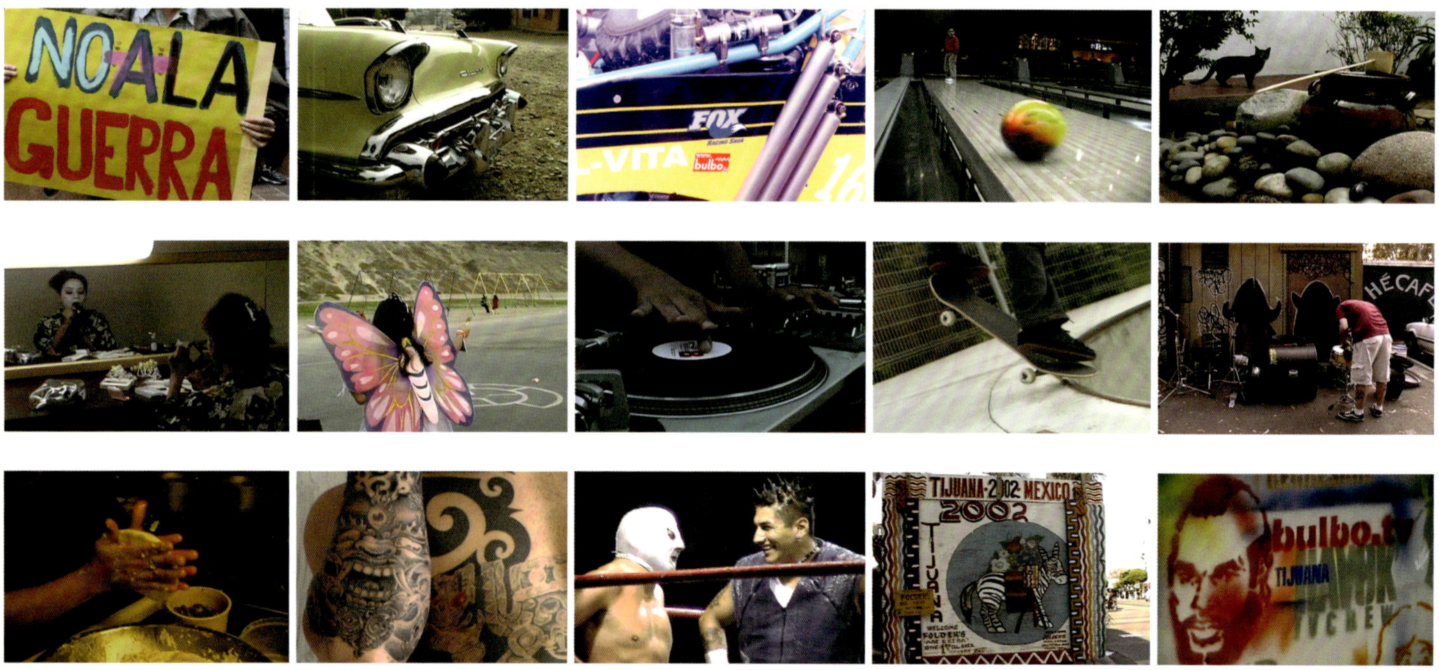

Bulbo • *Stills* de video:

- *A Film for Peace*, 2003
- *Del claramiento a la butaca*, 2002
- *La mesa está puesta*, 2003
- *Al ras del suelo*, 2002
- *Día de muertos*, 2002
- *Lienzo de piel*, 2002
- *Baja 500*, 2002
- *Editorama*, 2002
- *Luchas en familia*, 2001
- *Bolichistas*, 2003
- *Es un estilo no un crimen*, 2003
- *Mexican Zebras*, 2002
- *Ceremonia de té*, 2002
- *Jar Cor Fest*, 2002
- *Neograffiti*, 2002

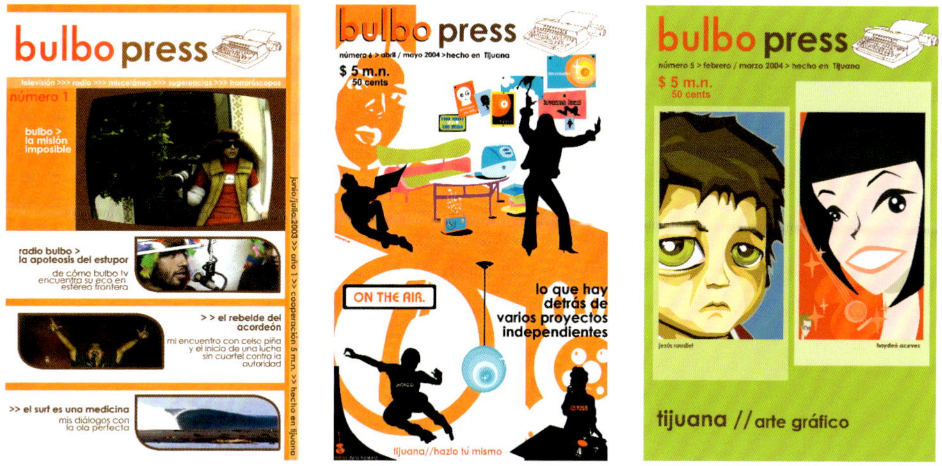

Bulbo • Portadas *Bulbo Press,* 2003-2004

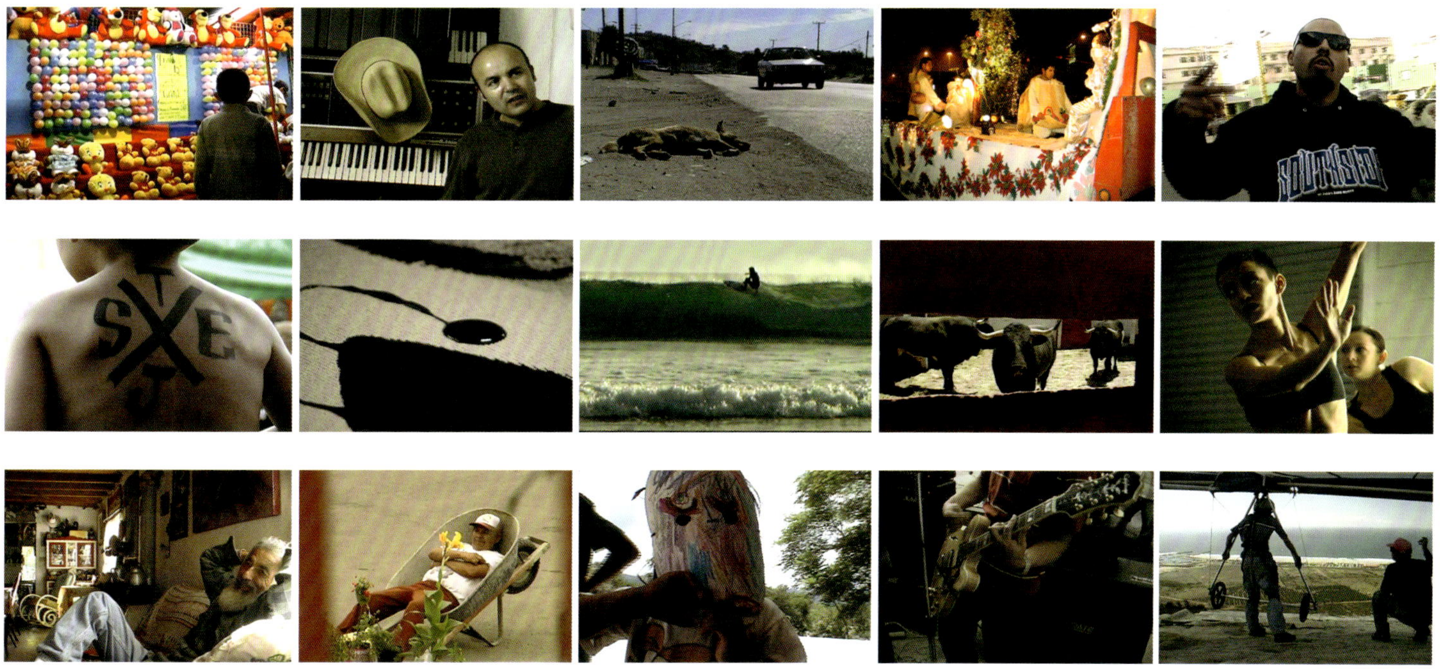

Bulbo • *Stills* de video:

- *Nos fue como en feria,* 2002
- *Sana rabia,* 2002
- *Nuestro viaje al valle de Guadalupe,* 2002
- *El Padrino* (de Nortec), 2002
- *¿Será Tijuana como la pintan?,* 2002
- *Vamos al Swap Meet,* 2002
- *Perra Vida,* 2002
- *Surfeando en la línea,* 2004
- *Voces y visiones de los niños Xi'ui de las nuevas flores,* 2002
- *Procesión al santuario,* 2002
- *Los toros,* 2002
- *Volvox y ambiente,* 2002
- *Rap de la Frontera,* 2003
- *Un ángel azul,* 2002
- *Vuelo libre,* 2002

TANIA CANDIANI

Las obras pictóricas que se exhiben en "Tijuana Sessions" forman parte de una amplia instalación titulada *Gordas,* 1999-2002, que versa sobre el cuerpo femenino contemporáneo y el entorno que lo define. Esculturas, videos, neones, objetos reciclados, recetarios dietéticos y hasta consejos médicos, conformaron las diferentes versiones de esta exhibición concebida como intervenciones *in situ* a los diferentes espacios que la albergaron. Para Tania Candiani, el discurso de la esbeltez está en el centro de su propuesta pero partiendo de su opuesto, la gordura, y los métodos tortuosos que son utilizados para llegar a la ansiada figura. Revistas de modas, programas televisivos, el modelo femenino impuesto de las *top models* —hoy, en el centro de las noticias—, clínicas especializadas en reducir tallas, tratamientos médicos, píldoras y la notoriedad en el urbanismo de la ciudad contemporánea que van adquiriendo los gimnasios, definen la psique del nuevo ego femenino y la concepción cultural a la que Candiani se dirige.

Hartazgo, Compulsión, Apetencia y *Repulsión* son volúmenes pictóricos que desafían a la técnica misma; partiendo del dibujo sobre lienzo, la artista ha decidido coser y no pintar sus cuerpos sobre la tela; de esta forma Tania pareciera reproducir una de las técnicas a las que más se acude en pos de alcanzar la ansiada delgadez, haciendo alusión a la industria obcecada de la cirugía estética; pero, por otra parte, la artista encierra su propuesta en un aprisionamiento genérico cuando asume un trabajo tradicional femenino —coser a máquina— que otorga severidad y dramatismo al discurso hasta hacerlo rayar en el cinismo y, curiosamente, en esta combinación radica lo novedoso de su trabajo.

Estas pinturas de gran formato y cuerpos abarcadores encierran placer, deseo, desesperación, tormento; aisladas del conjunto, ofrecen una narrativa concreta a través de opuestos: la necesidad de devorar alimentos —*Compulsión*— frente a la ansiedad por hacer desaparecer los rastros del pecado cometido al vomitarlos —*Repulsión*—, y, en este par, el ojo está centrado en el cuerpo, mientras que en *Hartazgo* y *Apetencia* la artista vuelve sobre sus pares opuestos pero, en esta ocasión, señalando directamente al gesto.

Taiyana Pimentel

The pictorial works exhibited in "Tijuana Sessions" form part of an extensive installation entitled *Gordas* (Fat Women), 1999-2002, which focuses on the female body and the environment that defines it. Sculptures, video, neon lights, recycled objects, dietary recipe-books and even medical recommendations have shaped the different versions of this exhibition, conceived as in situ contributions to the different spaces that have hosted them. For Tania Candiani, the theme of slenderness lies at the heart of her ideas, although she departs from the opposite extreme, that of corpulence and the tortuous methods that are employed to achieve the figure that is desired. Fashion magazines, television programmes, the female stereotype imposed on top models – a popular topic of news headlines today –, clinics specializing in reducing size, medical treatments, pills and the leading role that gymnasiums have acquired in the contemporary city environment, all define the psyche of the new female ego and the cultural conception that Candiani analyzes.

Hartazgo (Overeating), *Compulsión* (Compulsion), *Apetencia* (Hunger) and *Repulsión* (Repulsion) are pictorial volumes that challenge the technique itself. Starting with drawings on canvas, the artist has decided to sew and not paint the bodies on the canvas. In this respect, Tania seems to be reproducing one of the techniques that is most commonly employed in order to achieve the desired degree of slenderness, alluding as she does to the shortsighted aesthetic surgery industry; however, through her approach the artist also encompasses a generic sense of imprisonment by assuming a traditional female labour, sewing by machine, which endows her discourse with a severity and dramatic quality that borders on cynicism. Curiously enough, it is this combination that makes her work so new.

These large-format paintings of all-embracing bodies depict pleasure, desire, desperation, torment; isolated from the whole, they offer a specific narrative through opposite extremes: the need to eat food – *Compulsión* – as opposed to the eagerness to make all traces of this sin disappear through the act of vomiting – *Repulsión* – and, at this level, the eye is focused on the body, whilst in *Hartazgo* (Overeating) and *Apetencia* (Hunger), the artist goes back to her contrasting pairs to one side by pointing to the gesture directly.

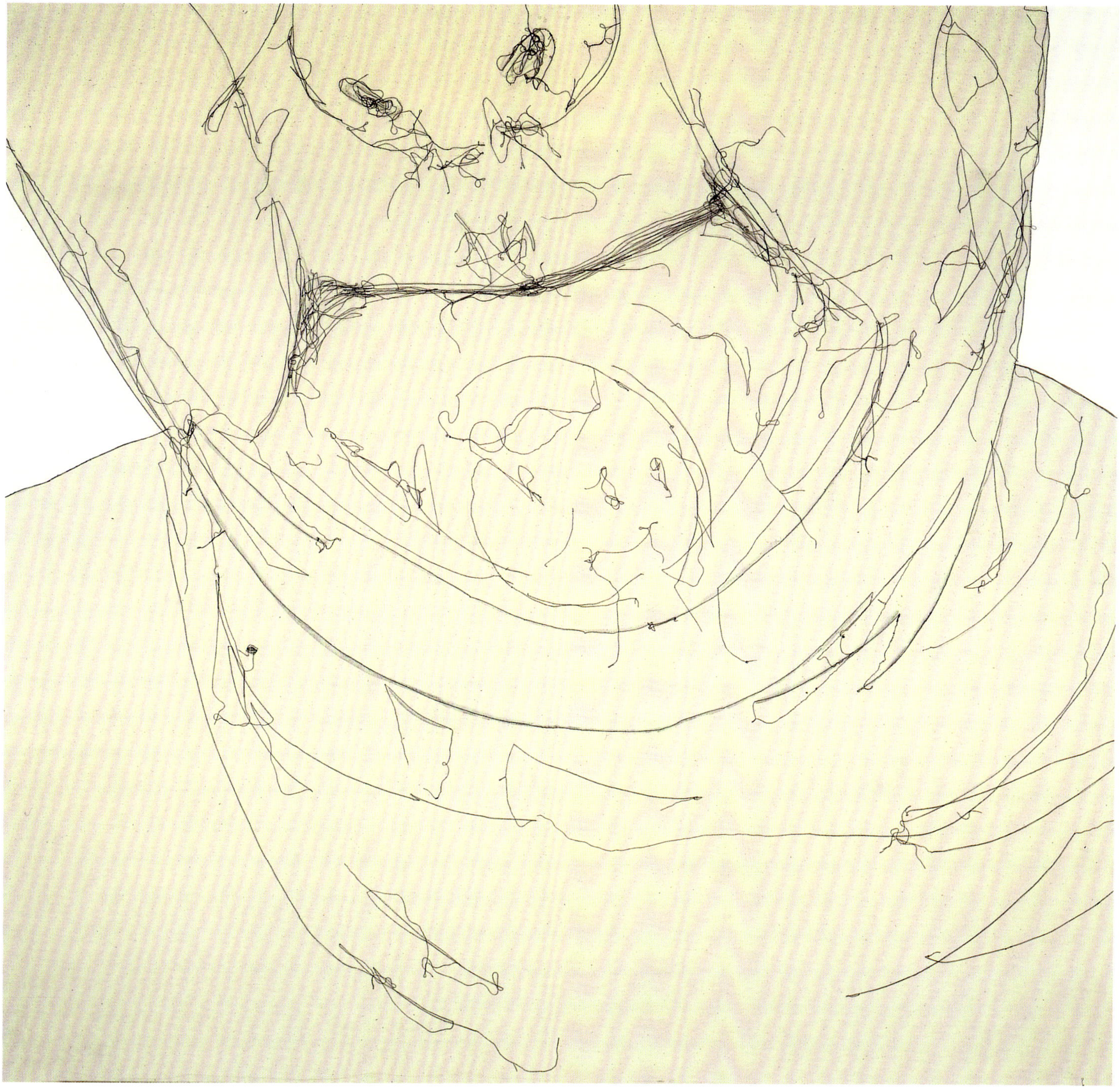

Tania Candiani • *Hartazgo*, 2001
Acrílico, carbón e hilo de poliéster cosidos sobre loneta de algodón, 240 x 190 cm
Fotografía: Yvonne Venegas

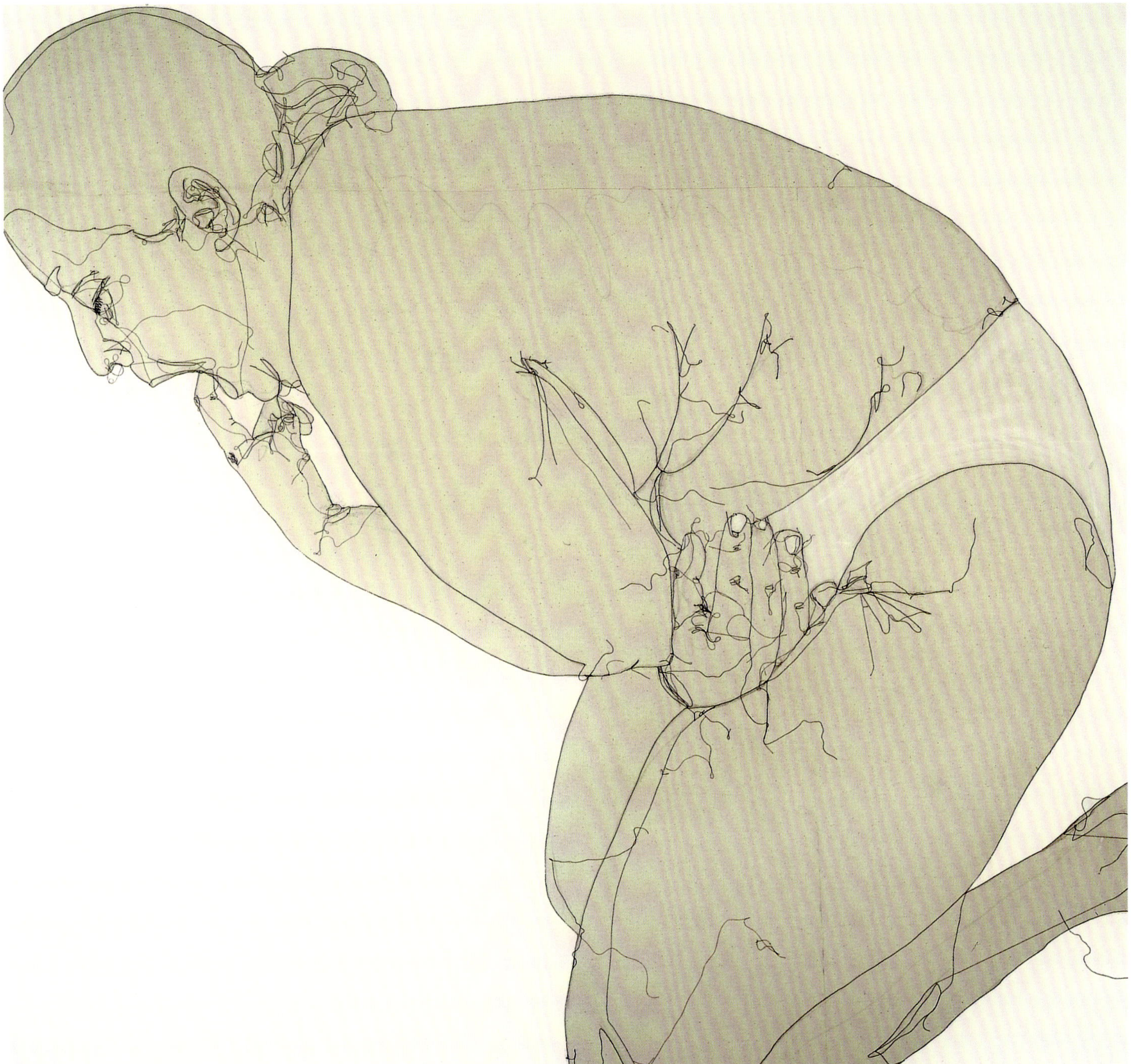

Tania Candiani • *Repulsión*, 2001
Acrílico, carbón e hilo de poliéster cosidos sobre loneta de algodón, 190 x 190 cm
Fotografía: Yvonne Venegas

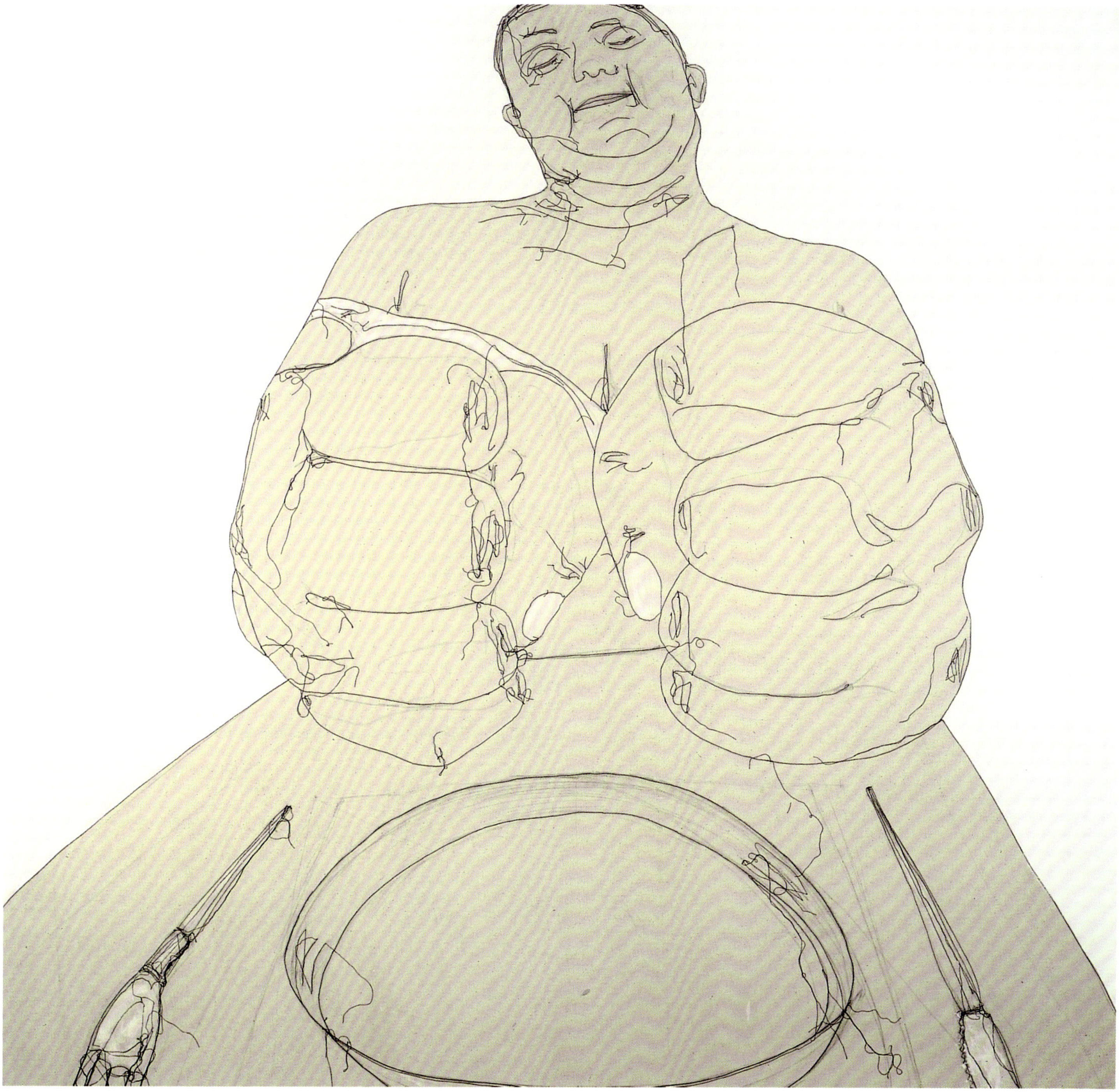

Tania Candiani • *Apetencia*, 2001
Acrílico, carbón e hilo de poliéster cosidos sobre loneta de algodón, 190 x 190 cm
Fotografía: Yvonne Venegas

HANS FJELLESTAD

Frontier Life es un largometraje documental que explora lo que yace allende la herencia de "ciudad del pecado" de Tijuana —más allá del aire amenazador de la misma que los medios masivos de comunicación han generado y alimentado—, al mismo tiempo que busca la esencia y la identidad de una ciudad que rehúsa aceptar la entropía y a la vez crea sus propias reglas. Aislada del resto de México y marginada por el vecino país del norte, Tijuana es una extraña "isla" con una cultura propia, y el documental de Fjellestad devela facetas de este complejo centro urbano que rara vez han sido vistas desde el exterior. Al identificar combinaciones y contradicciones que definen a la ciudad, *Frontier Life* entreteje historias de veneración de vehículos automotores, carreras de *arrancones* de autos, tratamiento de aguas negras y un nuevo híbrido musical que augura la naturaleza de lo que depara el futuro. Fjellestad acerca y familiariza al espectador con el mundo clandestino de clubes callejeros de carreras, los cuales tienen a su alcance el mercado de vehículos automotores y partes automotrices de Estados Unidos, al mismo tiempo que documenta la interesante mezcla de una sofisticada estética mexicana, *kitsch* norteño y espíritu fronterizo. La película incluye una serie de extrañas y bellas imágenes del suministro de agua a Tijuana durante cada una de las etapas del flujo del líquido hacia la ciudad y fuera de ella; las imágenes van acompañadas de una descripción de dicho proceso y de los retos característicos y únicos que presenta el tratamiento de aguas negras. *Frontier Life* también presenta una mirada al género de música electrónica fundado por el colectivo Nortec, un grupo de artistas que "ávidamente asimilaron influencias de ambos lados de la frontera y se apropiaron de sonidos e imágenes de su entorno para crear su música y arte transgresivos y contraventores".

Príamo Lozada

Frontier Life is a feature-length documentary that explores what lies beyond Tijuana's "sin city" heritage, beyond the aura of menace cultivated by the mainstream media, and searches for the heart and identity of a city that rejects entropy and constructs its own rules. Isolated from the South, alienated from the North, Tijuana is a strange "island" with a culture of its own, and this documentary discovers faces of this complex urban context rarely seen from the outside. *Frontier Life* interweaves stories of car worship, drag racing, wastewater treatment and a new musical hybrid that announces the shape of things to come, finding combinations and contradictions that define the city. Fjellestad introduces the viewer to the underground world of street racing clubs, with their easy access to cars and parts from the US, documenting the interesting mixture of sophisticated Mexican aesthetics, norteño kitsch and frontier spirit. The film contains secuences of strange and beautiful images of water at every stage in its circulation in and out of the city, as we hear a description of the process and the unique challenges involved in wastewater treatment. *Frontier Life* also looks at the electronic music scene founded by Nortec Collective, a group of artists who "devoured influences from both sides of the border and appropriated sounds and images from their environment to construct their transgressive music and art".

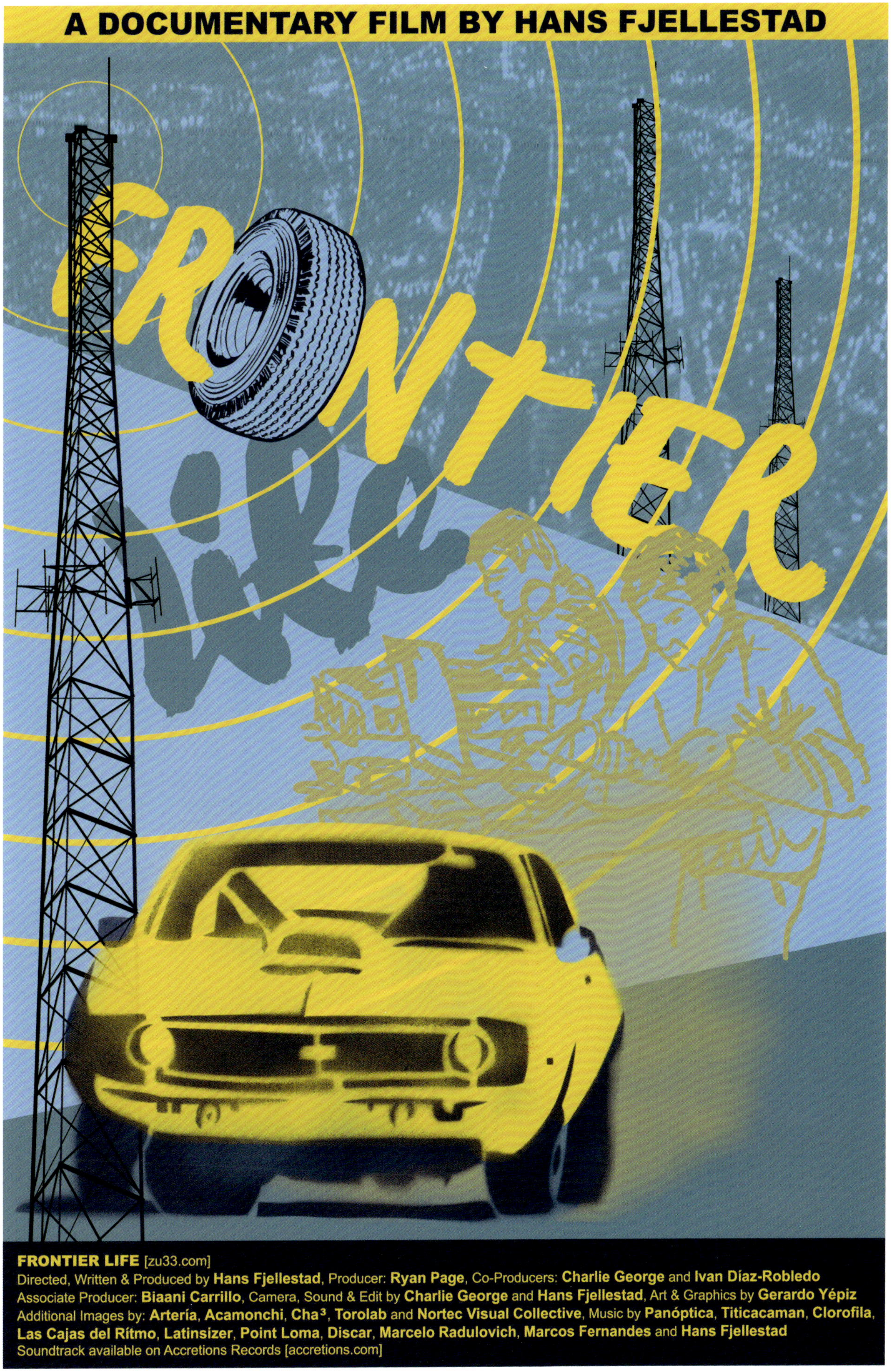

Hans Fjellestad • Cartel del film *Frontier Life*, 2002

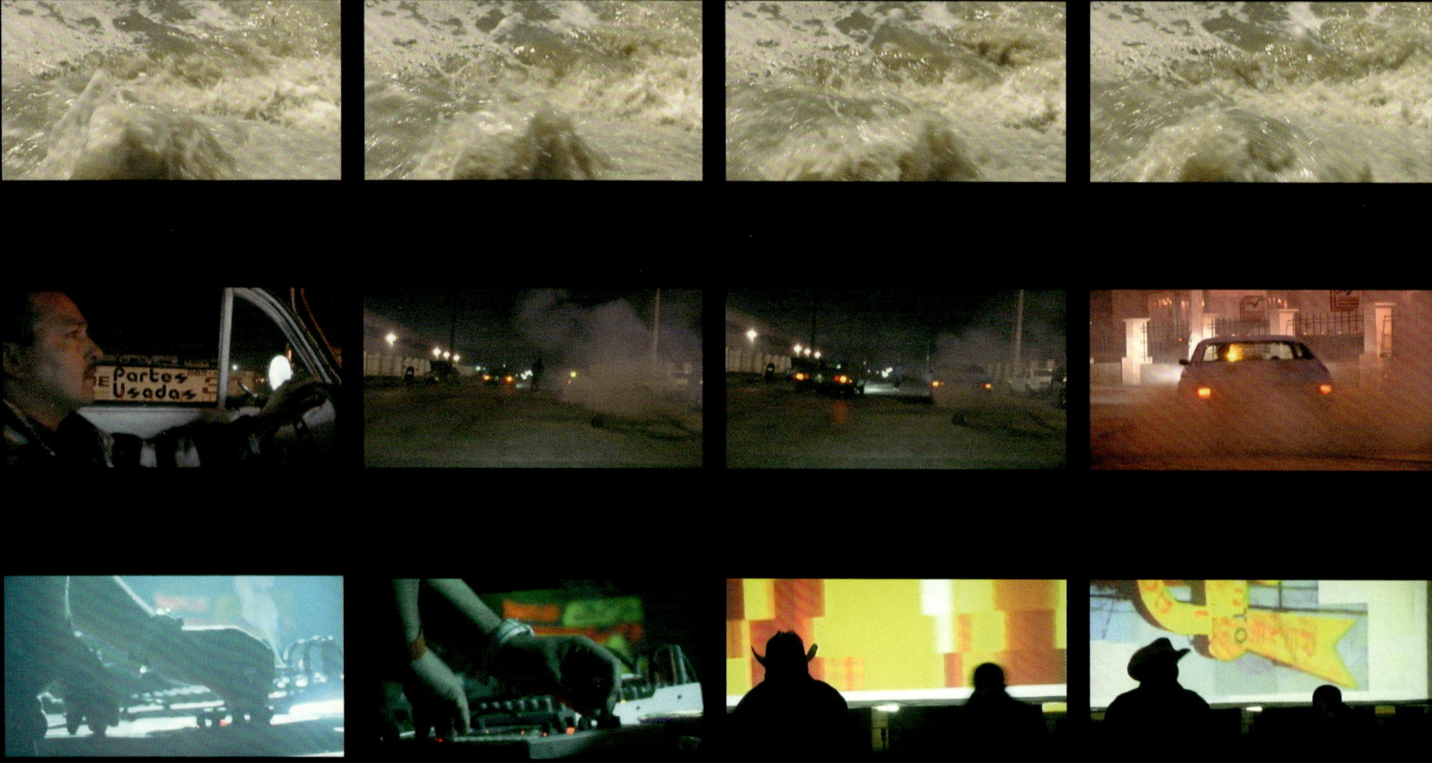
Partes
Usadas

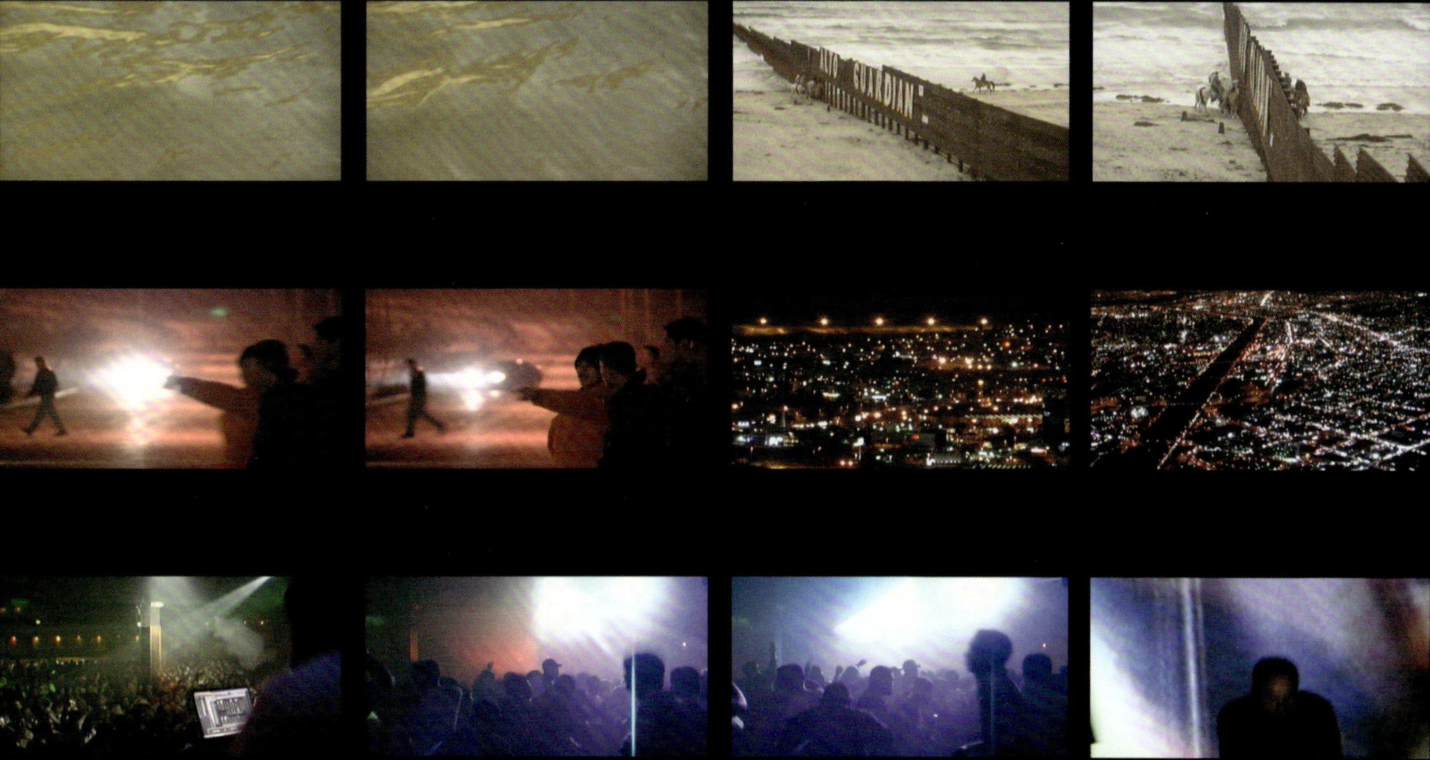

Hans Fjellestad • *Stills* de video de *Frontier Life*, 2002

CHARLES GLAUBITZ

Glaubitz define su trabajo como un híbrido o una reflexión de la dualidad cultural que caracteriza a "la Línea" (frontera) entre Estados Unidos y México a través de su iconografía, símbolos, metáforas, alegorías, búsquedas y descarte de las posibles experimentaciones visuales que ofrece tal condición dual. Su trabajo está influido por los cómics, la animación (especialmente por el manga, de origen japonés), la subcultura y lo popular.

Partiendo de la ilustración, Charles Glaubitz crea un discurso basado en posibles revisiones callejeras que circulan en Estados Unidos sobre la condición cultural del mexicano emigrante, haciendo hincapié —con un sentido del humor adolescente característico al cómic cómo género— en las lecciones históricas mal aprendidas por la psique del mexicano, según el autor. Como propuesta, Glaubitz impone una versión didáctica y referencial a aquella lectura estereotipada de la relación unilateral entre Estados Unidos y México y, en ese camino, mucho apunta hacia los murales que el movimiento chicano angelino desarrolló en la década de los ochenta. Pero ésta es una obra post-chicana, no devela protesta, ni coquetea con militancias; apunta hacia una versión cínica del análisis del "otro", demarcando las posibilidades de su narración; tal vez por ello, la creación del personaje ficticio *Niño burro* aparezca como el redentor de las imposibilidades, ese personaje central creado por el artista para guiar las líneas anecdóticas en su trabajo.

Por otra parte, y a diferencia de los murales chicanos, ésta es una propuesta que fluctúa entre relecturas de la historia y las posibilidades fantasiosas que exhibe para corregirla, no trabaja con personajes reales que la elaboren, más bien está en esa preocupación del arte contemporáneo tijuanense de reelaborarse a sí mismo, de buscar en lenguajes alternativos que le permitan dialogar con lo impuesto. El mural *Freedom Fryes* es, simplemente, una de las páginas de un libro en proceso.

Taiyana Pimentel

Glaubitz defines his work as a hybrid or a reflection of the cultural duality that characterizes "la Línea" (border) between the United States and Mexico, through the use of iconography, symbols, metaphors, allegories, and investigations and rejections of the possible forms of visual experimentation offered by this dual state. His work is influenced by comics, animation (especially *manga*, of Japanese origin), subculture and popular culture.

Using illustration, Charles Glaubitz creates a discourse based on possible revised street versions that circulate in the United States regarding the cultural condition of the migrant Mexican, focusing – with the adolescent sense of humour typical of comics as a genre – on the historical lessons that have been poorly learned by the Mexican psyche, according to the artist. As an idea, Glaubitz imposes a didactic and referential version on the stereotyped reading of the unilateral relationship between the United States and Mexico and, along the way, he employs many references to the murals that the Los Angeles Chicano movement created in the 1980s. However, this is a Post-Chicano work; it does not reveal any type of protest and does not flirt with militant tendencies. It simply presents a cynical version of the analysis of the "other", outlining the possibilities of its narrative; perhaps for this reason, the creation of the fictitious character *Donkey Boy* appears as a redeemer of impossibility, becoming the main character that the artist uses to guide the anecdotal threads of his work.

Furthermore, and unlike the Chicano murals, this is a proposal that fluctuates between re-readings of history and the imaginative possibilities that exist when it comes to revising it. He does not use real characters to create his discourse; this work falls under the heading of the contemporary Tijuana preoccupation with recreating oneself, searching for alternative languages that enable the artist to establish a dialogue with what is imposed upon him. The mural *Freedom Fryes* is, quite simply, one of the pages of a book in the process of being written.

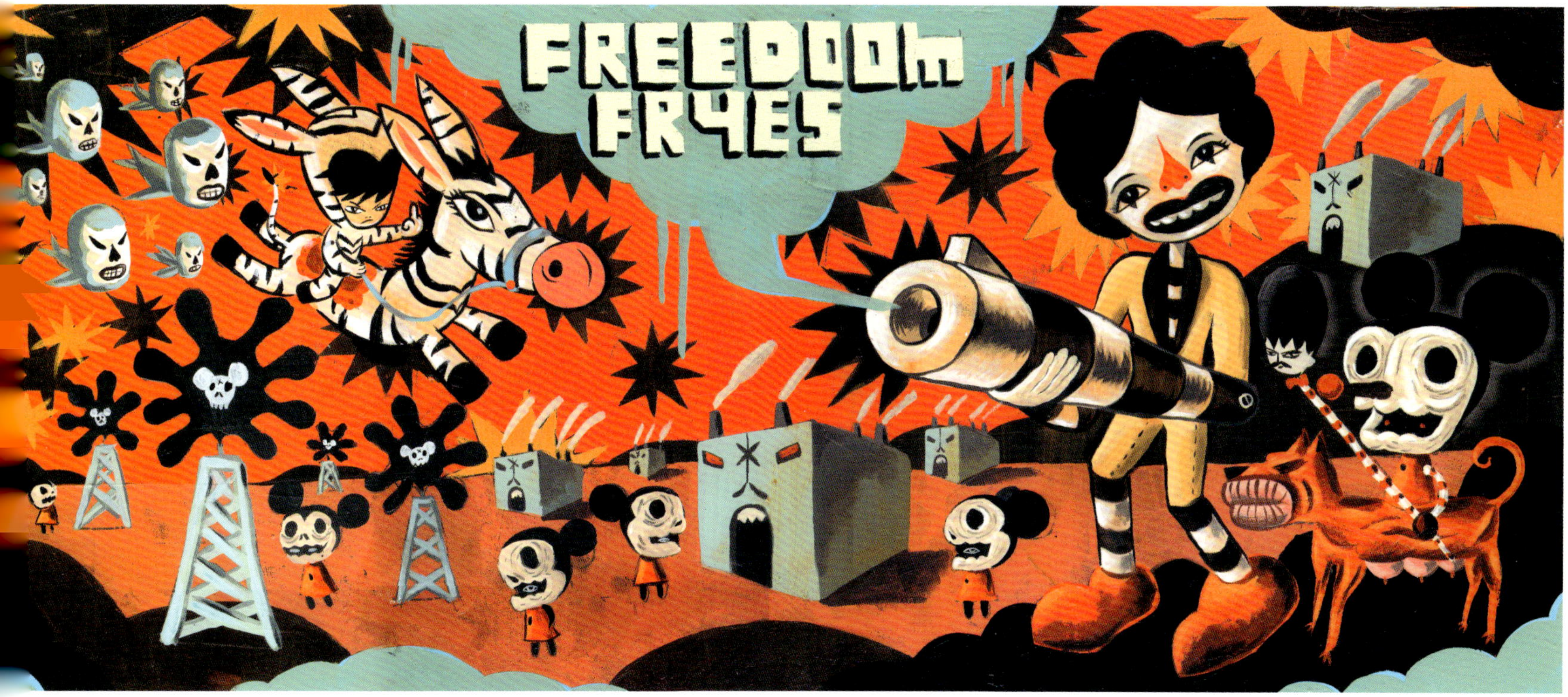

Charles Glaubitz • *Niño burro,* 2004

PEPE MOGT

La propuesta de Pepe Mogt parte de la recuperación histórica del reciente desarrollo tecnológico y de los medios de comunicación electrónica en la zona fronteriza de Tijuana-San Diego y la influencia que han tenido en la conformación de una concepción visual y sonora característica de la región. Para la generación de Mogt, la secuencia de imágenes televisivas provenientes de las grandes empresas comerciales y, a la par, de los canales independientes —propuestas audiovisuales de vanguardia en Estados Unidos—, permitió no sólo el diálogo con la cultura norteamericana en diversos niveles, sino la reelaboración de señales culturales que contribuyeron a la conformación del proceso de identidad tijuanense.

TJVJ es una extensión de las ideas musicales que hasta el momento ha desarrollado Mogt. A partir de la creación de un instrumento electrónico que el autor ha llamado “teletrón”, con orígenes en el melotrón —uno de los primeros dispositivos que, a través de cintas magnéticas adaptadas a un teclado, permitía controlar la velocidad de los sonidos y otorgarles un tono personalizado—, propone “registrar las imágenes y la sonoridad de varios canales de televisión con el fin de re-elaborarlos y someterlos a un proceso de composición musical a través de síntesis sustractiva” para desligarse de la idea de un instrumento decodificador de mensajes emitidos desde un origen y convertirse en actor del proceso de comunicación. Partiendo de estructuras musicales previamente elaboradas por el artista, la caja o teletrón tiene tres controles o *joysticks* que transforman los sonidos extraídos de la televisión mediante la modificación de su intensidad y frecuencia. Los materiales recuperados pueden provenir de un *talk show*, anuncios de autos, o de la lucha libre, pero ofrecen a los participantes la posibilidad de acceder a los contenidos sonoros para experimentarlos: se propone un modelo de organización que puede ser trasladado a la vida cotidiana; algo apropiado por el receptor, ya no concebido como espectador pasivo, sino como agente de la experiencia.

La pieza interactiva *TJVJ* hace de la intersubjetividad la elaboración colectiva del sentido, donde las decisiones de cada usuario mantienen resonancias en continua articulación. Recuperar los sonidos del entorno, donde la televisión ha sido un elemento decisivo, marca la condición del proceso de producción de la música electrónica contemporánea; un evento de diferenciación en lo establecido que recurre en gran medida a la recuperación de materiales sonoros con la intención de desfocalizar la identidad en su dimensión social para traducirla en condición de posibilidad.

Taiyana Pimentel

The ideas of Pepe Mogt are based on the historical recovery of recent technological developments and the devclopment of the electronic media in the Tijuana-San Diego border area and the influence they have had in the shaping of a characteristic visual and sound conception corresponding to the region. For Mogt's generation, the sequence of television images produced by the large trading companies and, at the same time, the independent channels – avant-garde audiovisual proposals in the United States –, have not only facilitated the establishment of a dialogue with American culture at different levels, but also represent a re-elaboration of the cultural signals that helped to determine the process whereby Tijuana created its identity.

TJVJ is an extension of the musical ideas Mogt has developed up until now. Based on the creation of an electronic instrument that the artist has named *teletron*, originating in the mellotron – one of the first devices which, through a series of magnetic tapes adapted to a keyboard, enabled the velocity of sounds to be controlled and endowed with a personal tone – , he seeks to “record the images and sounds of various television channels in order to re-elaborate them and subject them to a process of musical composition through subtractive synthesis”, getting away from the idea of an instrument that decodes messages issued from an origin and becoming an actor in the communication process. Departing from musical structures previously created by the artist, the box or "teletron" presents three controls or joysticks which transform the sounds extracted from the television by modifying their intensity and frequency. The materials recovered could come from a talk-show, car advertisements or wrestling, but they offer the participants the possibility of gaining access to the sound contents in order to experience them: a model of organization is proposed that could be transferred to everyday life; something appropriated by the listener, who is no longer conceived as a passive subject, but as an agent of the experience.

The interactive work *TJVJ* makes inter-subjectivity the collective elaboration of meaning, where the decisions of each user maintain echoes in constant articulation. Recovering the sounds of the environment, in which television has played a decisive role, highlights the state of the contemporary electronic music production process; a differentiated event within the established order that mostly resorts to recovering sound materials with the aim of de-focalizing identity within its social dimension in order to turn it into a possibility.

Pepe Mogt • *TJVJ*, 2004
Diagrama técnico del teletrón
Dibujo digital

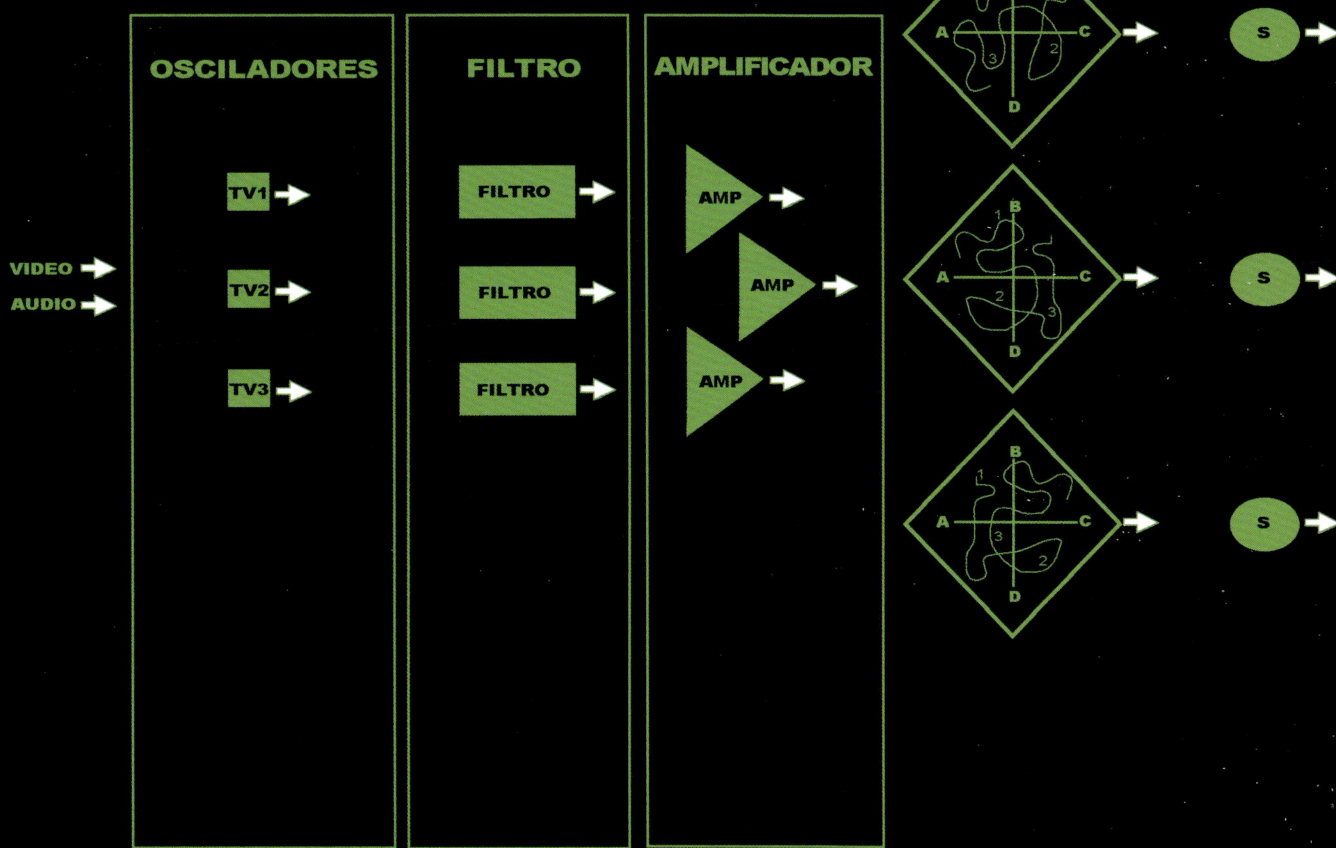

OSCILADORES
FILTRO
AMPLIFICADOR
VIDEO
AUDIO
TV1
TV2
TV3
FILTRO
FILTRO
FILTRO
AMP
AMP
AMP
A
B
C
D
1
2
3
S
S
S

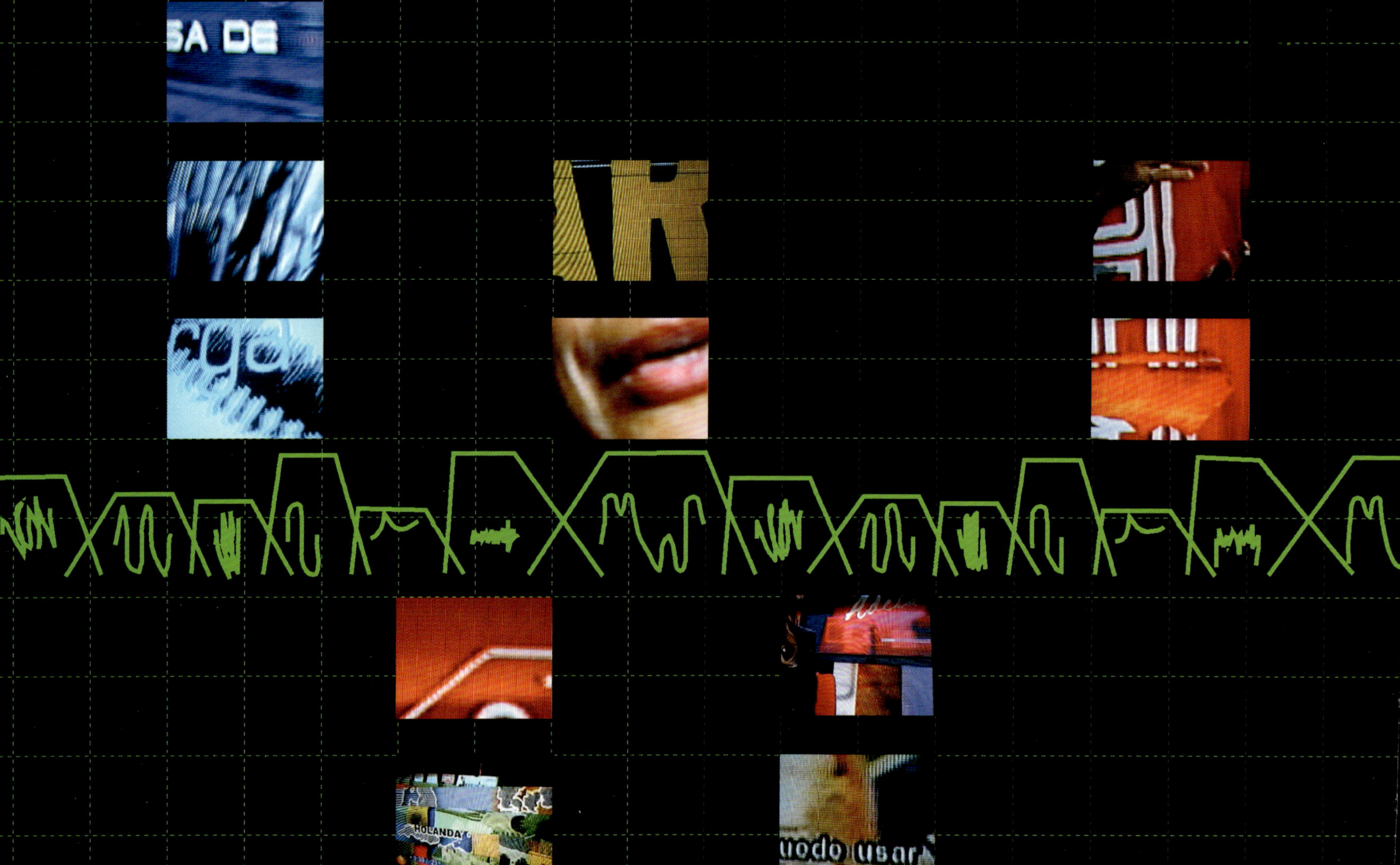
SA DE
HOLANDA
uodo usar

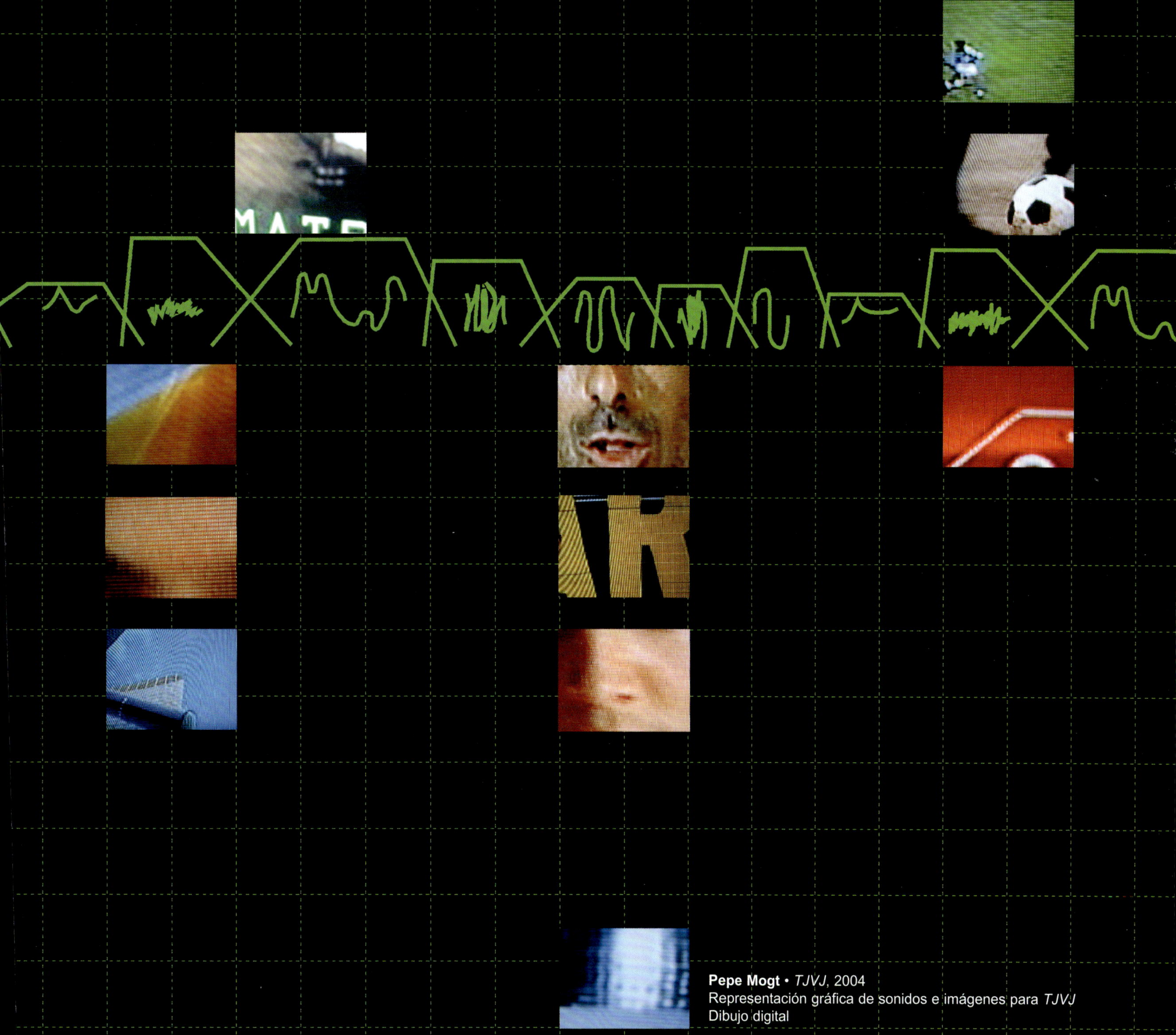

Pepe Mogt • *TJVJ*, 2004
Representación gráfica de sonidos e imágenes para *TJVJ*
Dibujo digital

JULIO MORALES

El paisaje de Tijuana se refleja en el ritmo y en las actividades de la vida cotidiana de la ciudad, en particular en la estética de los carritos de los vendedores callejeros: son *collages* rodantes construidos mediante el reensamblaje de muestras de la cultura industrial (neumáticos, manijas, motores, estantes). Cuando dichos restos de la cultura industrial resurgen dentro o acaban siendo parte de estos carritos de vendedores ambulantes, denotan una repentina consolidación y coherencia creativa, cuyo valor yace en el espíritu de la improvisación y la naturaleza "hechiza" del bricolaje que éstos representan. Para la instalación interactiva de *Tactics of Reassembly* (Tácticas de reensamblaje) (realizada en 2004) Morales utilizó medios digitales y algoritmos para simular y mostrar dicho proceso e involucrar al espectador en éste. Basándose en la abstracción visual proporcionada por varias fotografías y sonidos de vendedores ambulantes y con un paisaje típico de Tijuana como escenografía de fondo, *Tactics of Reassembly* literalmente *desmiembra* los carritos en sus múltiples componentes y, mediante un algoritmo que responde a la presencia del público, le permite a los componentes "encontrar por sí solos la manera de irse ensamblando" hasta lograr integrarse nuevamente como carrito. Cada secuencia audiovisual que se genera es diferente, ya que a medida que las partes que integran el vehículo se distribuyen, calibran en función de su tamaño y giran (todo de manera aleatoria), la secuencia refleja los procesos que en primera instancia redujeron a los carritos a sus meros componentes. La exposición también incluye otra obra (plasmada sobre la pared y relacionada con la instalación) que muestra un ejemplo de un vehículo desmembrado.

Príamo Lozada

Tijuana's landscape is reflected in the pace and practices of everyday life, particularly in the aesthetics of the city's street vendor carts, mobile collages built out of reassembled samples (tires, handles, motors, cabinets) of industrial culture. When these fragments of industrial culture find their way on or into these vending carts, they mark a sudden creative coherence and consolidation, valued for the spirit of improvisation and bricolage that they represent. In his interactive installation *Tactics of Reassembly* (2004), Morales uses digital media and algorithms to represent this process and engage the viewer. Based on the visual abstraction of various photographs and sounds of street vendors staged against a typical Tijuana landscape, *Tactics of Reassembly* literally explodes their carts into their components and, based on an algorithm that responds to the public's presence, allows them to "find their way" to completion. Every audiovisual sequence is different as the vehicles' parts are randomly distributed, scaled and rotated, reflecting the processes that reduced them to their components in the first place. Also included in the exhibition is a related wall-work that represents an example of an exploded vehicle.

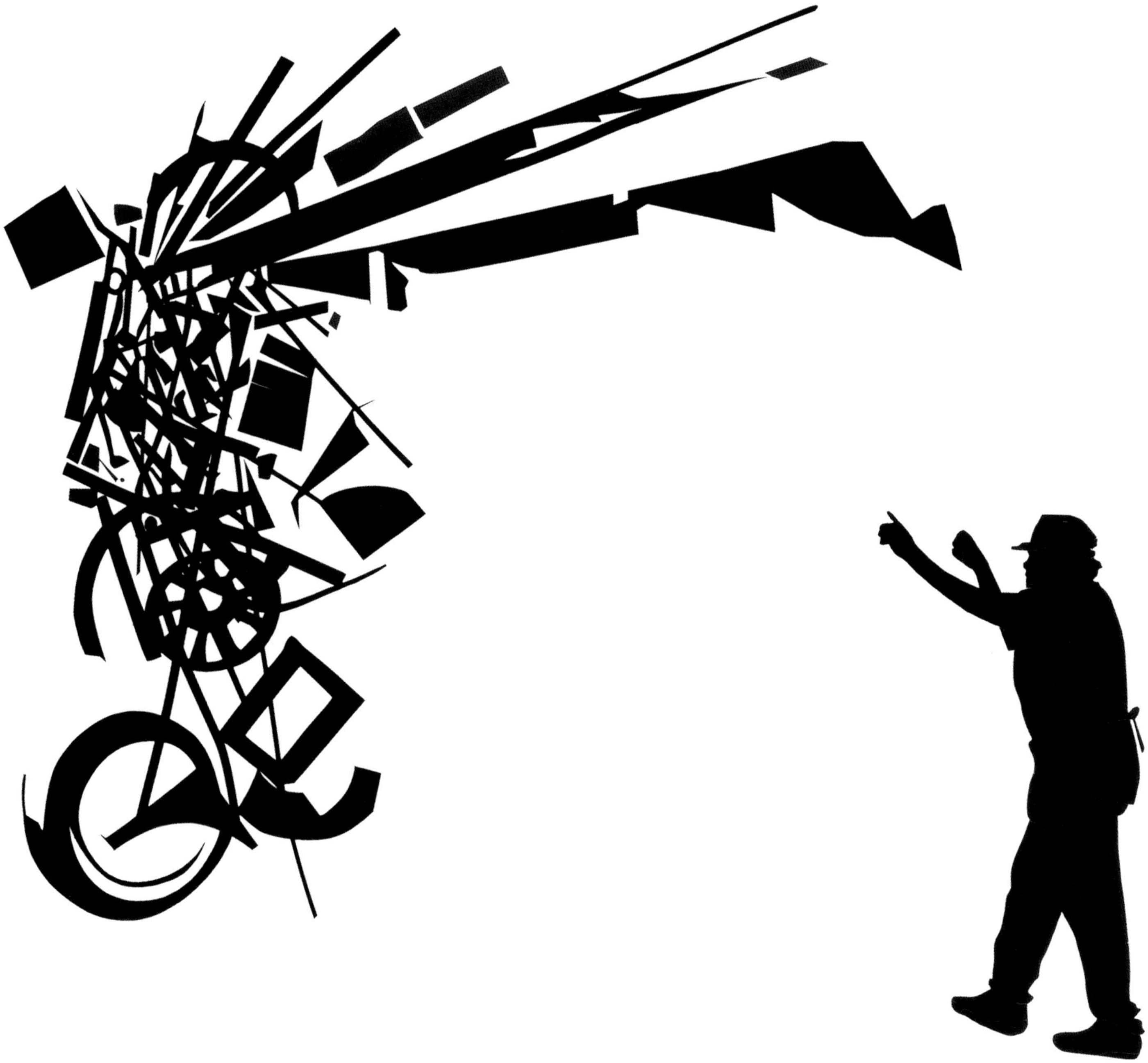

Julio Morales • *Vendedor ambulante n.° 4*, 2002-2004
Vinilo sobre muro, 244 x 305 cm

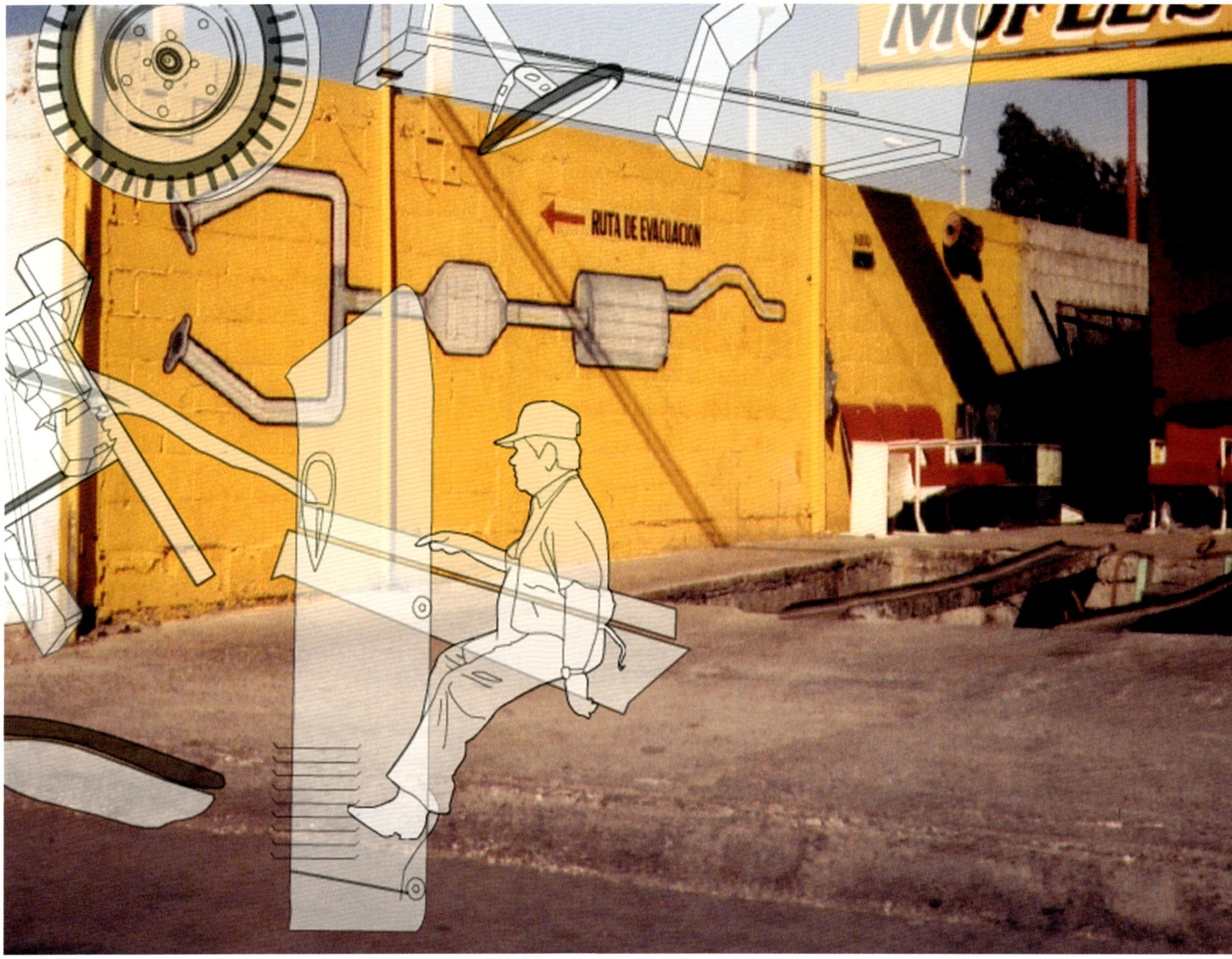

Julio Morales • *Tactics of Reassembly,* 2003
Instalación interactiva

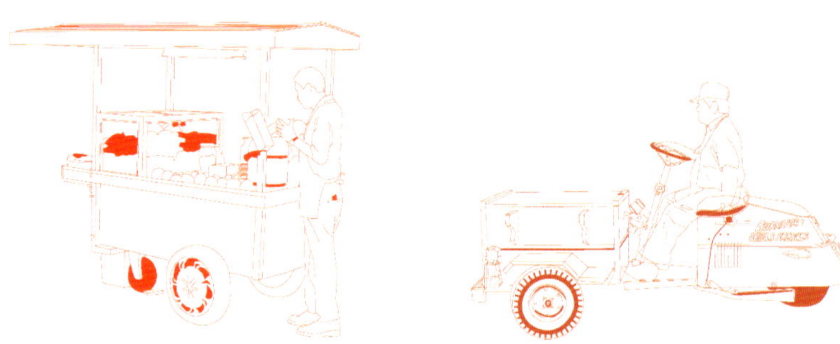

Julio Morales • *Carritos,* 2002-2004
Dibujo y vinilo sobre cartulina

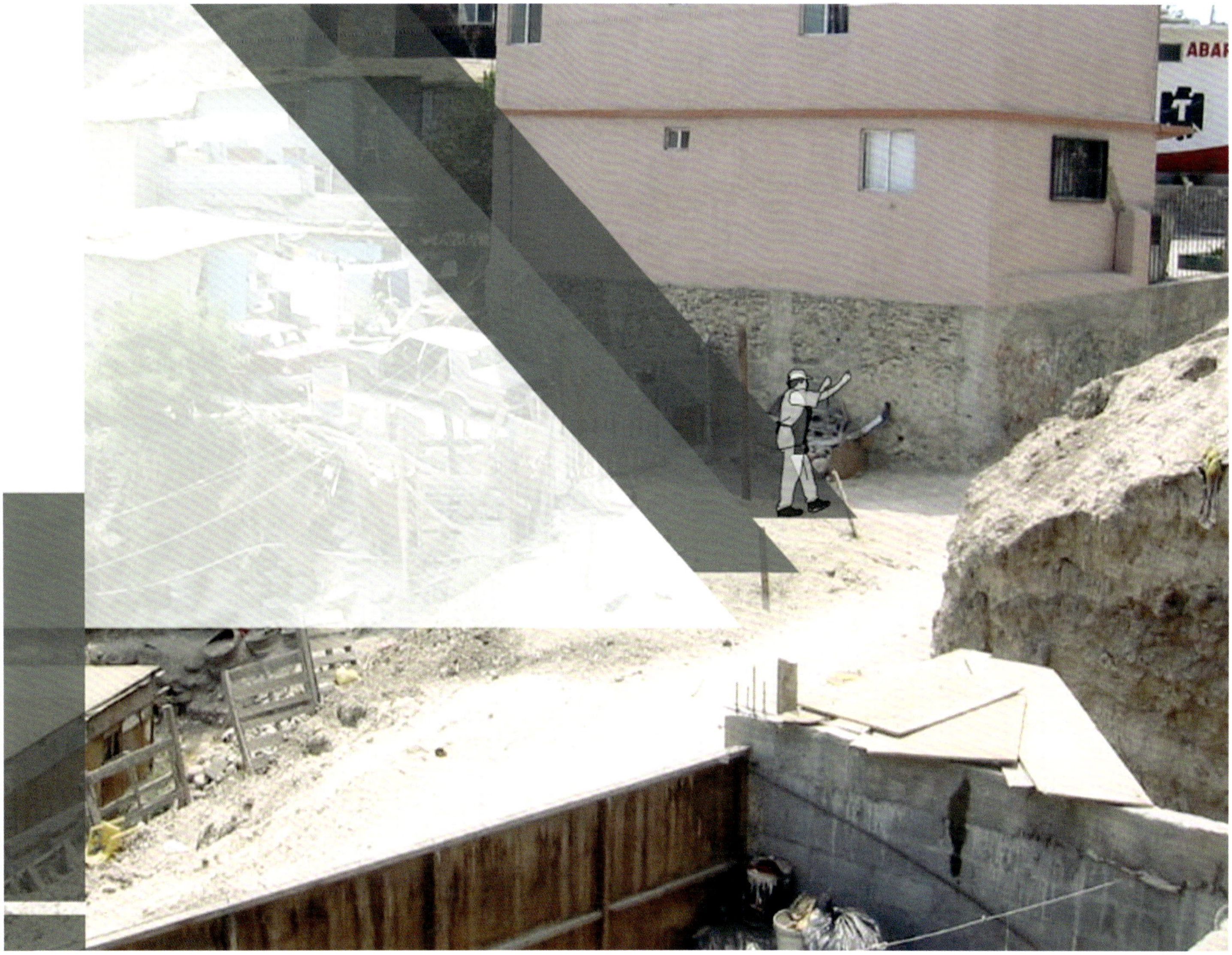

Julio Morales • *Tactics of Reassembly,* 2003
Instalación interactiva

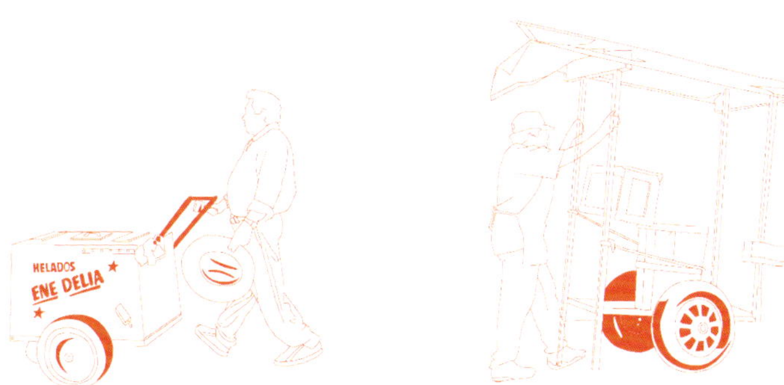

Julio Morales • *Carritos,* 2002-2004
Dibujo y vinilo sobre cartulina

JORGE NAVA

Jorge Nava utiliza medios digitales para explorar y tomar parte en el diálogo lingüístico, estético y social del arte y la cultura en el contexto del mundo globalizado, pero circunscrito a la experiencia que nace de las sociedades emigrantes, especialmente a través de la méxico-americana y sus complejas redes de poder.

María Guerra es un video que documenta un día en la vida de su protagonista, María Guerra, descendiente de un *brasero* —trabajador ilegal de origen mexicano en Estados Unidos— chihuahense que ha desarrollado toda una vida laboral y familiar en California. Nava, siguiendo los parámetros de la etnografía visual, investiga las relaciones de clases, sociales y de género, que caracterizan a la comunidad de emigrantes mexicanos. La narración se extiende sobre un día laboral de María, que trabaja en la limpieza de los edificios en una universidad de Los Ángeles, California.

El autor ubica tres líneas discursivas principales que ejercen, una sobre otra, elementos de control: la historia familiar del personaje central y sus relaciones familiares; la marcación del tiempo (a través de un reloj de pared que va anunciando el paso de las horas) y el derroche de agua y materiales de limpieza, que caracterizan la actividad laboral de Guerra. Nava hace extensa esta condición social a la propia actividad artística cuando establece un paralelismo entre las labores de limpieza que realiza María Guerra en la escuela y las que ejecuta el propio autor con su auto y su cocina, en escenas en las que el sonido —notoriamente cuidado— se convierte en un recurso narrativo central.

No ausente de un humor ácido, Nava desmembra la forma en la que los trabajadores mexicanos se insertan en la economía estadounidense y a la vez mantienen al margen de la estructura anglosajona sus orígenes culturales y religiosos; la manera en la que van conformándose las generaciones de descendientes de los emigrantes y las complejas relaciones lingüísticas, económicas y sociales que comienzan a diferenciar a una generación de otra.

Taiyana Pimentel

Jorge Nava uses digital media to explore and take part in the linguistic, aesthetic and social dialogue of art and culture within the context of a globalized world, although circumscribed to the experiences of migrant societies, especially through the Mexican-American scene and its complex power networks.

María Guerra is a video that documents a day in the life of its main character, María Guerra, the descendent of a *brasero* – an illegal worker of Mexican origin in the United States – from Chihuahua who has spent his whole working and family life in California. Nava, following the parameters of visual ethnography, investigates the class, social and gender relations that characterize the Mexican migrant community. The narrative extends throughout a working day in María's life, cleaning buildings at the University of Los Angeles, California.

The author creates three main discourses that exert a controlling influence over one another: the family history of the main character and her family relations; the marking of time (through a wall-clock that announces the passing of the hours) and the huge quantities of water and cleaning materials that characterize Guerra's working life. Nava extends this social condition to artistic activity itself by establishing a parallel between the cleaning tasks carried out by María Guerra at the school and those the author himself carries out on his car and in his kitchen, featuring scenes in which the sound – carefully produced – becomes a central narrative resource.

Not without a certain acidic humour, Jorge Nava dismembers the way in which Mexican workers integrate themselves into the American economy and, at the same time, maintain their cultural and religious origins outside the Anglo-Saxon structure. He analyzes the way in which generations of descendents of migrants are formed, focusing on the complex linguistic, economic and social relations that begin to distinguish one generation from another.

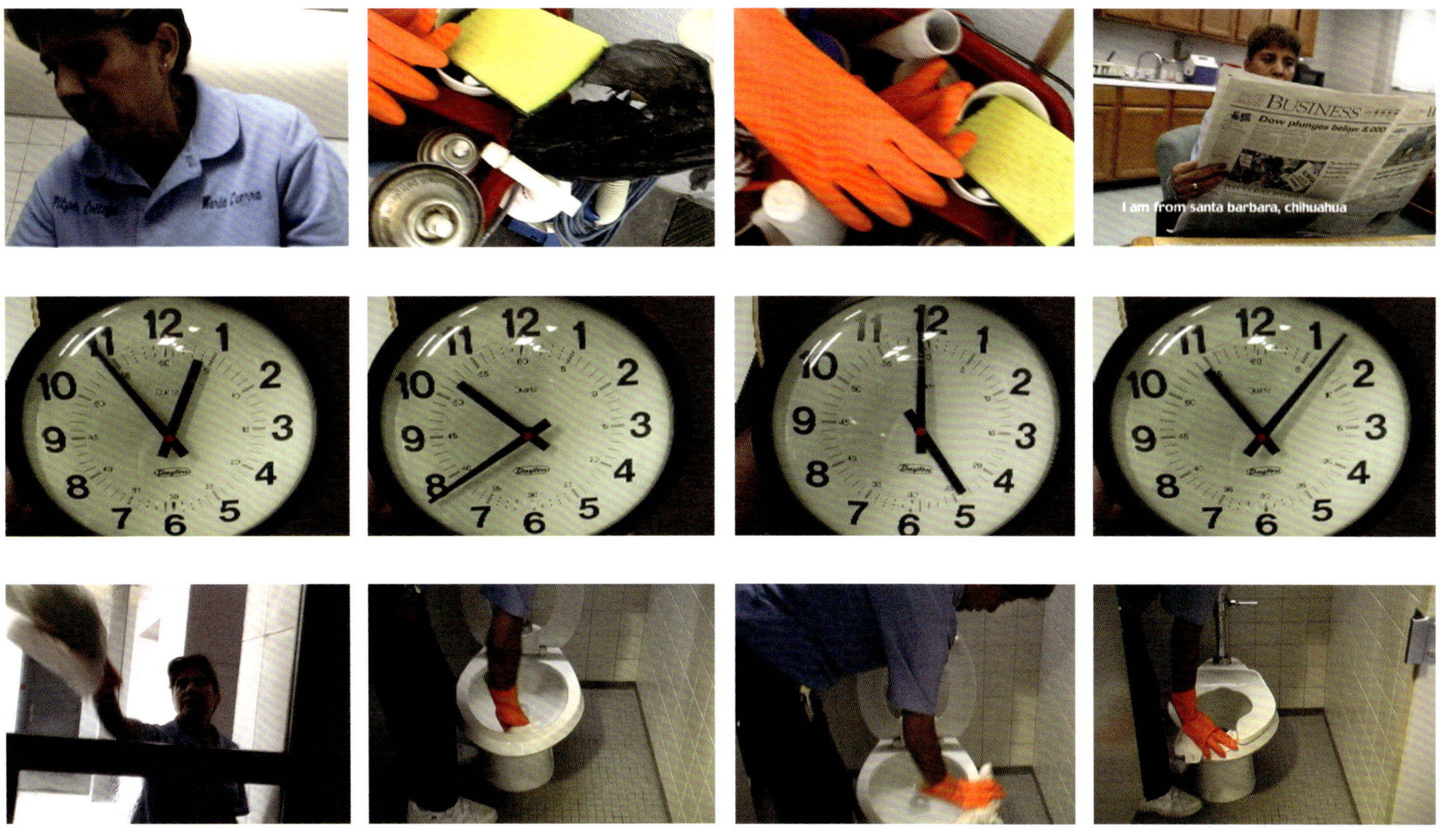

Jorge Nava • *María Guerra,* 2003
Stills de video

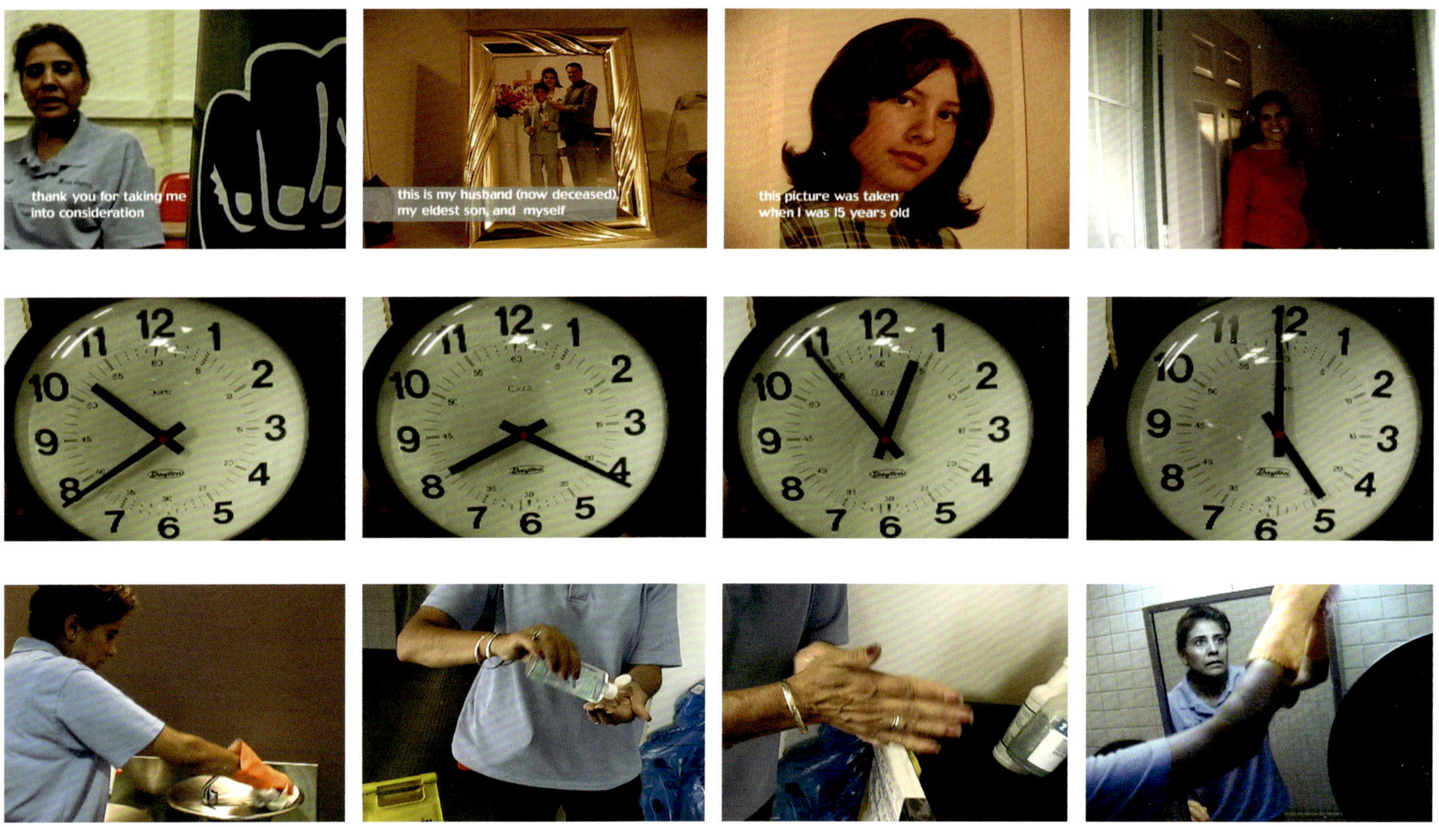

Jorge Nava • *María Guerra,* 2003
Stills de video

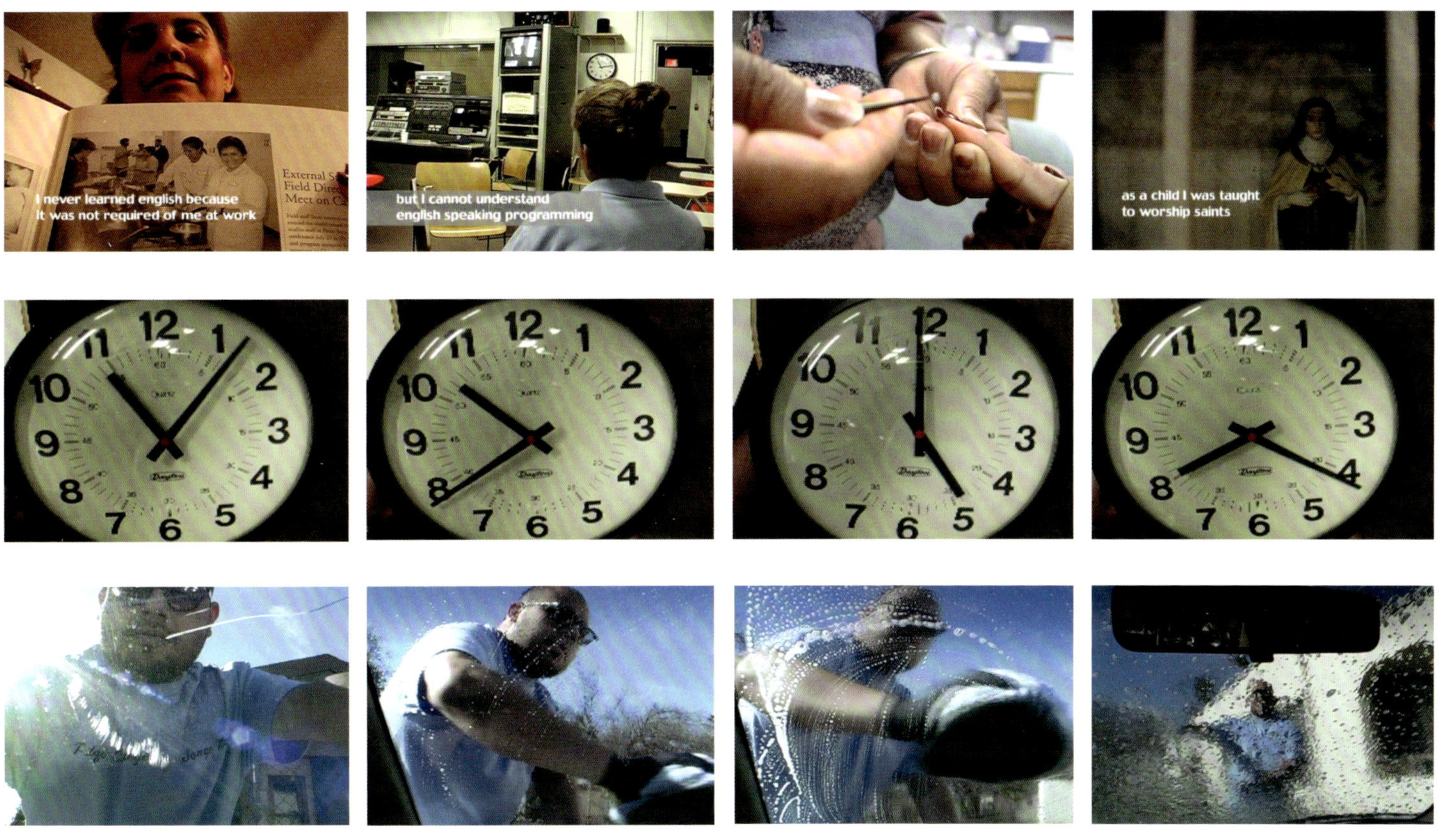

Jorge Nava • *María Guerra*, 2003
Stills de video

COLECTIVO NORTEC

Nortec (originalmente: Bostich, Fussible, Panóptica, Clorofila, Plankton Man, Terrestre e Hiperboreal) se fundó en el año 1999 y es un punto de partida crucial para la recontextualización del proceso de identidad contemporánea en el que se encuentra inmersa la cultura tijuanense. Su influencia se extiende más allá de su rotunda concepción musical para ocupar un lugar importante en el carácter multidisciplinario y de colaboración que caracteriza a una buena parte de las propuestas artísticas en Tijuana. Desde muy temprano, los integrantes del colectivo se preocuparon por crear una imagen visual propia a través del video, la ilustración y la fotografía, afín al proyecto musical en sí. Colaboraciones con el colectivo Torolab, Acamonchi, los videoastas Iván Díaz, Sal Ricalde, José Luis Martín y Sergio Brown, o diseñadores como Fritz Torres, Ángeles Moreno y Jorge Verdín, fueron conformando la propuesta conceptual de Nortec. Como parte del discurso novedoso que proponía este colectivo, explayó su visión musical hacia una preocupación generacional del quehacer artístico contemporáneo en la región, extendiendo sus primeros *raves*, aquellos que atraían a la ciudad a periodistas, músicos y especialistas de todo el mundo hacia exhibiciones colectivas de arte contemporáneo que fueron elaborando las primeras versiones curatoriales de los jóvenes artistas que trabajan hoy en Tijuana.

En términos musicales, Pepe Mogt, en entrevista con José Luis Paredes, define acertadamente al colectivo:

> "Los instrumentos y recursos utilizados en Nortec son el sámpler, filtros analógicos y digitales, así como sonidos acústicos ejecutados por conjuntos de música norteña y sinaloense, mientras que la armonía y la melodía queda ya en manos del artista nortec. En cuanto a los sonidos acústicos, todos son tomados de bandas desconocidas que tocan en Tijuana mientras recorren los bares y restaurantes de mariscos de la avenida Coahuila, es decir, en el barrio rojo de la ciudad... Nortec es música electrónica basada en sonidos de banda sinaloense y norteña mediante una fusión muy abstracta. Sin ser tecnobanda (música de bandas tradicionales que, curiosamente, usan instrumentos electrónicos sin ninguna aspiración vanguardista), ni otro género establecido, el sonido nortec podría ubicarse entre el minimal tecno, el d&b y el trip hop, pero como una propuesta en sí misma."

Taiyana Pimentel

Nortec (originally: Bostich, Fussible, Panóptica, Clorofila, Plankton Man, Terrestre and Hiperboreal) was founded in the year 1999, and it is a crucial point of departure for the re-contextualization of the process of contemporary identity in which Tijuana culture is immersed. Its influence goes beyond its mere musical conception, playing an important role in the multidisciplinary and collaborative approach that characterizes a large number of the artistic ideas that emerge in Tijuana. From the very beginning, the members of the Group were concerned with creating their own visual image through the use of video, illustration and photography, apart from the musical project in itself. Collaborations with the Torolab Group, Acamonchi, the video artists Iván Díaz, Sal Ricalde, José Luis Martín and Sergio Brown and designers such as Fritz Torres, Ángeles Moreno and Jorge Verdín, gradually shaped Nortec's conceptual approach. Part of the new discourse proposed by this group consisted in its capacity to extend its musical vision towards a generational preoccupation with the contemporary artistic work being produced in the region, with its first raves – events that attracted journalists, musicians and experts from all around the world to the area – being transformed into joint exhibitions of contemporary art, exhibitions which presented the first creations of many young artists now working in Tijuana.

In musical terms, in an interview with José Luis Paredes, Pepe Mogt successfully defined the group thus:

> "The instruments and resources used at Nortec include the sampler, analogic and digital filters, as well as acoustic sounds produced by musical groups from the North and from Sinaloa, whilst the harmony and the melody remain in the hands of the Nortec artist. As far as the acoustic sounds are concerned, all of them are taken from unknown groups that play in Tijuana as they go round the bars and shellfish restaurants on the Avenida Coahuila, that is to say, in the city's red-light district... Nortec is electronic music based on sounds produced by Sinaloan and Northern bands through a very abstract fusion. Without being a technogroup (traditional musical groups that, curiously, use electronic instruments without any avant-garde aspirations), or without falling within any other established genre, the Nortec sound could be described as a combination of minimal techno, d&b and trip hop, but as a proposal in itself."

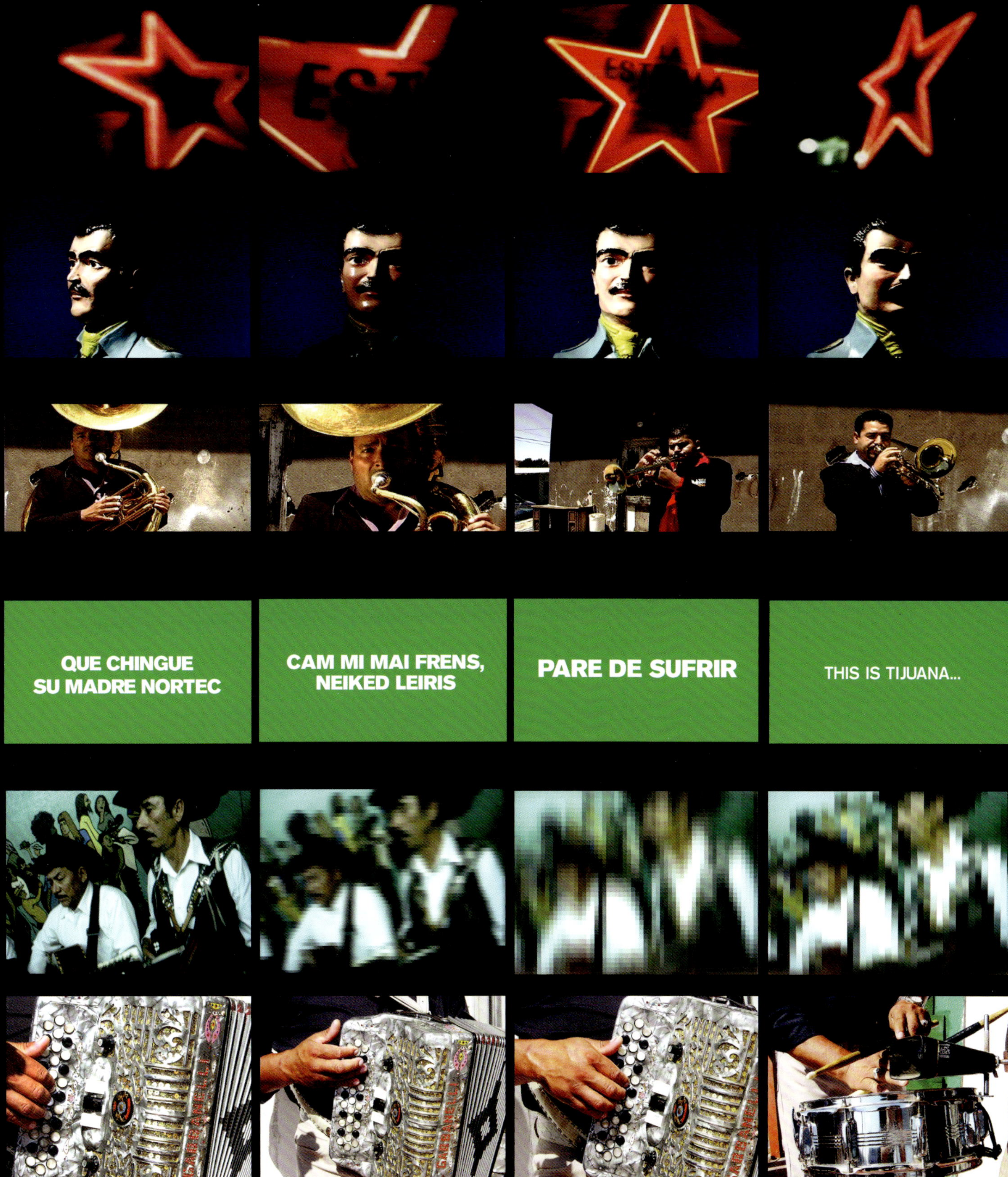

Stills de videos, **colectivo Nortec**:
La Estrella • Jorge Verdín, 2002
Malverde • Sergio Brown, Ernesto Aello, Héctor Sánchez, 2004
Frases Malillas • Jorge Verdín, 2003
Norteños estrella • Jorge Verdín, 2001
Acordeón • Sergio Brown, 2002

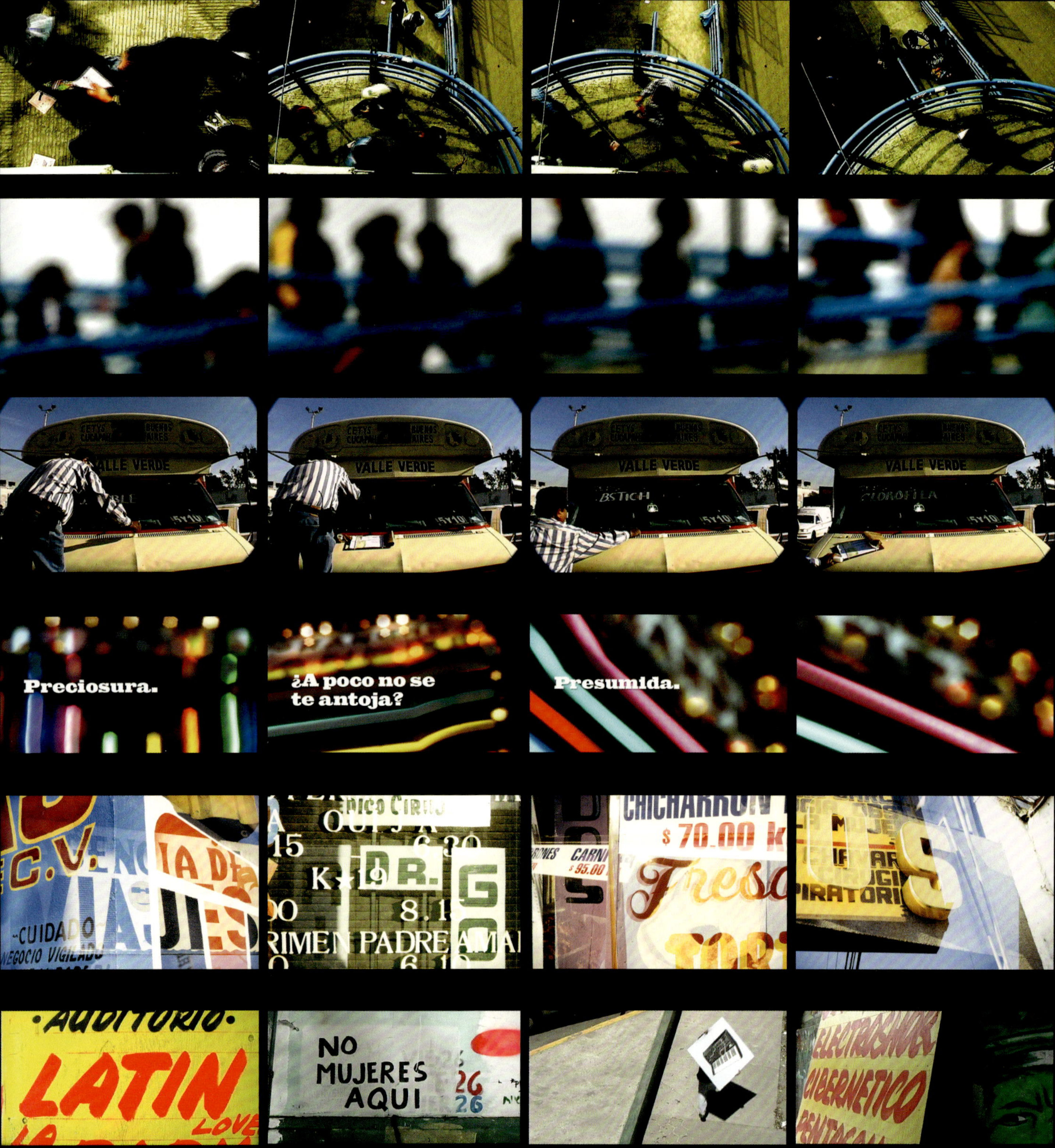

Stills de videos, **colectivo Nortec**:
Crucero 5 y 10 • Jorge Verdín, J. Luis Martín Galindo, Sergio Brown, 2002
Crucero 5 y 10 • Jorge Verdín, J. Luis Martín Galindo, Sergio Brown, 2002
Letreros de calafia • Octavio Castellanos, Sergio Brown, 2003
Rancho Grande • Jorge Verdín, J. Luis Martín Galindo, Sergio Brown. Texto: LH Crosthwaite, 2002
Rótulos • Jorge Verdín, 2002
Latinzaiser • Sergio Brown, 2004

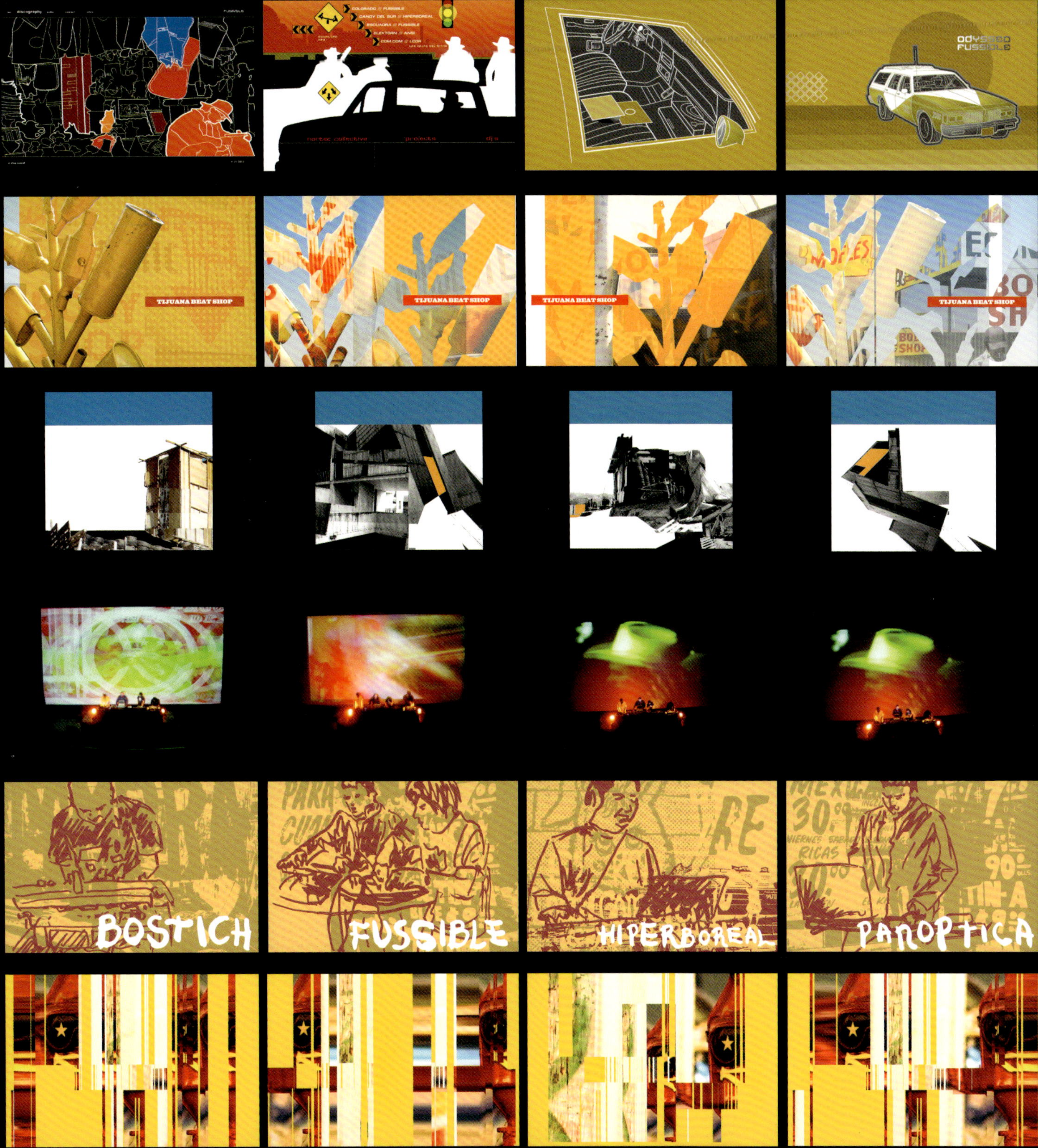

Visuales realizados para el **colectivo Nortec**:
Taxis • Ángeles Moreno, 2001
Mofles, TJ Beat Shop • Jorge Verdín, 2002
Bostich + Fussible • Torolab, 2000
Concierto, Bogotá, Colombia • Sergio Brown, 2002
Integrantes Nortec • Acamonchi, 2002-2004
Mofles • Jorge Verdín, 2002

JULIO OROZCO

Después de pasar ocho años documentando con fotografías las salas de cine de Tijuana, así como su destrucción y desaparición definitiva, Julio Orozco comenzó a pensar en el cuerpo de su obra y en cómo reflejar la falta de memoria histórica de su Tijuana natal, así como las transformaciones que se han desarrollado en el contexto urbano de la ciudad. Valiéndose de estas fotografías como punto de partida de un proyecto mucho más ambicioso, Orozco ha creado una serie de obras tituladas *Salas del pasado, proyecciones en el futuro.* En estas obras, Orozco concibe películas de ficción, inspiradas en las fotografías, para las que crea tanto el *trailer* como el cartel, enfocados a estrategias promocionales propias de las películas comerciales. Hasta la fecha, Orozco ha presentado esta variedad de elementos en inteligentes configuraciones tanto en el espacio institucional del museo o galería como en instalaciones específicas en salas de cine abandonadas. Para "Tijuana Sessions", Orozco ha creado una instalación multimedia que es un claro reflejo del cine, la memoria y la experiencia colectiva. En esta obra, Julio Orozco "transforma la nostalgia en futuro y la memoria en ficción", estableciendo nuevas conexiones entre memoria y ficción, pasado y futuro.

Príamo Lozada

After eight years of documenting in photographs the cinema houses of Tijuana and their destruction and eventual disappearance, Julio Orozco began thinking about this body of work and how it reflects both the lack of historical memory in his native Tijuana, and the transformations that have taken place in the urban context of the city. Using these photographs as a point of departure for a much more ambitious project, Orozco has created an ongoing series of works entitled *Moviehouses of the past, projections in the future*. In these works, Orozco conceives fictional films, inspired by the photographs, for which he produces both the trailer and the poster thus focusing on the promotional strategies of commercial films. To date, Orozco has presented these diverse elements in thoughtful configurations both in the institutional space of the museum or gallery and as site-specific installations in abandoned cinema houses. For Tijuana Sessions, Orozco has created a multimedia installation that is a reflection on cinema, memory and collective experience. In his work, Orozco "transforms nostalgia into future and memory into fiction", establishing new connections between memory and fiction, past and future.

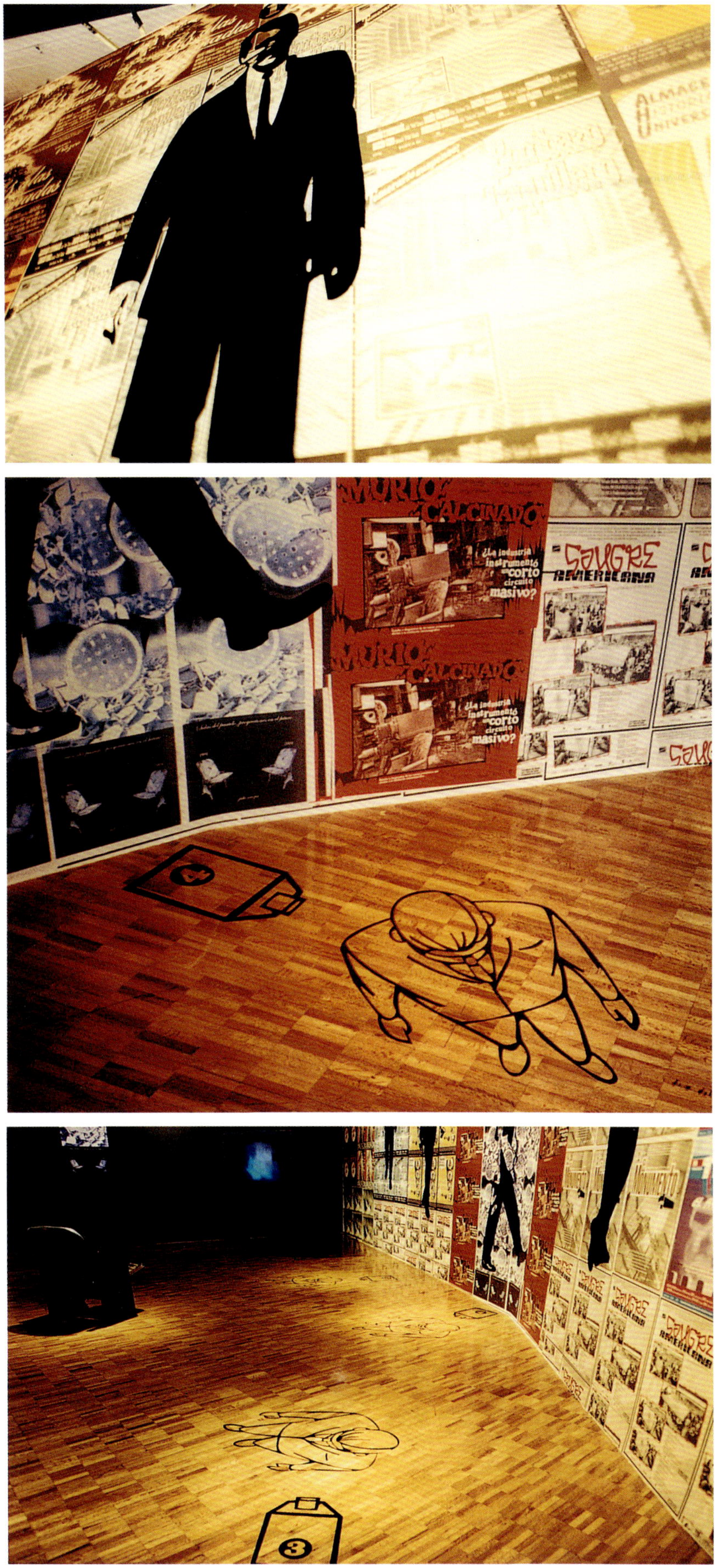

Julio Orozco • *Salas del pasado, proyecciones en el futuro*, 2004
Instalación
Fotografía del artista

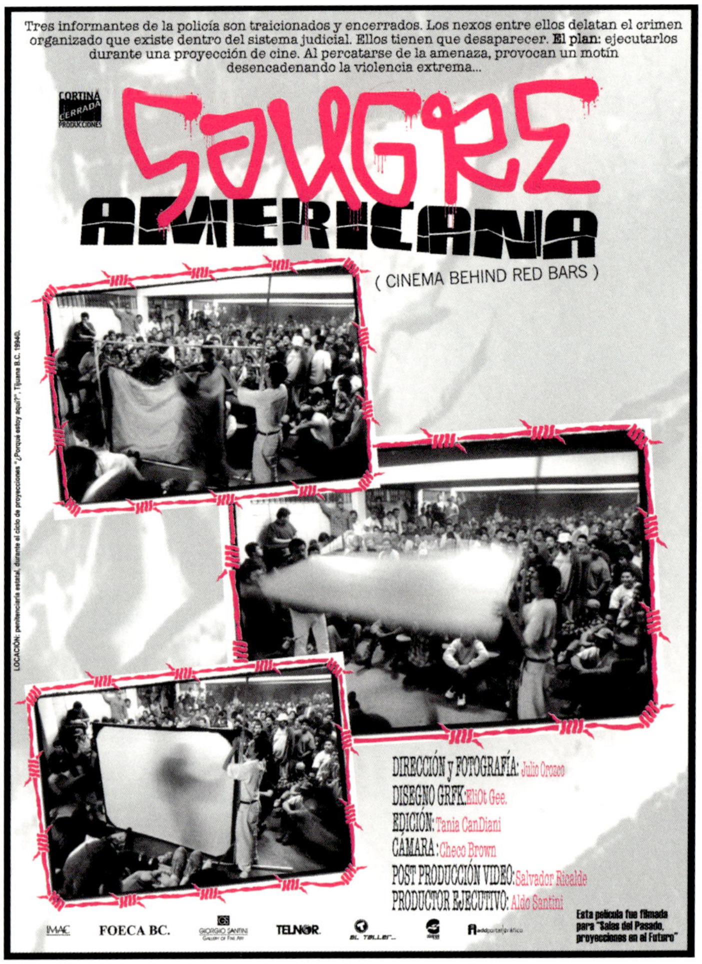

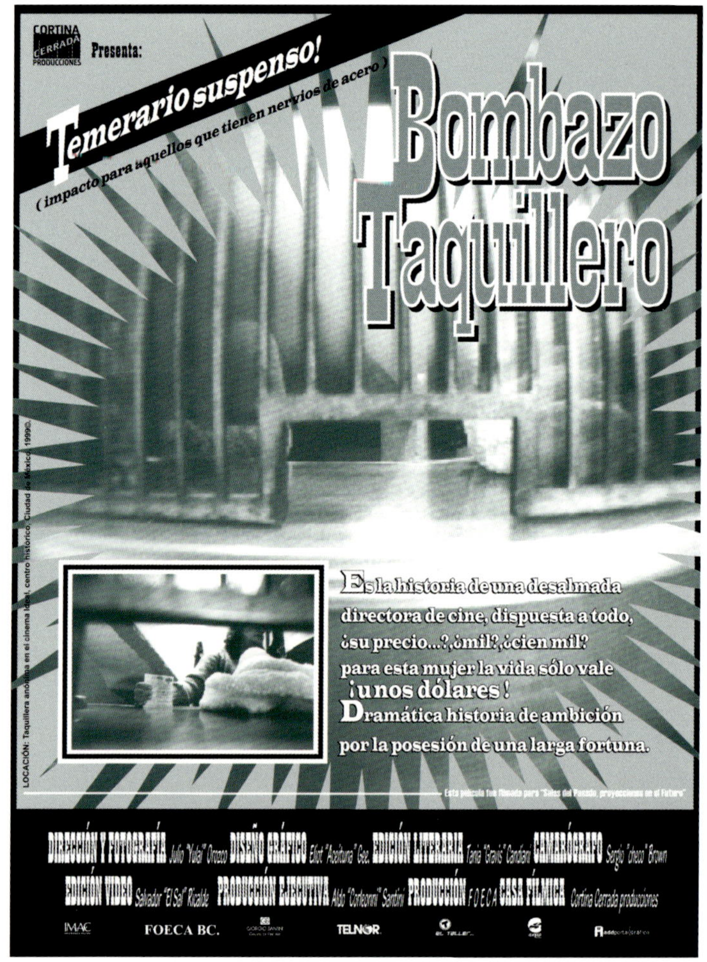

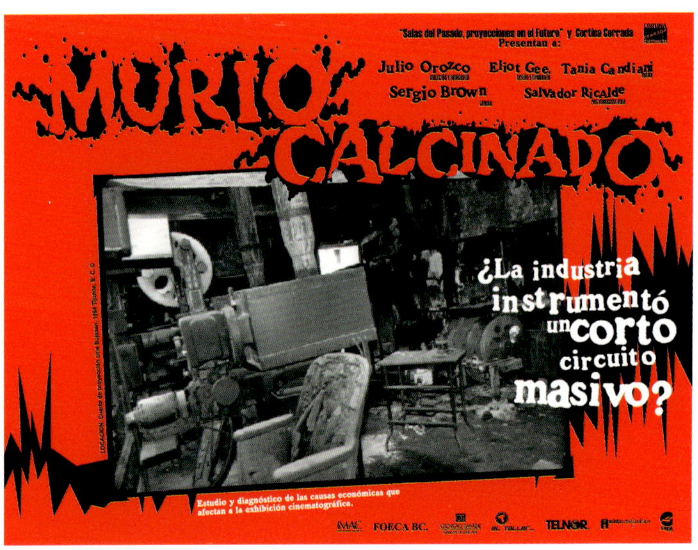

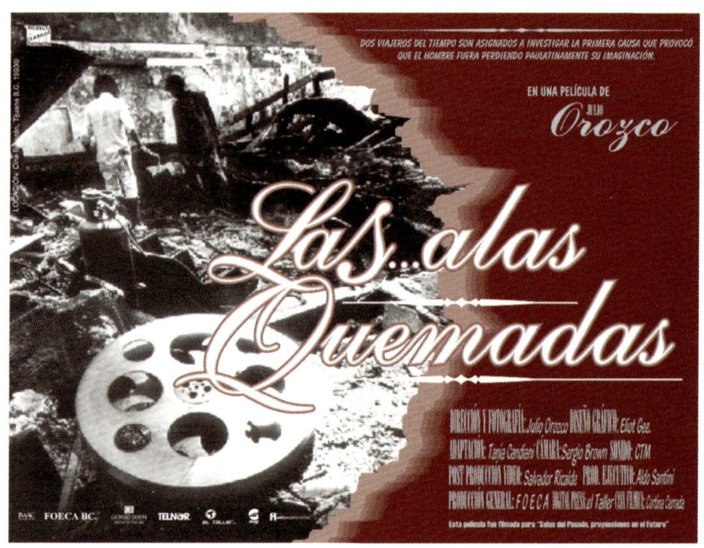

Julio Orozco • *Salas del pasado, proyecciones en el futuro,* 2002-2004
Carteles

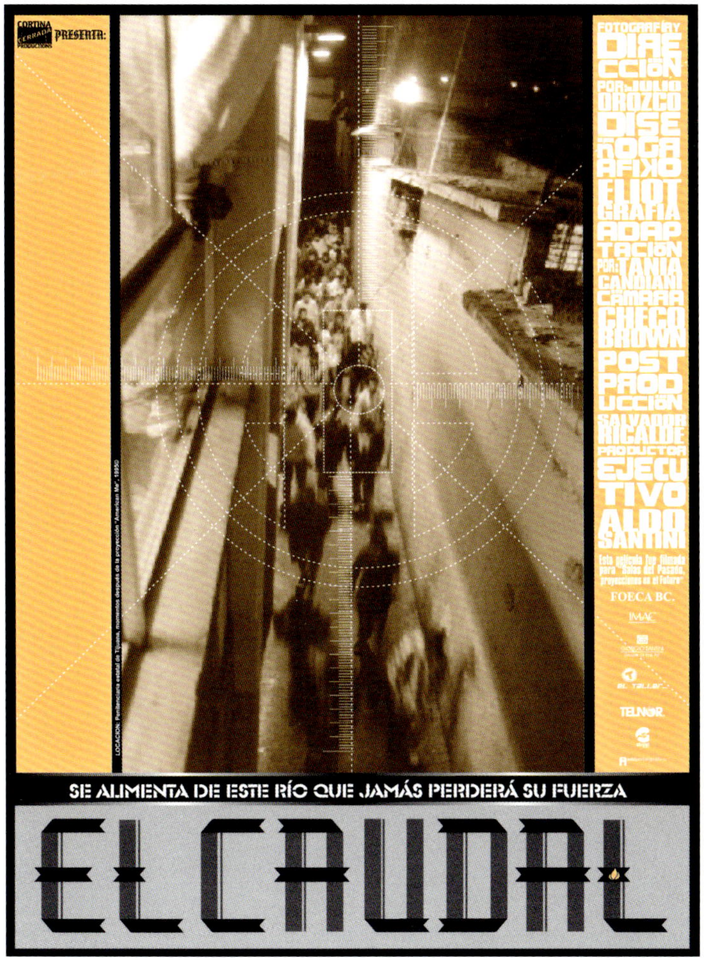

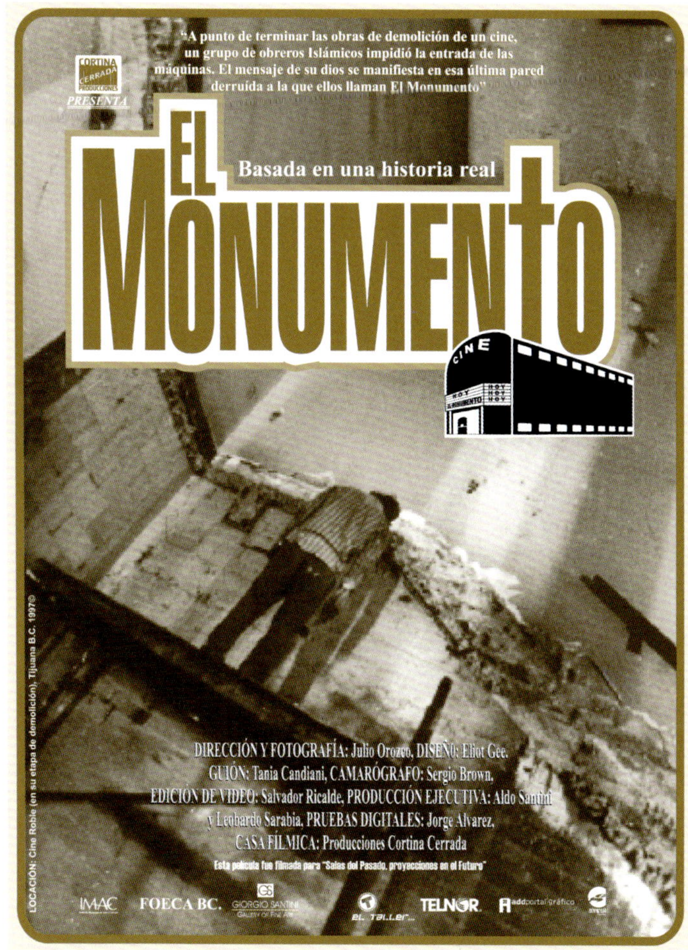

Julio Orozco • *Salas del pasado, proyecciones en el futuro,* 2002-2004
Carteles

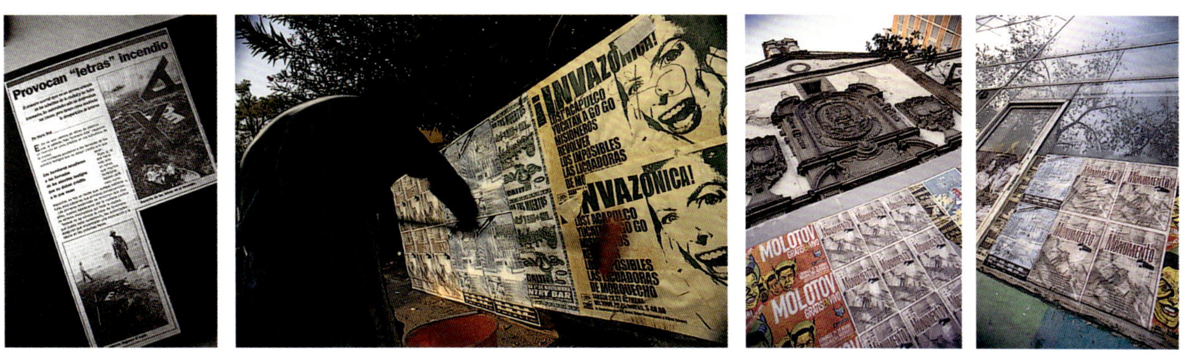

Julio Orozco • *Salas del pasado, proyecciones en el futuro,* 2002-2004
Instalación callejera, fotografía del artista

RADIO GLOBAL

Radio Global surgió como un experimento que fue concebido por un grupo de cuatro diseñadores gráficos apasionados de la música, el cual posteriormente se convirtió en la primera emisora de radio por Internet de Tijuana. Desde entonces, han creado una comunidad en línea cuyos integrantes están ubicados no sólo en su sede en Tijuana sino también en otras ciudades alrededor del mundo. Las transmisiones vía Internet de Radio Global —cuya misión es brindar una alternativa a la radio tradicional— fusionan música con programación cultural (tales como entrevistas en vivo), artes visuales, diseño gráfico, moda y cultura urbana. A la vez que enriquece el ámbito cultural local y se dirige a un público mundial, la labor de Radio Global ha contribuido a desmantelar las fronteras geográficas y físicas mediante el uso de tecnología telemática. Para "Tijuana Sessions", Radio Global literalmente reubicará sus oficinas en Madrid, desde donde transmitirá su programación directamente desde el espacio de la exhibición durante las primeras semanas de la misma. Posteriormente, quienes visiten la exposición podrán enlazarse y escuchar la programación transmitida en vivo desde la sede de Radio Global en Tijuana. Durante la transmisión que se realizará desde Madrid Radio Global incluirá programación musical especial y se llevarán a cabo entrevistas con artistas, curadores, críticos y otras personalidades del ámbito artístico internacional que se darán cita en Madrid con motivo de ARCO'05, creando así un nuevo punto de convergencia en su red global.

Príamo Lozada

Radio Global originated as an experiment conceived by a group of four graphic designers with a passion for music that would later develop into the first Internet radio station in Tijuana. Since then, they have established an online community with members tuning in not only from their base in Tijuana but also from other cities around the globe. With the mission of providing an alternative to traditional radio, Radio Global's webcast fuses music with cultural content (such as live interviews), visual art, graphic design, fashion, and urban culture. Enriching the local cultural scene and addressing a global audience, Radio Global's work has contributed to break down geo-physical borders through the use of telematic technology. For "Tijuana Sessions", Radio Global will literally relocate their office to Madrid, transmitting their programming directly from the exhibition space during the first weeks of the show. After that, visitors to the exhibition will be able to access the live transmission from Radio Global's headquarters in Tijuana. During the transmission from Madrid, Radio Global will add special music programs and conduct interviews with artists, curators, critics, and other personalities of the international art world to be gathered in Madrid for ARCO'05, thus creating a new node in their global network.

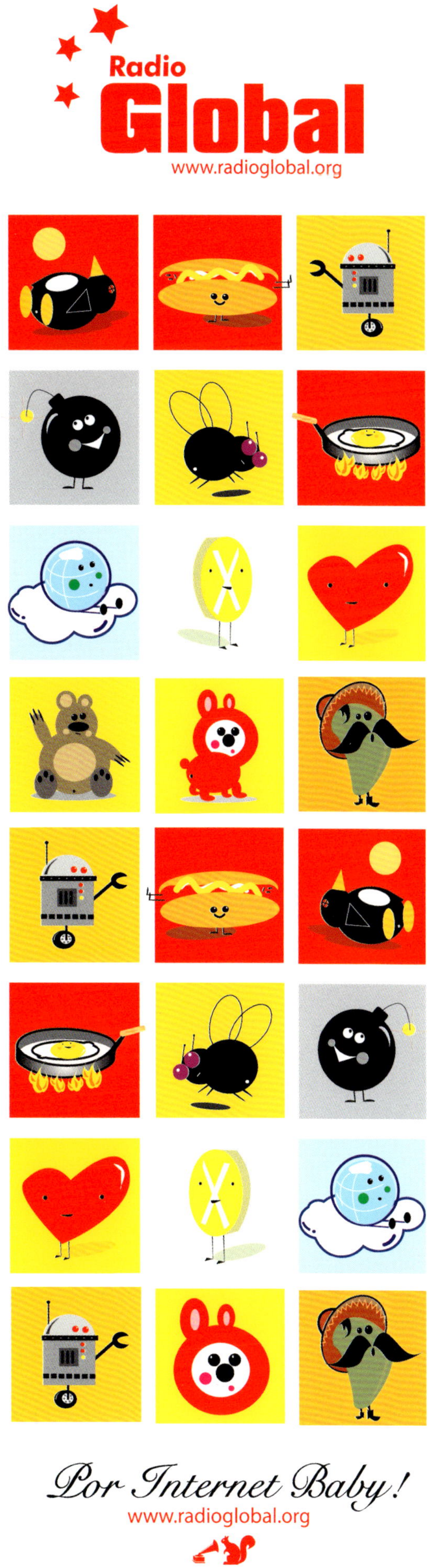

Radio Global • Logos, 2002-2005

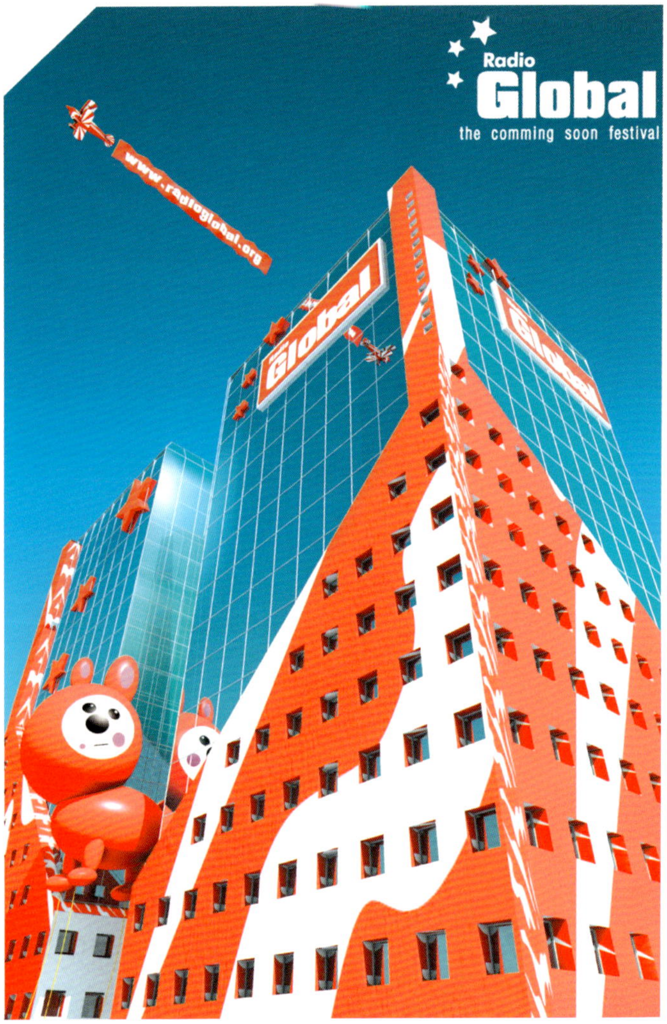

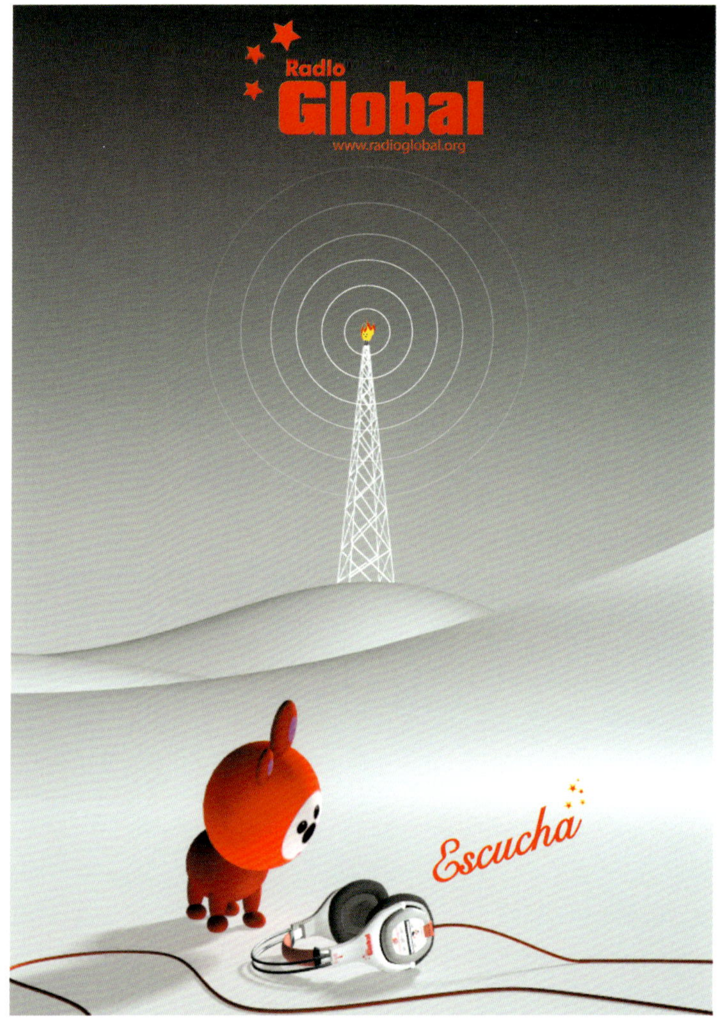

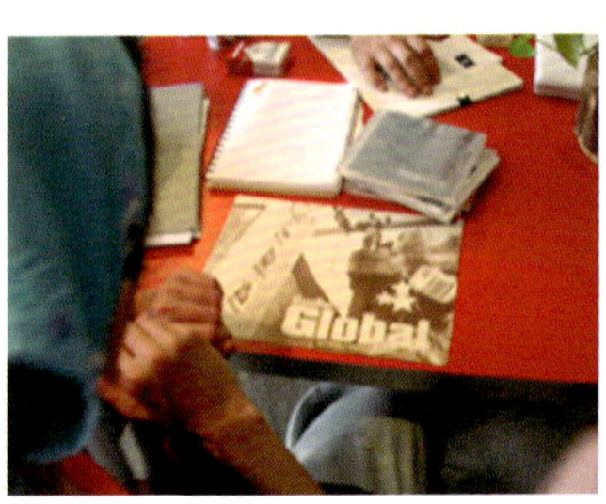

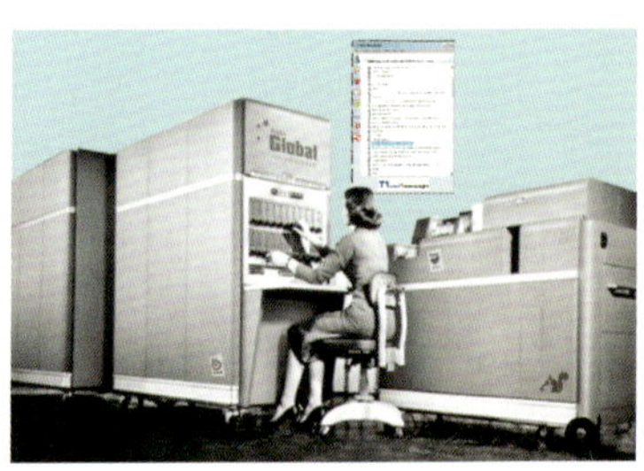

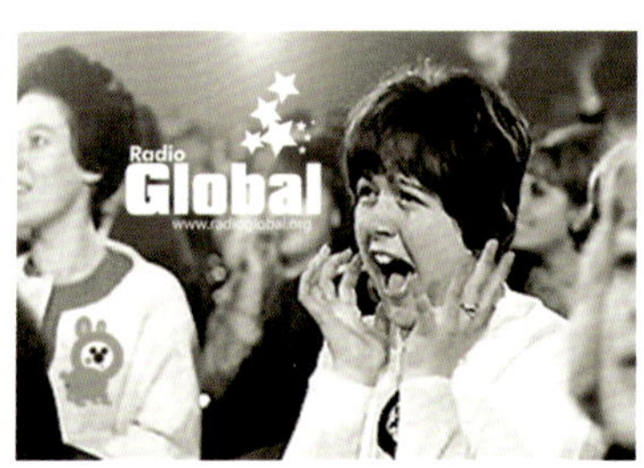

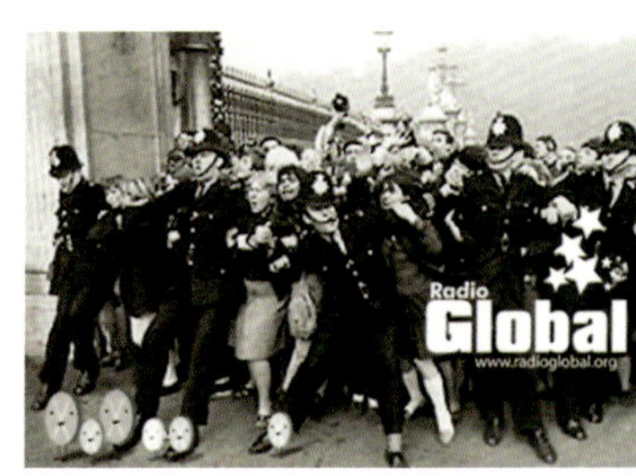

Radio Global • Ilustraciones digitales, 2004-2005

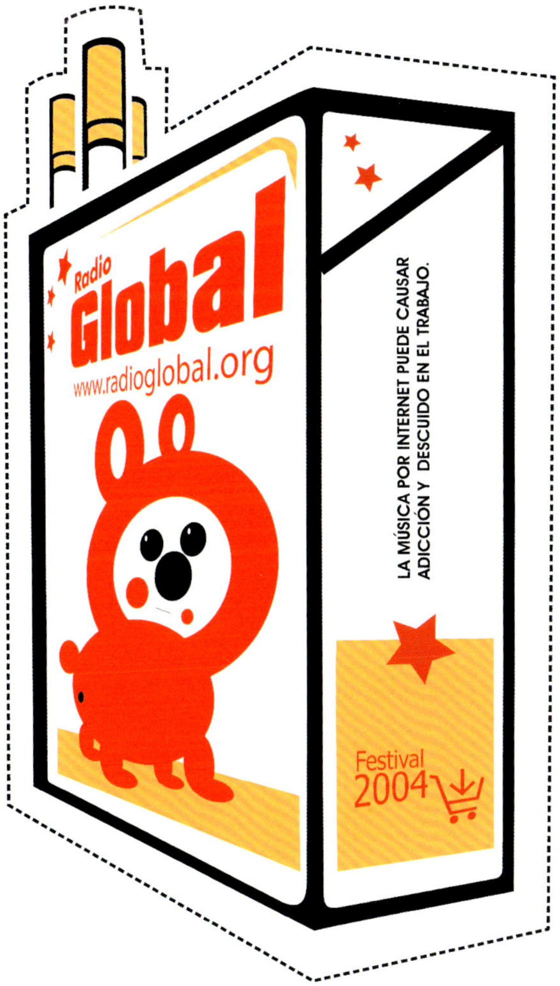

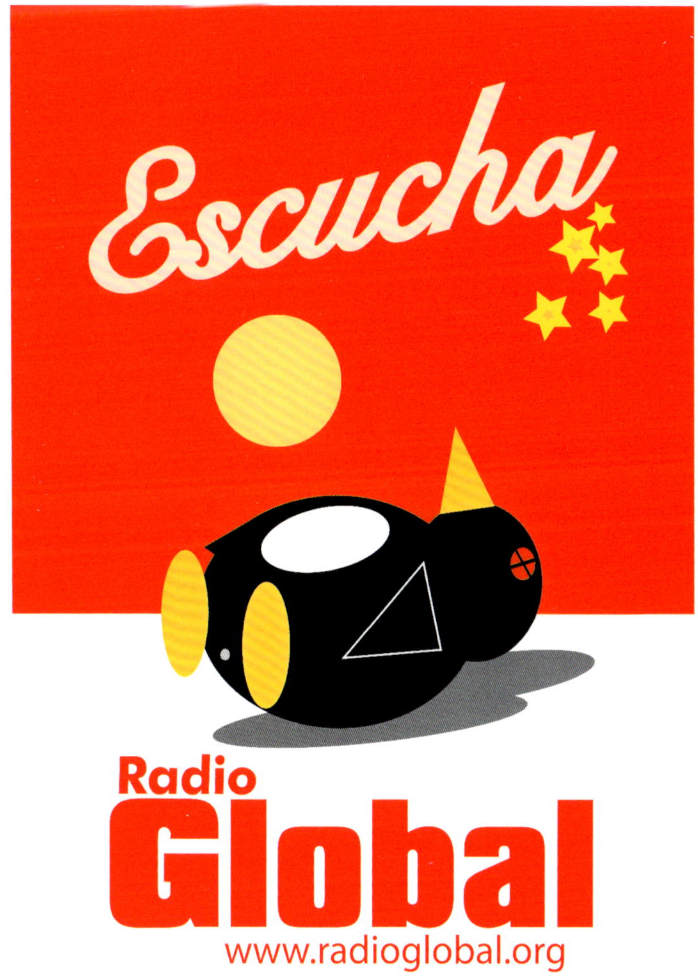

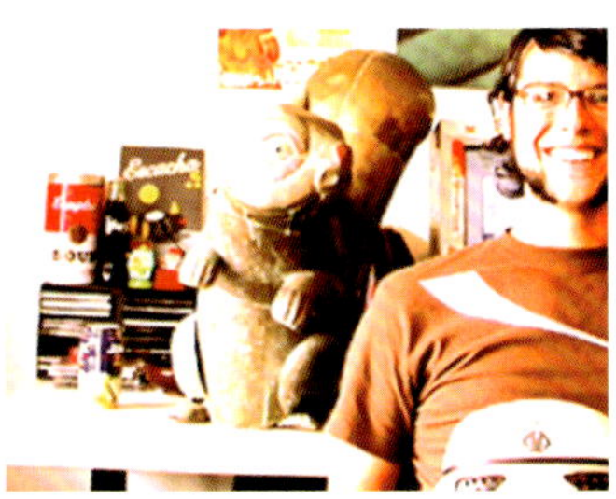

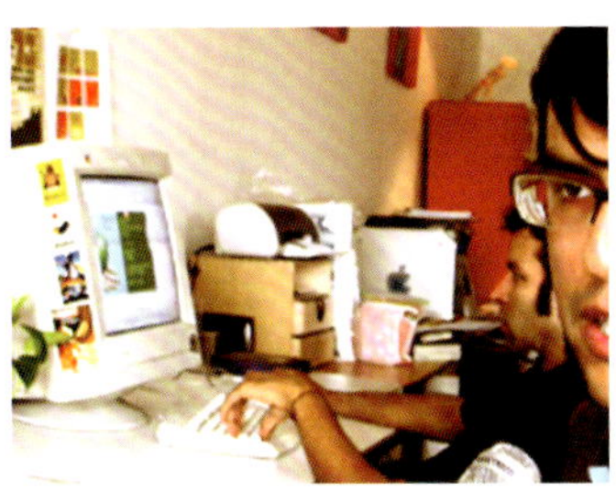

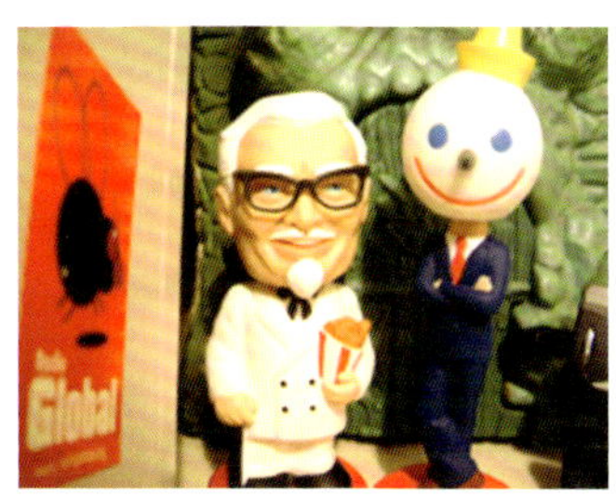

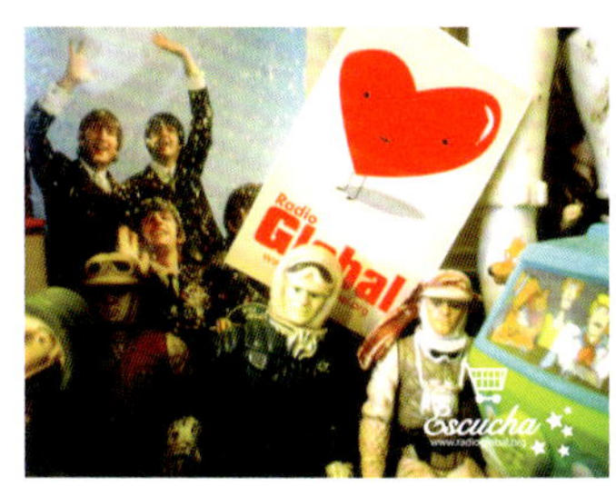

Radio Global • Ilustraciones digitales, 2004-2005

JAIME RUIZ OTIS

Jaime Ruiz Otis, cuya obra aborda cuestiones y temas relativos a la "contaminación", ha explorado de manera consistente la integración en su obra pictórica y escultórica de objetos de desecho recolectados y reciclados por él mismo. En 1999 Ruiz Otis comenzó a trabajar en el departamento de desechos tóxicos de una maquiladora en Tecate, Baja California. Dicho empleo le llevó a descubrir los contenedores de desechos de los parques industriales y la interesante gama de materiales de desecho que ahí encontró: cartuchos usados de tóner para máquinas de telefax, etiquetas, restos y desechos plásticos y pintura. Desde entonces, la obra de Ruiz Otis se ha enfocado en su estrategia de apropiarse de desechos industriales y utilizarlos como materias primas en su obra artística para explorar así las posibilidades estéticas de dichos materiales. En su obra *Registros de labor/Trademarks* (realizada en 2004 expresamente para "Tijuana Sessions"), Ruiz Otis utilizó placas de polietileno de diferentes tamaños, las cuales originalmente fueron utilizadas como superficies de corte para tela, plástico y otros materiales. La superficie de las placas en realidad es un registro de las actividades repetitivas de los trabajadores de la maquiladora, y para Ruiz Otis las mismas "son la mejor definición del fenómeno de la actividad industrial, ya que en su superficie están registrados el transcurso de las horas y la naturaleza repetitiva de una actividad". El artista realizó grabados en papel usando dichas placas para crear así una imagen del trabajo en serie de las plantas de ensamblaje y al mismo tiempo hacer referencia a la naturaleza repetitiva del trabajo industrial y su relación con la impresión de grabados.

Príamo Lozada

Addressing issues of "contamination", Jaime Ruiz Otis has consistently explored the integration of waste objects into his pictorial and sculptural work. In 1999, he began working in the department of toxic disposal of an assembly plant *(maquiladora)* in Tecate, Baja California. This would lead to his discovery of the industrial parks waste bins and the interesting array of discarded materials he found there: used fax toners, stickers, plastic remnants and paint. His work since then has focused on this strategy of appropriating industrial waste and using it as the raw material for his art thus exploring their aesthetic possibilities. In *Registros de labor/Trademarks,* 2004, created expressly for "Tijuana Sessions", Ruiz Otis employs polyethylene plaques in different sizes originally used as cutting boards for fabric, plastic and other materials. The boards' surface is actually a trace of the repetitive activities of the *maquiladora* workers, and for Ruiz Otis they "best define the industrial labor phenomenon, since in their surface the hours and repetition are inscribed". The artist uses these plaques to produce prints on paper, thus making an image of assembly plant work while at the same time making reference to the repetitive nature of industrial labor and its relation to printmaking.

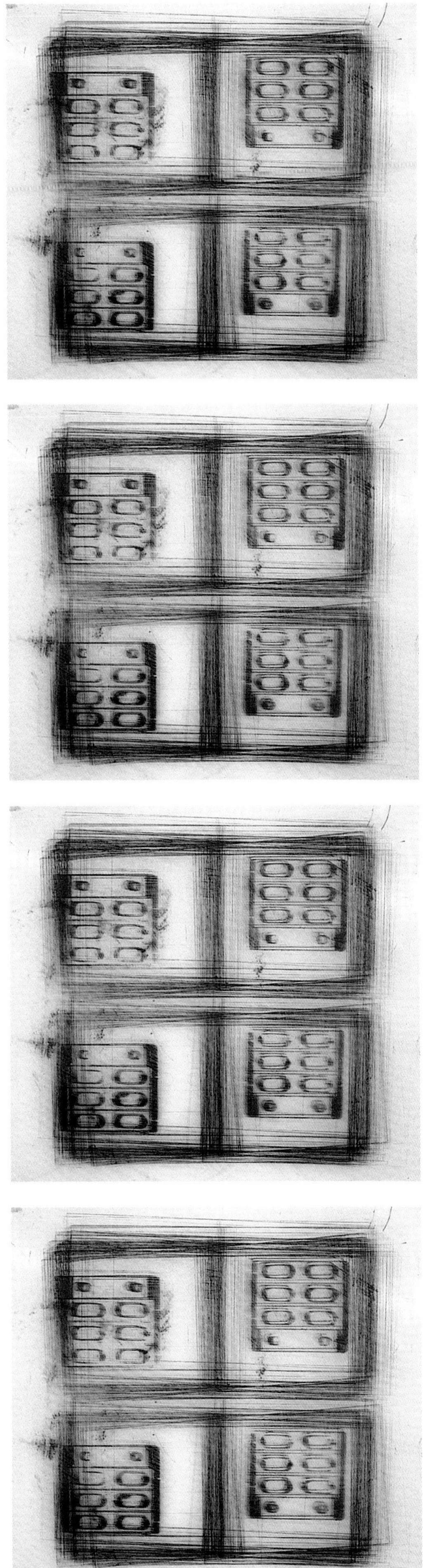

Jaime Ruiz Otis • *Registros de labor,* 2004
Planchas industriales, originales
Fotografía: Yvonne Venegas

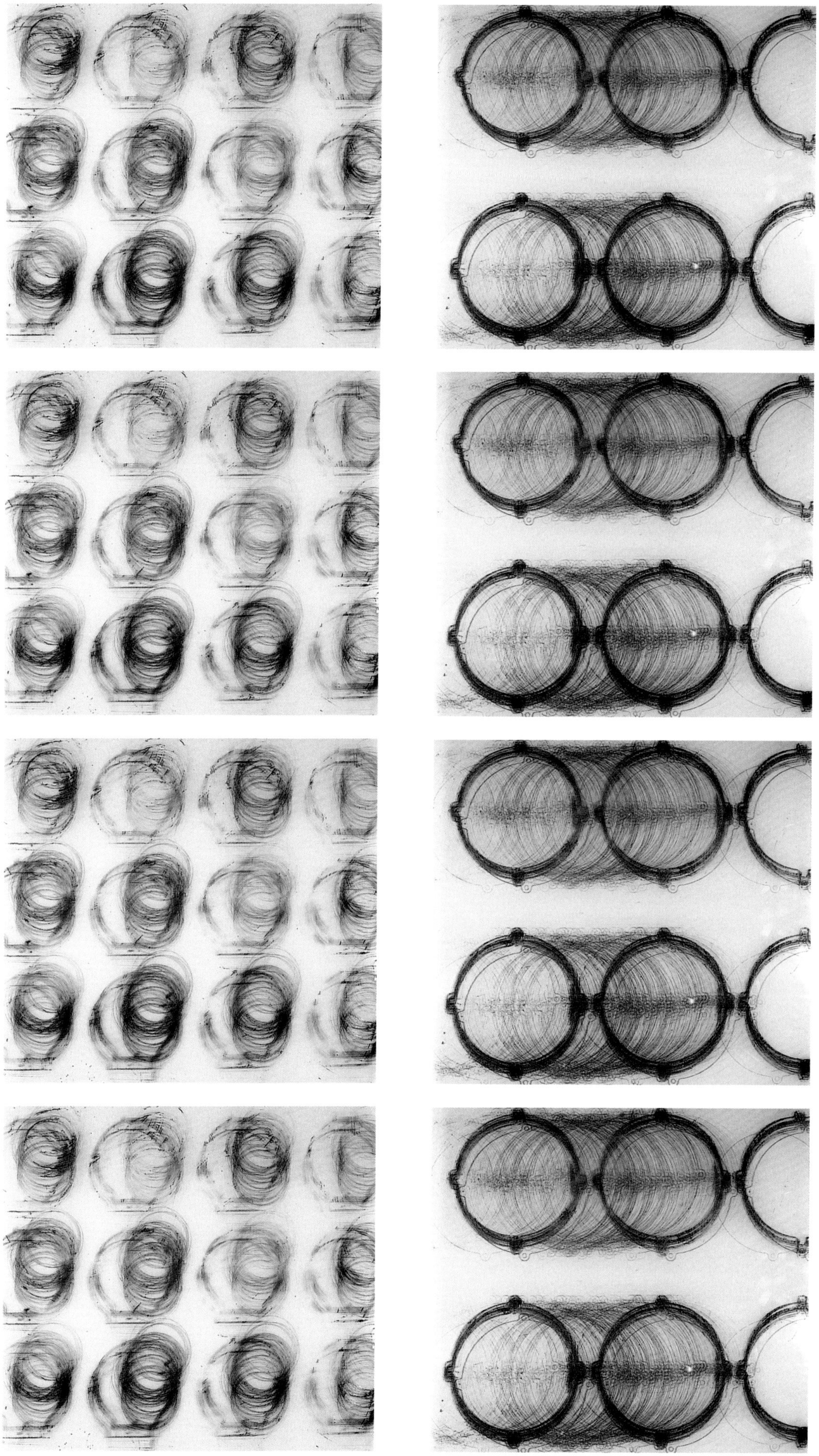

Jaime Ruiz Otis •
Registros de labor, 2004
Planchas industriales, originales
Fotografía: Yvonne Venegas

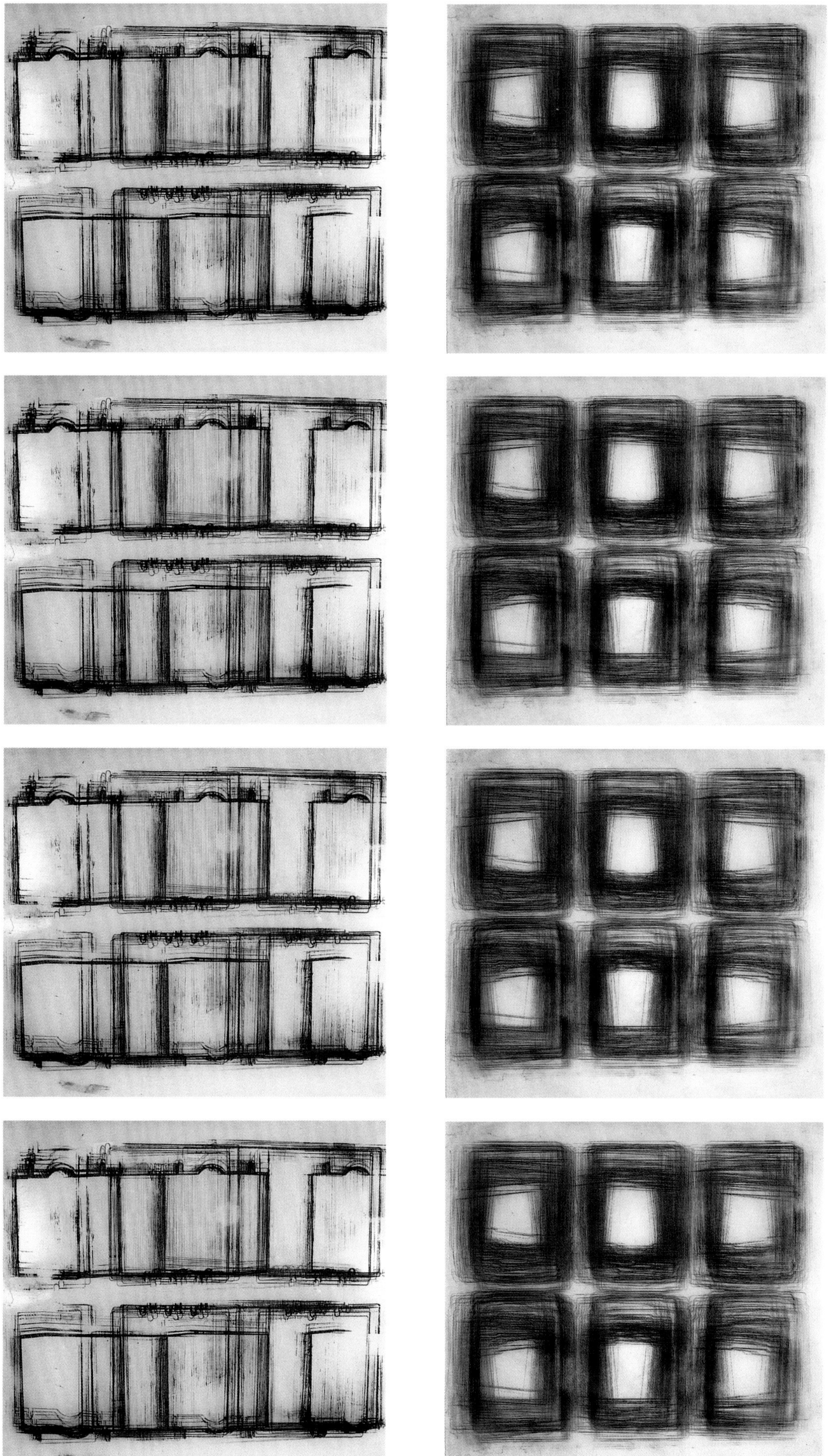

Jaime Ruiz Otis •
Registros de labor, 2004
Planchas industriales, originales.
Fotografía:
Yvonne Venegas

COLECTIVO TOROLAB

Torolab es un taller/laboratorio colectivo de estudios contextuales que identifica situaciones o fenómenos de interés con el fin de investigarlos. De alguna manera, el resultado de esta investigación debería mejorar la "calidad de vida" de las personas implicadas, incluido el equipo Torolab.

Torolab ha enfocado sus estudios en la identidad de la región fronteriza, vivienda y seguridad, barriada y supervivencia. Las propuestas resultantes pueden traducirse en intervenciones urbanas, proyectos mediáticos, sistemas de construcción, unidades de supervivencia, mobiliario o vestimenta. Por ejemplo, *Los pantalones transfronterizos,* (YEAR), son un par de pantalones diseñados para los habitantes de esta región e incluyen bolsillos especiales y compartimentos con distintas utilidades que se adaptan a quien lo lleva y a sus necesidades. Este trabajo está en el origen de la obra de Torolab para esta exhibición. Para *La región de los pantalones transfronterizos*, Torolab seleccionó a un grupo de personas y les pidió que llevarán un teléfono móvil con GPS incorporado en prendas especiales con la intención de hacer un seguimiento de los desplazamientos de los participantes a lo largo de la región, de un país a otro, siguiendo la pista de sus movimientos y generando patrones de sus vidas cotidianas. Posteriormente, estos seguimientos se utilizan como fuente para crear un video que se proyecta en una maqueta topográfica de la región a gran escala, superponiendo los patrones de los participantes individuales sobre la representación territorial de la región transfronteriza.

Príamo Lozada

Torolab is a collective workshop/laboratory of contextual studies that identifies situations or phenomena of interest for researching. The result of this investigation should, in some way, enhance the "quality of life" of those involved, including the Torolab team.

Torolab has focused its studies on the identity of the border region, housing and security, community building and survival. The resulting proposals can be urban interventions, media projects, construction systems, survival units, furniture or clothing. *The Trans-border Trousers*, (YEAR), for example, are a pair of pants designed for denizens of this region with special pockets and compartments for different uses, according to the wearer and his needs. This work is at the base of Torolab's work for this exhibition. For *The Region of the Trans-border Trousers,* Torolab selected a group of people and asked them to carry a cell phone with GPS nestled in special garments in order to trace the participant's circulation throughout the region, from one country to the other, thus tracking their movements and generating patterns of their everyday lives. These traces are then used as the source for a video that is projected onto a large-scale topographical maquette of the region, thus superimposing the actual patterns of the individual participants over a territorial representation of the trans-border region.

Torolab • *La región de los pantalones transfronterizos,* 2004-2005
Dibujo digital

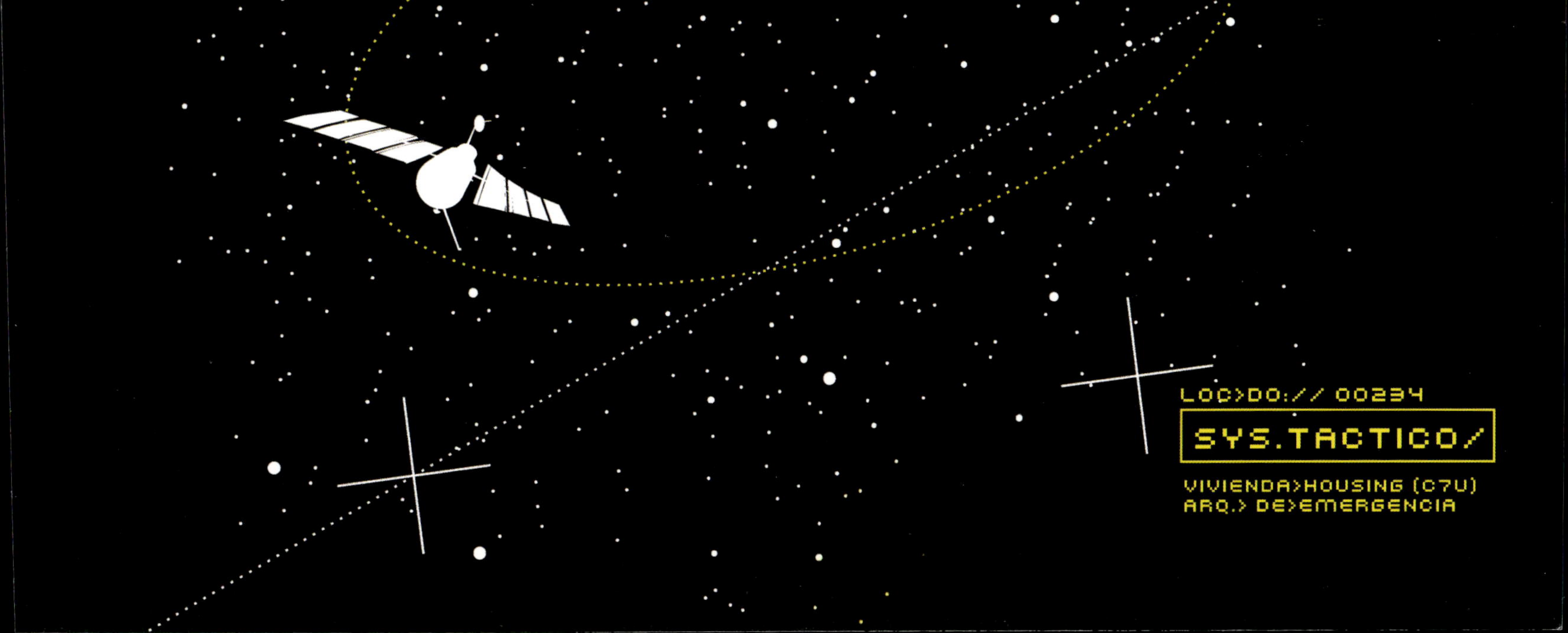
LOC>DO:// 00234
SYS.TACTICO/
VIVIENDA>HOUSING (C7U)
ARQ.> DE>EMERGENCIA

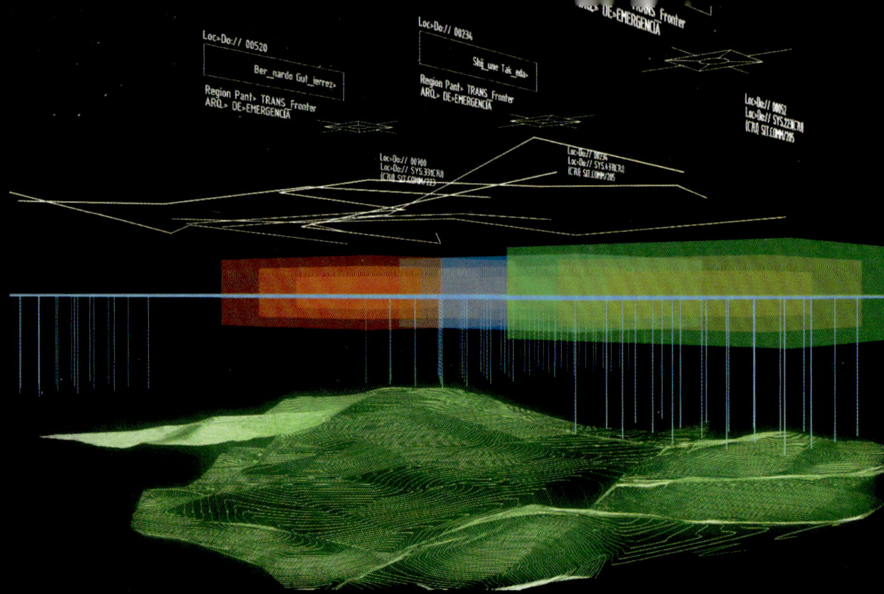

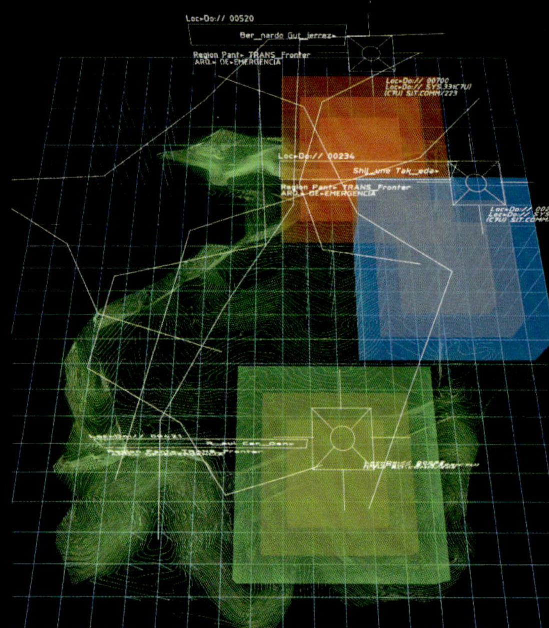

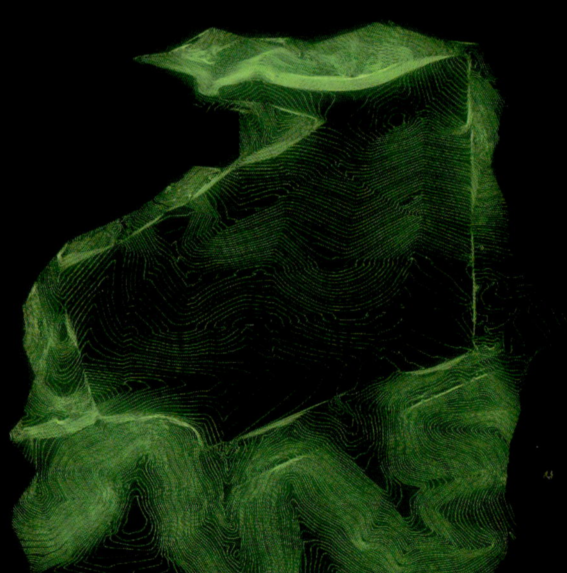

Torolab • *La región de los pantalones transfronterizos,* 2004-2005
Dibujo digital

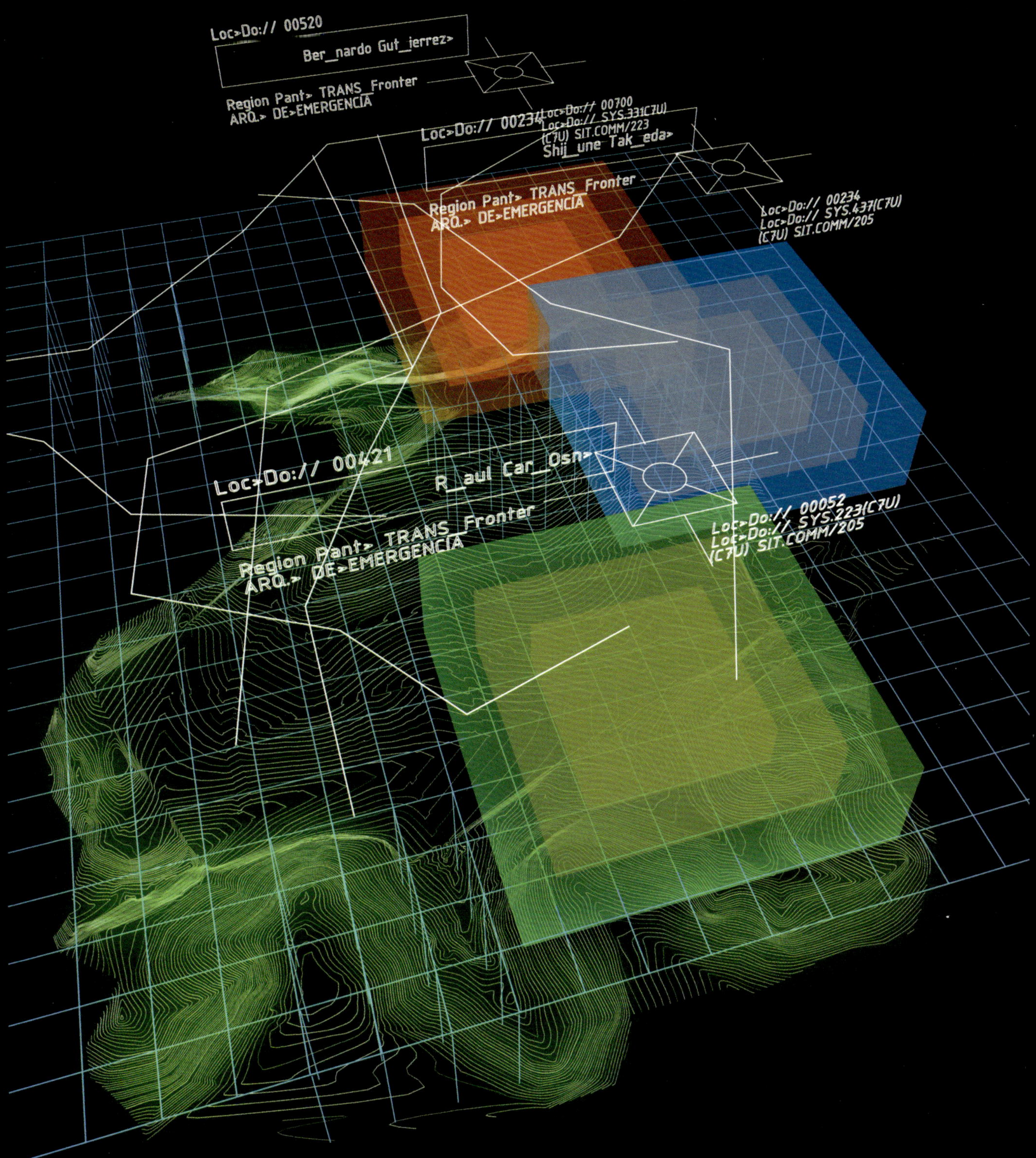

Torolab • *La región de los pantalones transfronterizos,* 2004-2005
Dibujo digital

SERGIO DE LA TORRE

Thinking about Expansion (Pensando en expandirse) es una obsesión conceptual sobre la existencia y la comunicación contemporáneas; vuelca su reflexión sobre la idea del espacio y la posibilidad o imposibilidad de ocuparlo; es una reflexión sutil sobre este histórico planteamiento filosófico que por momentos se torna irracional. De la Torre crea un diálogo entre elementos singulares de la naturaleza (la frase ocupando el cielo) y los usos tecnológicos del tiempo y el espacio, e intenta ubicar al público en esta reflexión al colocar una columna que, a través de papel espejo, multiplica el espacio involucrando al espectador en la trama.

Originalmente concebida para un sitio específico, *Thinking about Expansion* está estructurada a partir de cuatro líneas argumentales. Primero retoma una escena clásica del cineasta francés Jean-Luc Godard y reproduce en video la acción precisa de acceder a un espacio a través de su puerta; como en *Alphaville* (1965), ahora De la Torre pareciera hacer énfasis en uno de los diálogos del francés: "Antes de que nosotros estuviéramos aquí, no había nada, nadie", pero a diferencia de la grandilocuencia cinematográfica de Godard, ubica su *performance* en video en pantallas ínfimas que encierran notoriamente el sentido existencialista heredado, pero convirtiéndolo en un recurso que sólo adquiere sentido cuando logra concatenarse con el siguiente: la construcción de una columna no estructural, cubierta de papel espejo y emisora de sonidos imprecisos que retoma, según el autor: "Recursos estéticos que en los años setenta fueron usados en espacios domésticos para crear la ilusión de expandir el espacio interior". En un tercer plano, De la Torre ubica su frase *Thinking about Expansion*, construida en tipografía helvética, para remitirnos a una de las tipologías que, hacia los años sesenta, marcó la limpieza en el diseño editorial y se convirtió en sinónimo de cosmopolitismo. Por último, la misma frase aparece fotografiada sobre el cielo, definitivamente el acto más poético y desesperado de este conjunto.

La instalación de Sergio de la Torre, con sus elementos mínimos y sus apropiaciones sutiles, pareciera conducirnos por el camino de la reconstrucción contemporánea del espacio en el que la tecnología y el tiempo autorreferenciado determinan la preconcepción del mismo; refleja una concepción espacial llena de dudas, refiere a estructuras sumamente frágiles; en fin, es una propuesta que, a partir de pautas precisas, nos convoca a pensar en el lugar que cada uno ocupa en la elaboración de nuestra época.

Taiyana Pimentel

Thinking about Expansion is a conceptual obsession concerning contemporary existence and communication. It reflects upon the idea of space and the possibility or impossibility of occupying it; it is a subtle reflection on an historical and philosophical approach that becomes more irrational by the minute. De la Torre creates a dialogue between unique elements of nature (the phrase occupying the sky) and the technological uses of time and space, and he seeks to engage the public in this reflection by setting up a column that, through the use of reflective paper, multiplies the space and involves the viewer in the plot.

Originally conceived for a specific place, *Thinking about Expansion* is structured around four discursive threads. First, it takes up a classic scene created by the French film-maker Jean-Luc Godard and reproduces on video the precise action of entering a space by means of a door; as in *Alphaville* (1965), De la Torre now seems to place emphasis on one of the Frenchman's dialogues, "before we were here, there was nothing, nobody". However, unlike the cinematic grandiloquence of Godard, he locates his videoed performance on tiny screens which notoriously encompass the inherited existentialist meaning, whilst converting it into a resource that only acquires meaning when it manages to link up with the next: the construction of a non-structural column, covered with reflective paper and an emitter that produces imprecise sounds that retake, according to the artist, "aesthetic recourses that were used in the nineteen-sixties in domestic contexts to create the illusion of an expanded interior space". At a third level, De la Torre builds his phrase *Thinking about Expansion* in Helvetic type, in reference to one of the typologies that, around the nineteen-sixties, marked the emergence of a new cleanliness in editorial design and became a synonym for cosmopolitanism. Finally, the same sentence appears photographed over the sky, which is quite definitively the most poetic and desperate act in this work.

This installation by Sergio de la Torre, with its minimal elements and subtle appropriations, seems to lead us along the road of the contemporary reconstruction of space, in which technology and self-referenced time determine its preconception; it reflects a spatial conception full of doubts, making reference to eminently fragile structures. In short, it is a proposal that, based on precise patterns, invites us to reflect upon the place that each of us occupy in the creation of our age.

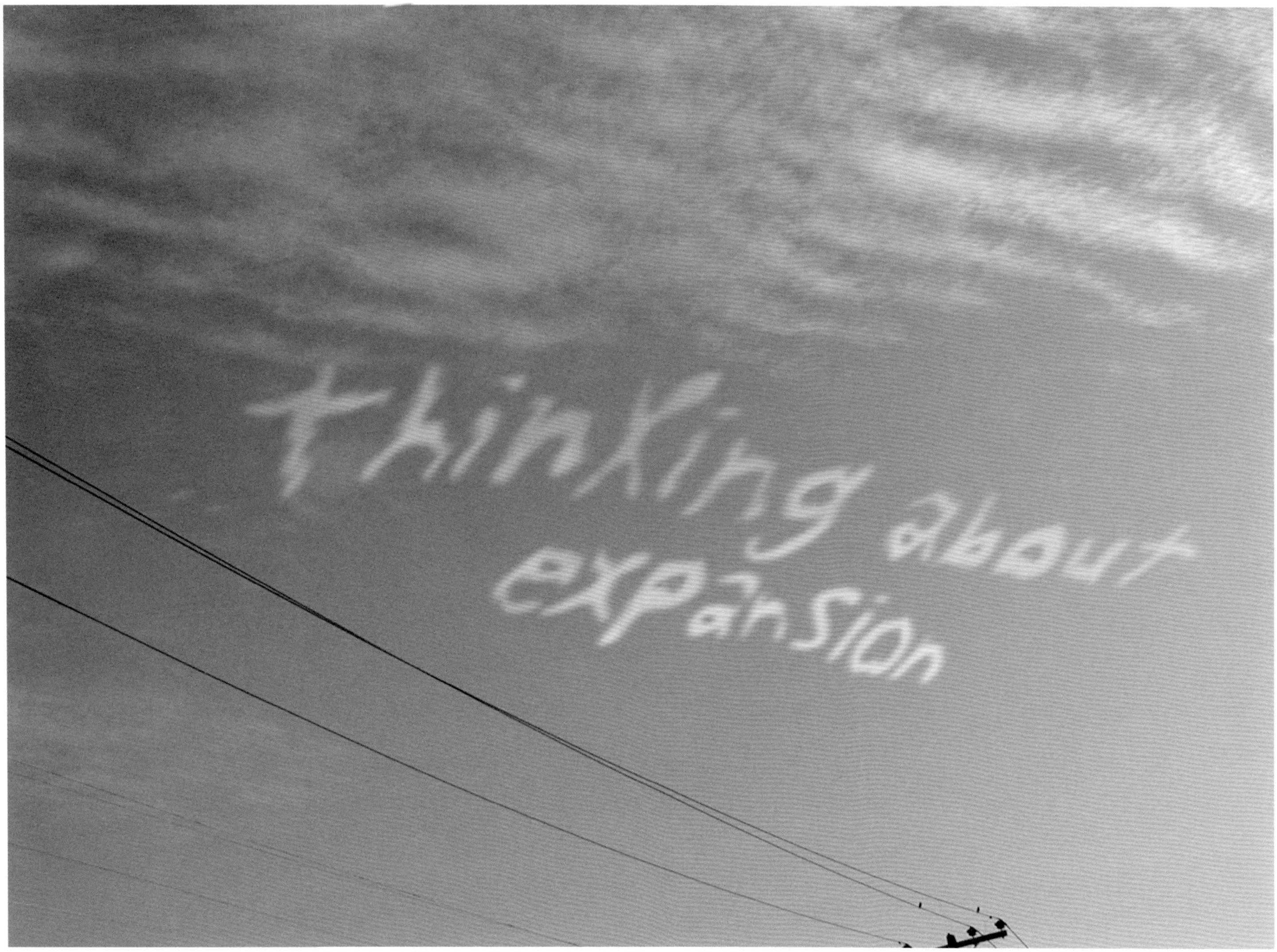

Sergio de la Torre • *Thinking about Expansion,* 2003
Fotografía sobre metal

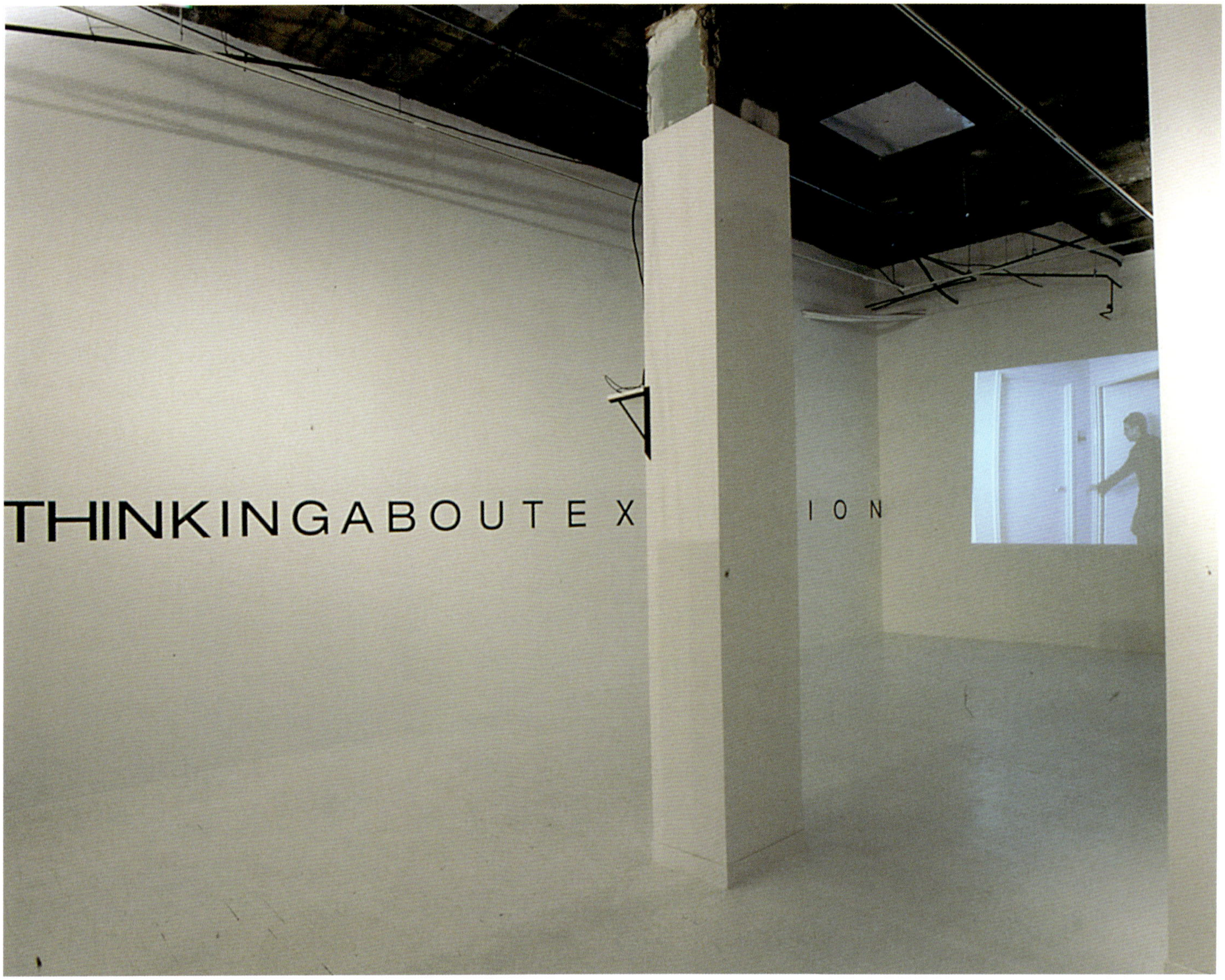

Sergio de la Torre • *Thinking about Expansion,* 2003
Instalación
Fotografía: Jay Jones

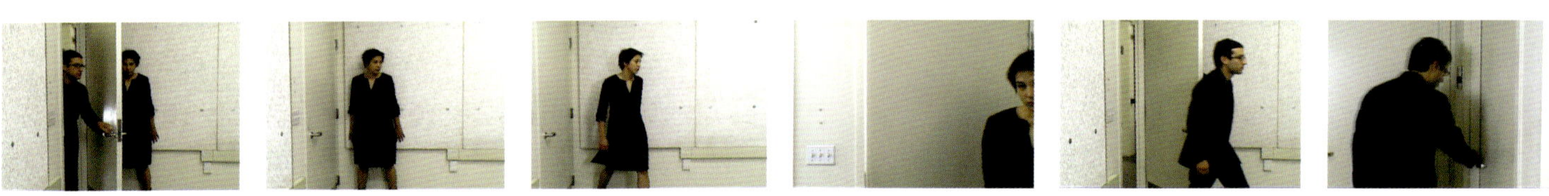

Sergio de la Torre • *Thinking about Expansion,* 2003
Stills de video

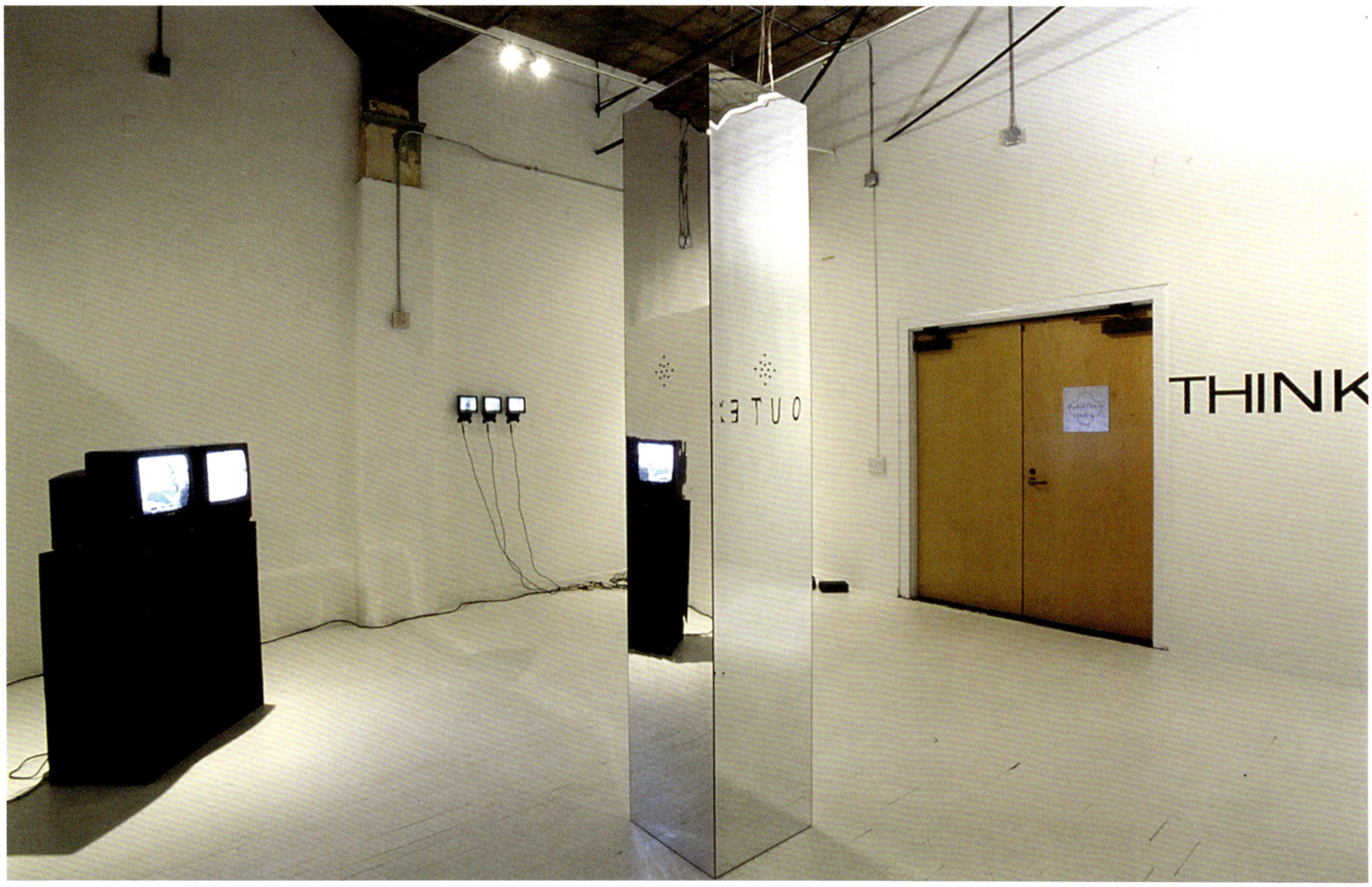

Sergio de la Torre • *Thinking about Expansion,* 2003
Instalación
Fotografía: Jay Jones

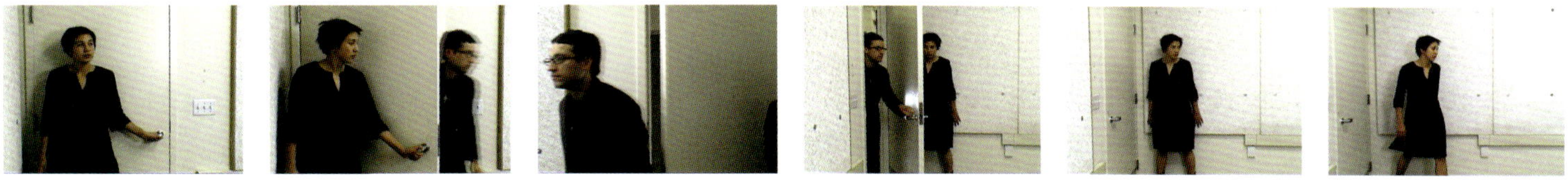

Sergio de la Torre • *Thinking about Expansion,* 2003
Stills de video

ALICIA TSUCHIYA

La fotografía de Alicia Tsuchiya tiene la apertura suficiente como para cumplir con cualquier capricho estético. Su proceso de trabajo se va desarrollando mediante un uso libre y casual de la cámara, capturando imágenes, espacios y escenas que no estaban preconcebidas, más bien existe una espera por parte de la artista, un constante contemplar, observar absolutamente todo, y el factor suerte, la casualidad, ese momento tan esperado donde coinciden espacio, escena, cámara y Alicia.

Es así como surgen estas fotos, seleccionadas de entre gran cantidad de imágenes que originalmente tenían como objetivo el registro de un paseo, fotos con un destino no muy lejano al del álbum. La gran diferencia entre tomar fotos como cualquier persona, mandarlas a revelar e imprimir, y el hecho de involucrarse personalmente como artista en la metodología de este medio, radica en los resultados: la manipulación del proceso puede ser experimental, lúdica y finalmente didáctica (lo que la hace sorpresiva e impredecible).

Estas imágenes son el resultado de la capacidad de la artista de alterar sus posturas respecto a la producción visual, como si entre el arte y lo que no es arte, y aquello que a veces es las dos cosas, hubiera un cerco severamente perforado por donde pudiéramos pasar de un lado a otro, de un espacio al otro, entrar y salir; de ahí que haga una o varias fotos, lo que permite desplazarse a través de este cerco para así poder brindar diferentes lecturas, diferentes enfoques.

Los espacios representados en las fotografías de Alicia son tomados de manera impulsiva y casual, totalmente *in situ*, y van adquiriendo sentido durante el proceso de producción cuando la artista vuelve a dar cabida al azar y la experimentación, provocando accidentes y alteraciones controladas con el fin de convertir estos momentos cotidianos, dignos de pertenecer a un álbum, en una imagen única, dotada de elementos sublimes e inexplicables (…auténticos), que incluso rayan en lo precioso, características que por sí solas hacen que el convencional álbum familiar cierre sus puertas a estas fotografías, pues su lugar está más allá, pertenecen a otro ámbito, un espacio donde se es capaz de trastocar emociones humanas con imágenes.

Texto: Enrique Minjares
Edición: Taiyana Pimentel

Alicia Tsuchiya's photography is open enough to fulfill any aesthetic whim. Her working method has been developed through a free and casual use of the camera, capturing images, spaces and scenes that were not preconceived; on the contrary, the artist seems to be waiting, constantly contemplating, observing absolutely everything, looking out for that luck factor, that long-awaited moment when space, scene, camera and Alicia all coincide.

That is how these photos emerged, selected from among a huge number of images whose original intention was to record a walk, photos whose purpose was not far removed from that of album pictures. The great difference between taking photos like anyone else, sending them to be developed and printed, and the act of becoming personally involved as an artist in the methodology of this medium, lies in the results: the handling of the process can be experimental, entertaining and finally didactic (which makes it unexpected and unpredictable).

These images are the result of the artist's capacity to alter her stances regarding visual production, as if a severely perforated boundary lay between what is art and what is not art, and that which is sometimes both things, through which we can pass from one side to the other, from one space to the other, entering and leaving; whether she takes one or various photos, they enable her to move across the boundary, offering different readings and different approaches.

The spaces depicted in Alicia's photographs are taken in an impulsive and casual manner, entirely in situ, and they gradually acquire meaning throughout the production process, when the artist once again leaves room for chance and experimentation, provoking accidents and controlled alterations in order to make these daily moments, worthy of being shown in an album, a series of unique images endowed with sublime and inexplicable elements (…authentic elements), some even bordering on the beautiful. As characteristic creations in themselves, the conventional family album closes its covers to these photographs, since they belong elsewhere, in a different sphere, one in which it becomes possible to upset human emotions with images.

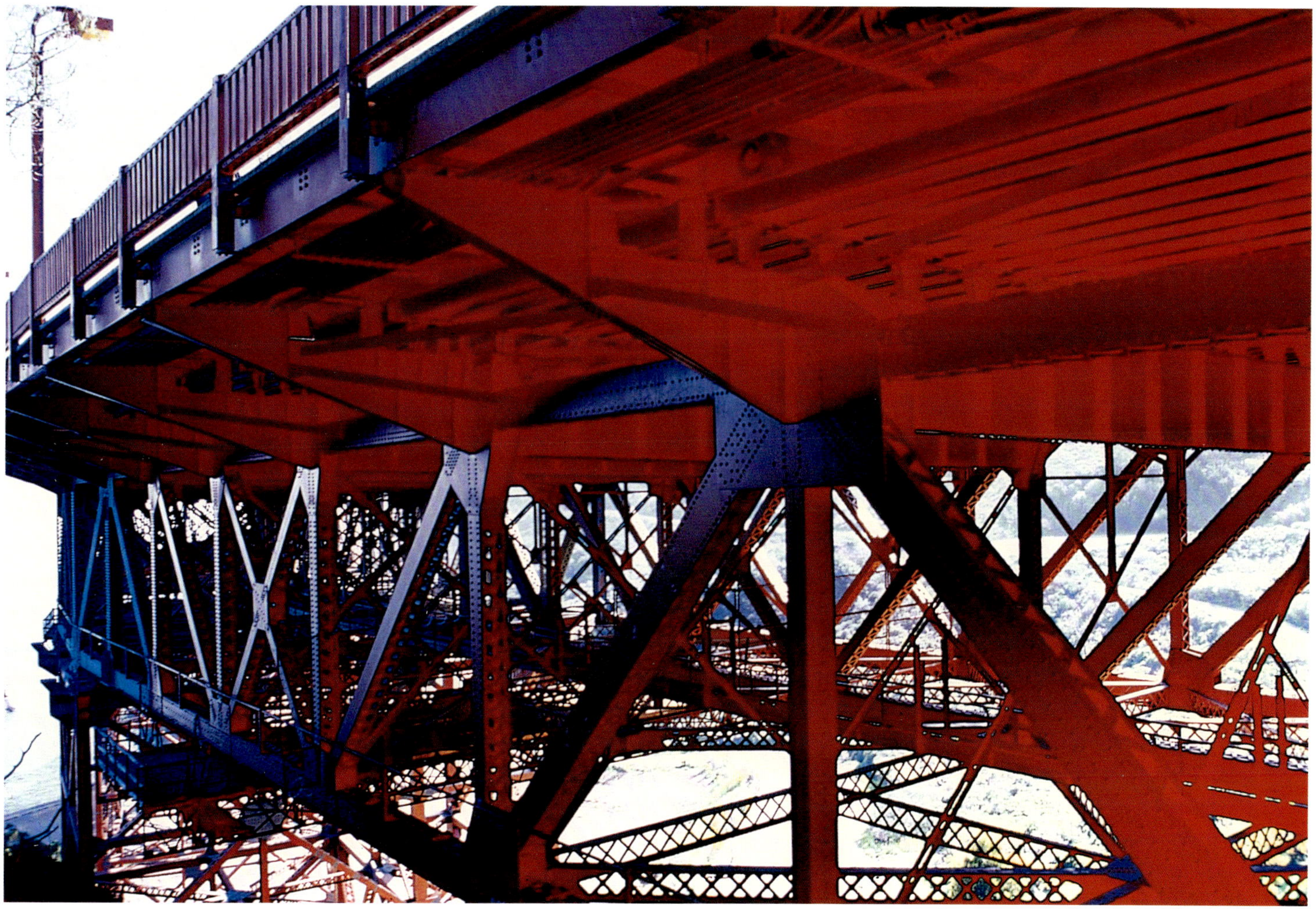

Alicia Tsuchiya • *Golden Gate,* 2003
Cibachrome, 76,2 x 101,6 cm

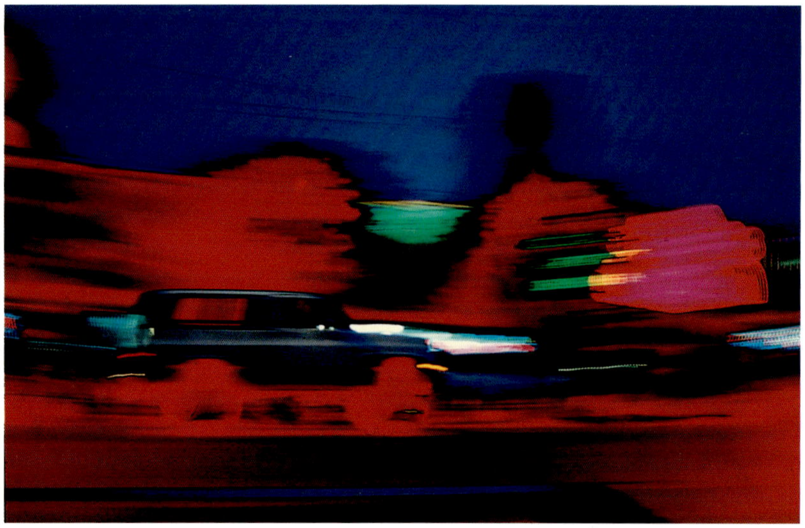

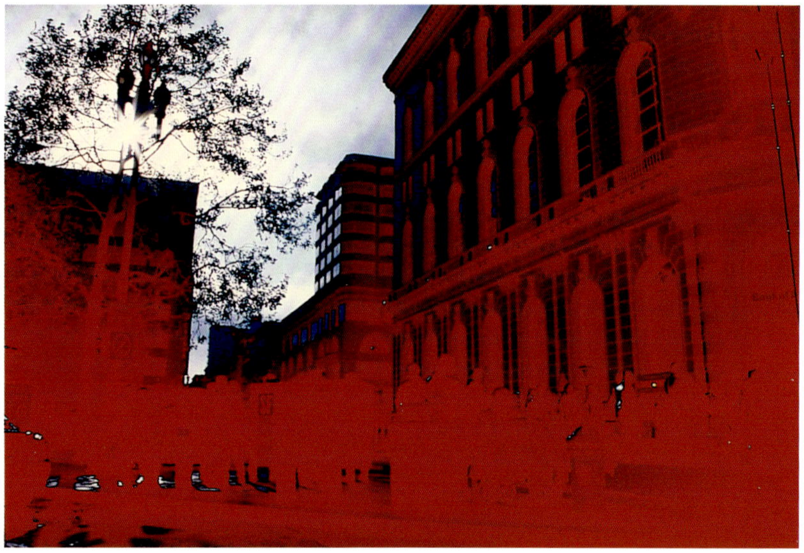

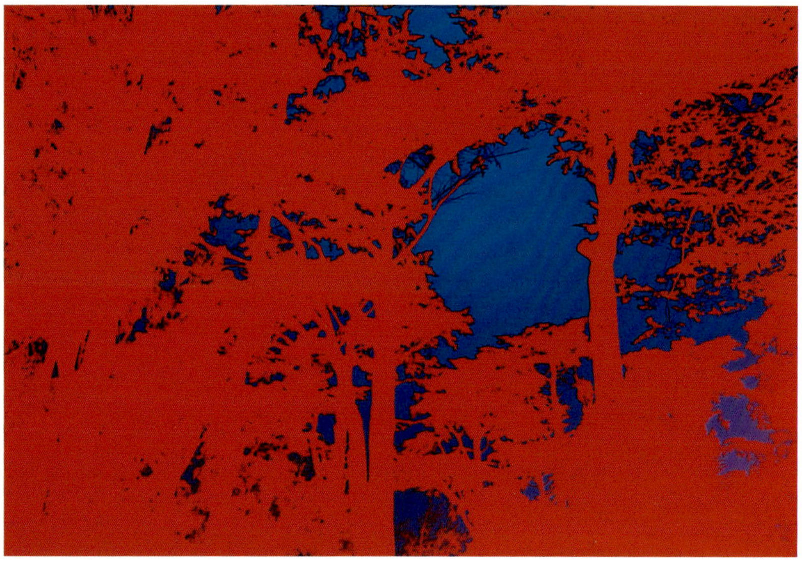

Alicia Tsuchiya •
Amoeba, 2003, cibachrome, 76,2 x 101,6 cm
Bailando, 2003, cibachrome, 76,2 x 101,6 cm
Árboles, 2003, cibachrome, 76,2 x 101,6 cm

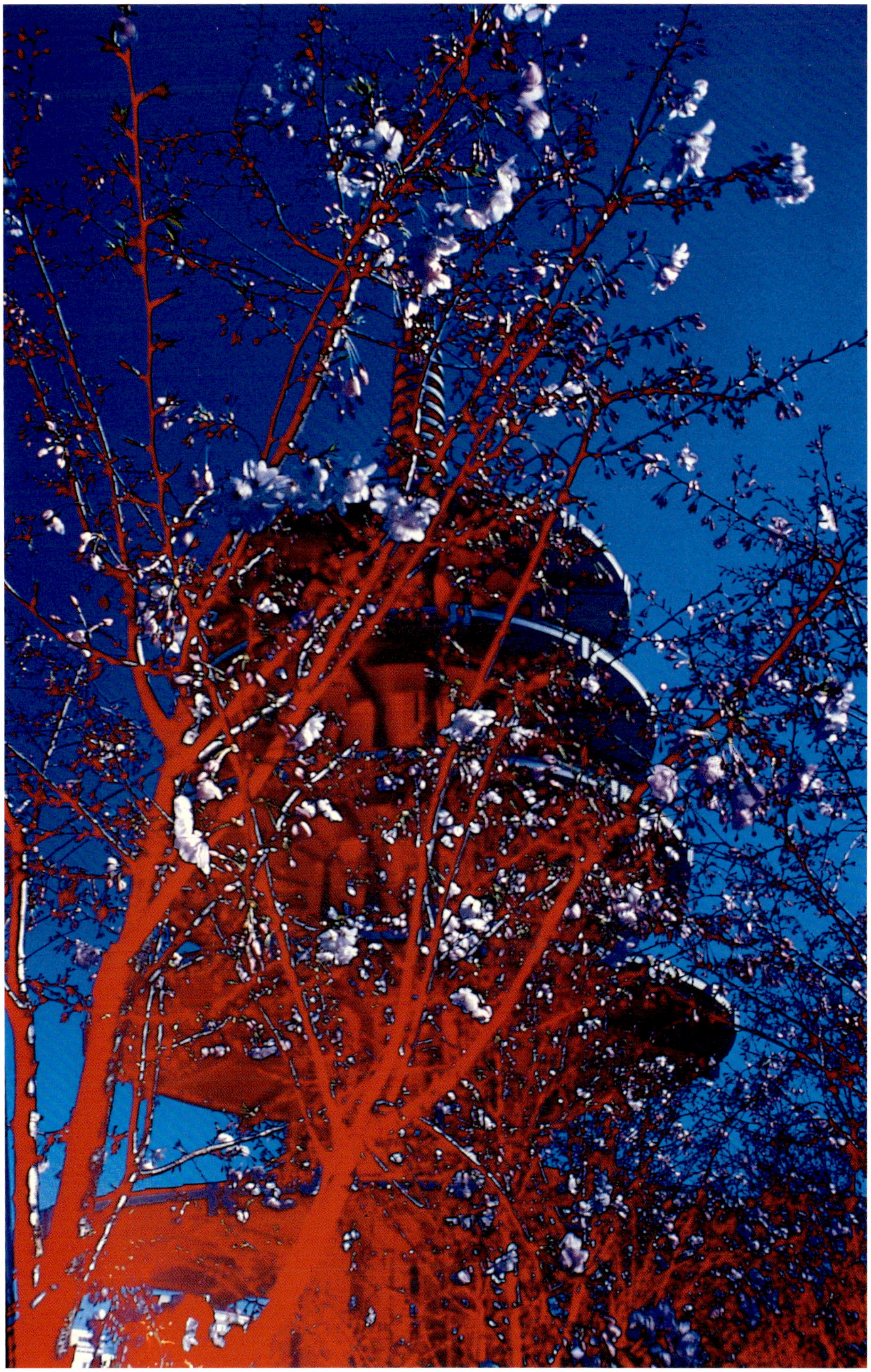

Alicia Tsuchiya • *Japantown,* 2003
Cibachrome, 76,2 x 101,6 cm

YVONNE VENEGAS

Las fotografías de Yvonne Venegas incluidas en esta muestra forman parte del ensayo fotográfico que la artista ha venido desarrollando desde el año 2000, *Las novias más hermosas de Baja California.* Pero a diferencia de aquellas mujeres representativas de las clases media y alta de la sociedad tijuanense, Venegas organiza ahora sus ideas a partir de los retratos de los hijos de *Las novias más hermosas...* Pareciera que la artista simplemente ofrece un nuevo actor al discurso elaborado, en cambio, este acercamiento transgrede al ensayo fotográfico en su capacidad de analizar la realidad para adelantar la reproducción de las normas y costumbres que se imponen en una clase que a todas luces lucha por mantener los símbolos que la identifican y que no está dispuesta a compartir; así, *Edith y sus hijos* muestra a la madre justo en el momento en que ha concluido el ritual de preparación de sus hijos para posar frente a la cámara y engrandecer el registro de los atributos de clase que caracteriza a la generación entrante; a esta serie de fotografías no se elige pertenecer, simplemente se está predestinado.

Venegas, que comenzó este ensayo ligada al trabajo que su padre ha desarrollado durante décadas como cronista fotográfico de bodas y eventos sociales de la ciudad, se había colocado en la escena como cámara segunda; sus tomas ofrecían la debilidad en la escena perfecta que tomaba el padre; el menor descuido le permitía, por un lado, ofrecer naturalidad en ese mundo de búsqueda de perfección y, por otro, cuestionarlo, encontrar sus posibles ranuras, y es que éste es un ensayo ubicado después del “instante decisivo” premeditado. Y con el tiempo, Yvonne ha desplazado su interés hacia la cotidianeidad de las familias, ha complementado la posición de las mujeres retratadas analizando el círculo social que las rodea: sus esposos, hijos, sirvientes.

Juliana y Carolina son dos de los personajes que han posado directamente para la fotógrafa y se muestran destinadas a reproducir “un orden del que parecen no tan conscientes o del que son conscientes pero mejor deciden perpetuar”, como ha señalado el escritor Heriberto Yépez. Novedoso resulta el retrato de Miguel Ángel, en un trabajo que ubicó su médula en el análisis del rol de la mujer en las clases altas; esta fotografía, tomada en una cacería, amplía la problemática de género femenino para dar paso a las etiquetas impuestas en un grupo social cerrado; es decir, en esta estructura social, cultural, estética, cada género tiene patrones predeterminados que reproducir.

Taiyana Pimentel

The photographs by Yvonne Venegas included in this exhibition are part of the photographic essay that the artist has been producing since the year 2000, *The Most Beautiful Brides of Baja California.* However, unlike those women who are representative of the middle and upper-classes within Tijuana society, Venegas organizes her ideas in accordance with the portraits of the children of *The Most Beautiful Brides...* It would seem that the artist is simply offering us a new character in the discourse stated so far. However, on the contrary, this approach goes beyond the photographic essay in its capacity to analyze reality, highlighting the rules and customs that are imposed on a class that, for all intents and purposes, is struggling to maintain the symbols that identify it and that it is not prepared to share. Thus, *Edith and Her Children* shows the mother just at the moment in which she has completed the ritual of preparing her children to pose in front of the camera, duly recording the class attributes that characterize the coming generation. You do not choose to belong to this series of photographs; it is simply predestined.

Yvonne Venegas, who began this essay through her associations with the work her father carried out over a period of decades as a photographer for weddings and social events throughout the city, entered the picture as a second camera; her takes presented all the weaknesses of the perfect scenes depicted by her father. The slightest oversight enabled her, on the one hand, to offer a sense of naturalness within that world obsessed with perfection and, on the other, enabled her to question them, to find their possible cracks. This essay portrays the moment that follows the premeditated “decisive instant”. Over time, Yvonne shifted her focus towards the daily aspects of the families, complementing her depiction of the women she portrays by analyzing the social circle that surrounds them: their husbands, children, servants.

Juliana and Carolina are two of the characters who posed directly for the photographer, and they reveal themselves to be destined to reproduce “an order that they do not appear to be very conscious of or which they are aware of but have decided to perpetuate”, as the writer, Heriberto Yépez, has stated. The portrait of Michelangelo appears in a new light, in a work which essentially analyzes the role of the woman in the upper classes; this photograph, taken during a hunt, expands the theme of the feminine gender in order to address the question of the labels that are imposed on a closed social group; that is to say, in this social, cultural and aesthetic structure, each gender presents predetermined patterns to be reproduced.

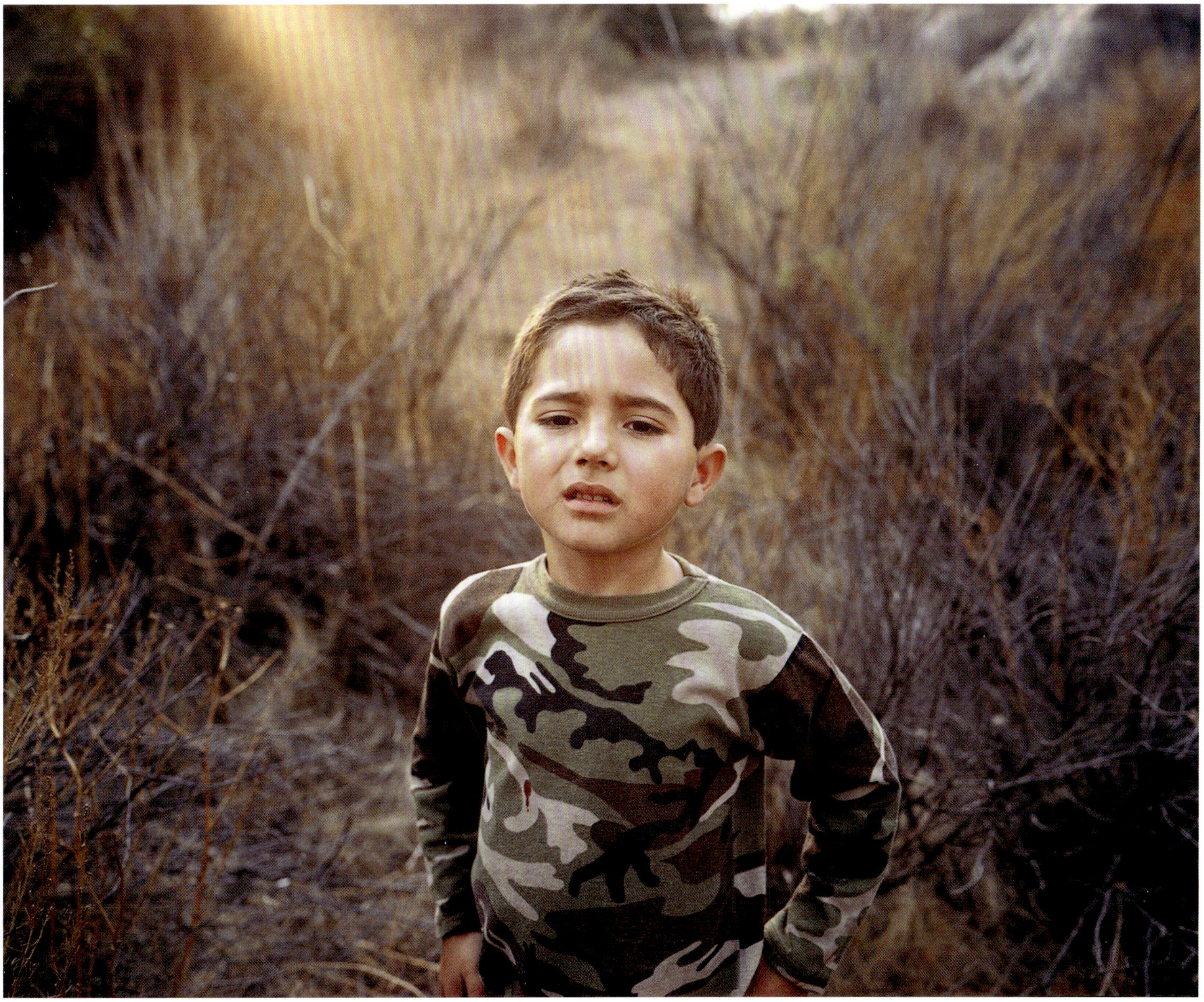

Yvonne Venegas • De la serie *Las novias más hermosas de Baja California*
Miguel Ángel, 2003, impresión cromógena, 76,2 x 101,6 cm

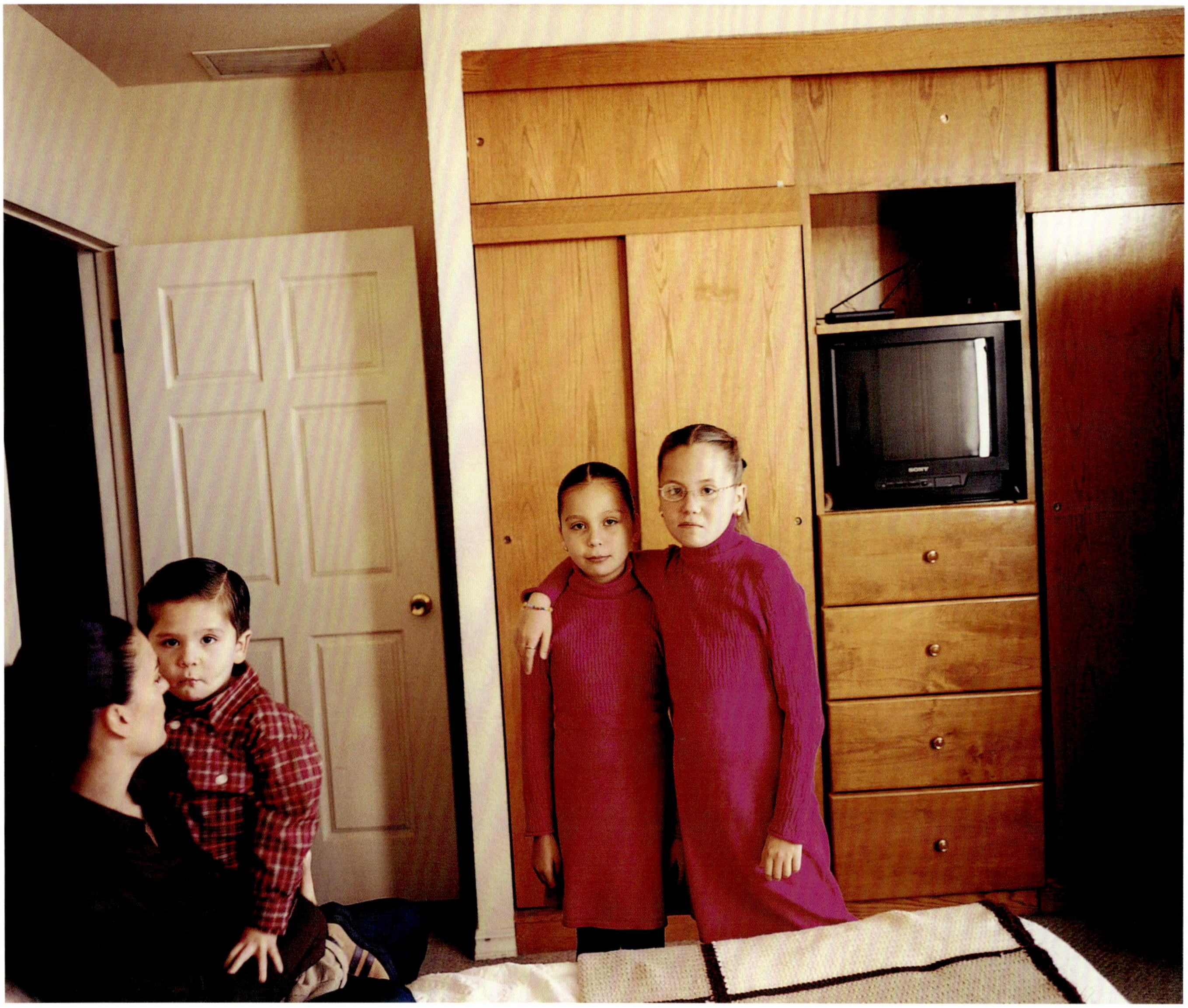

Yvonne Venegas • De la serie *Las novias más hermosas de Baja California*
Edith y sus hijos, 2002, impresión cromógena, 76,2 x 101,6 cm

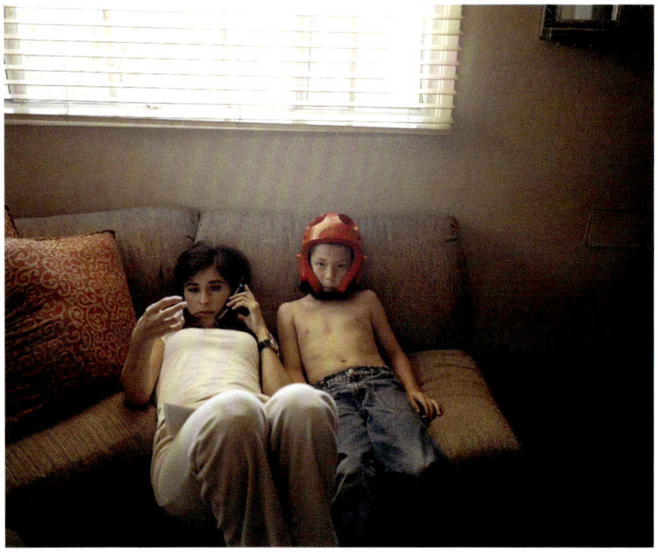

Yvonne Venegas • Serie *Las novias más hermosas de Baja California*
Zulema y Quishio, 2004, impresión cromógena, 76,2 x 101,6 cm

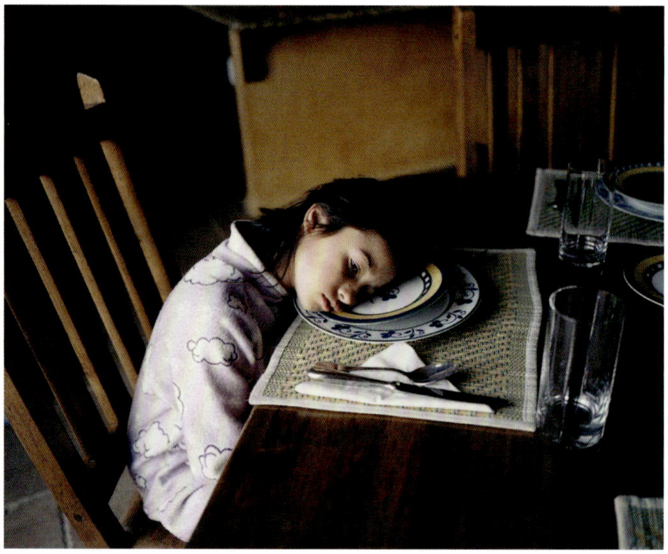

Yvonne Venegas • Serie *Las novias más hermosas de Baja California*
Juliana, 2004, impresión cromógena, 76,2 x 101,6 cm

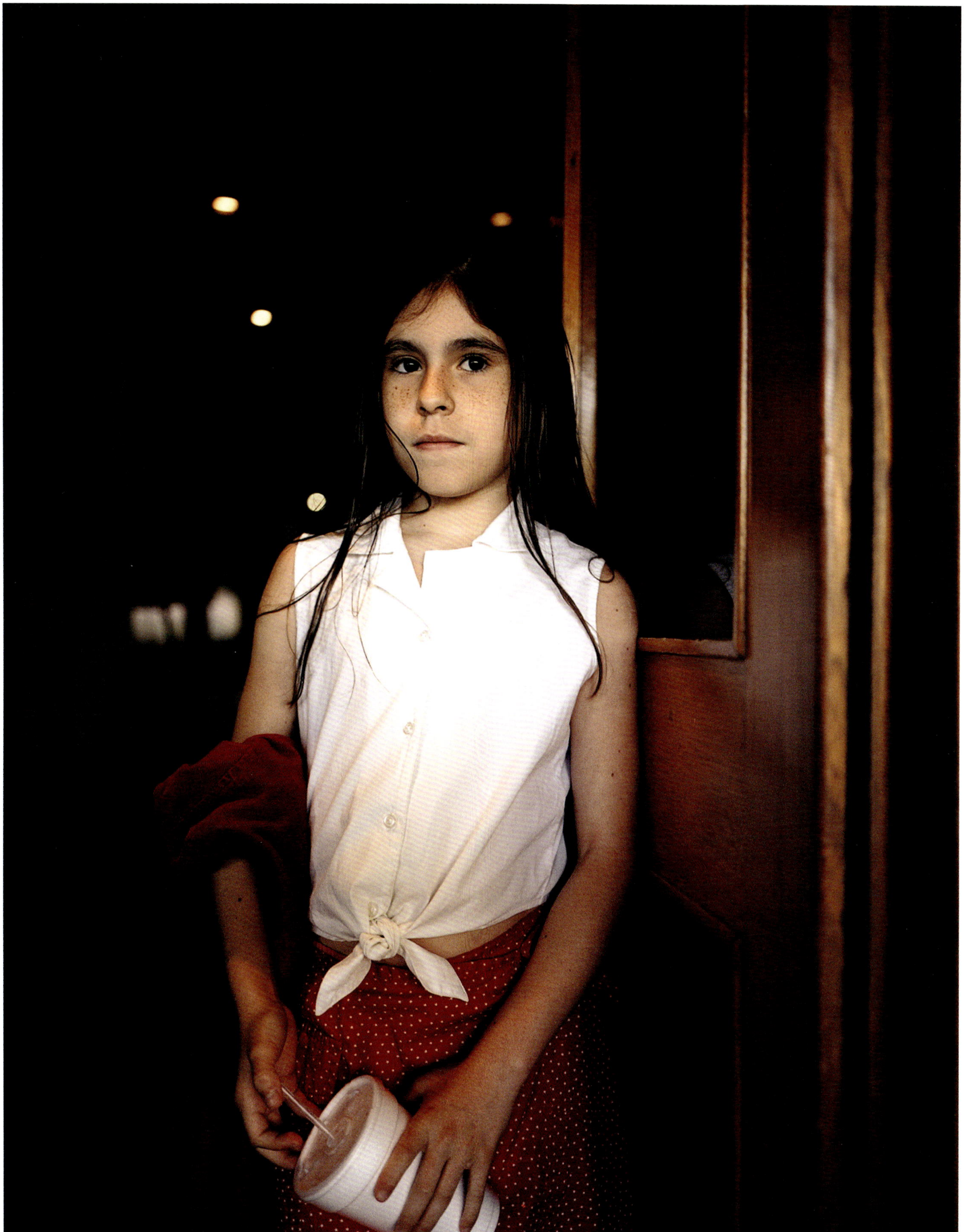

Yvonne Venegas • De la serie *Las novias más hermosas de Baja California*
Carolina, 2004, impresión cromógena, 76,2 x 101,6 cm

CATALOGO DE OBRAS EXPUESTAS

Nota aclaratoria
El catálogo de obras de "Tijuana Sessions" está organizado alfabéticamente por autor. Todas las medidas están dadas en centímetros; el alto precede al ancho. La expresión "dimensiones variables" responde a las instalaciones que se adecuan al espacio en que se realizan. En el caso de los videos, se especifica su duración.

Acamonchi

Instalación, 2004-2005
Impresos, calcomanías y graffitis
Dimensiones variables
Cortesía del artista

Bulbo

A Film for Peace, 2003
Video digital
Duración: 23 minutos
Cortesía de Bulbo

Healthy Mutation: Electrónica en Latinoamérica, 2004
Video digital
Duración: 23 minutos
Cortesía de Bulbo

El otro lado, 2004
Video digital
Duración: 22 minutos
Cortesía de Bulbo

Desde la frontera del arte contemporáneo, 2004
Video digital
Duración: 22 minutos
Cortesía de Bulbo

Memorias de don Lope y el Galaxy, 2002
Video digital
Duración: 12 minutos
Cortesía de Bulbo

Neograffiti, 2002
Video digital
Duración: 12 minutos
Cortesía de Bulbo

Rap de la Frontera, 2003
Video digital
Duración: 22 minutos
Cortesía de Bulbo

¿Será Tijuana como la pintan?, 2002
Video digital
Duración: 12 minutos
Cortesía de Bulbo

Surfeando en la línea, 2004
Video digital
Duración: 22 minutos
Cortesía de Bulbo

Guayina Trips, 2004
Video digital
Duración: 22 minutos
Cortesía de Bulbo

Tania Candiani

Apetencia, 2001
Acrílico, carbón e hilo de poliéster cocidos sobre loneta de algodón
190 x 190 cm
Cortesía de la artista

Compulsión, 2002
Acrílico, carbón e hilo de poliéster cocidos sobre loneta
240 x 190 cm
Cortesía de la artista

Hartazgo, 2001
Acrílico, carbón e hilo de poliéster cocidos sobre loneta de algodón
240 x 190 cm
Cortesía de la artista

Repulsión, 2001
Acrílico, carbón e hilo de poliéster cocidos sobre loneta de algodón
190 x 190 cm
Cortesía de la artista

Hans Fjellestad

Frontier Life, 2002
Video digital
Duración: 85 minutos
Cortesía del artista

Charles Glaubitz

Niño burro, 2004
Acrílico sobre madera
150 x 360 cm
Cortesía del artista

Pepe Mogt

TJVJ, 2004
Instalación audiovisual
Dimensiones variables
Cortesía del artista

Julio Morales

Vendedor ambulante n.º 4, 2002-2004
Vinilo sobre muro
244 x 305 cm
Cortesía del artista

Vendedor ambulante n.º 5, 2002-2004
Vinilo sobre muro
244 x 305 cm
Cortesía del artista

Tácticas de reensamblaje, 2003
Instalación interactiva
Dimensiones variables
Cortesía del artista

Jorge Nava

María Guerra, 2003
Video documental
Duración: 12 minutos y 26 segundos
Cortesía del artista

Julio Orozco

Salas del pasado, proyecciones en el futuro, 2004
Instalación
6 videos digitales
Impresos, vinilos y butacas
Dimensiones variables
Cortesía del artista

Radio Global

Transmisión, 2005
Transmisión directa por Internet desde la Sala Alcalá 31 de la señal de Radio Global
Cortesía de Radio Global

Jaime Ruiz Otis

Registros de labor/Trademarks, 2004
Impresiones de planchas industriales sobre papel
Dimensiones variables
Cortesía del artista

Torolab

La región de los pantalones transfronterizos, 2004-2005
Maqueta topográfica, prendas de vestir con GPS (Global Positioning System), maniquí y video
Dimensiones variables
Cortesía del artista

Sergio de la Torre

Thinking about Expansion, 2003
Vinilo, fotografía, video y sonido
[Daniel Gorrell, camarógrafo; Jon Santos, sonido; Moriah Ulinskas, edición]
Dimensiones variables
Cortesía del artista

Alicia Tsuchiya

Amoeba, 2003
Cibachrome
76,2 x 101,6 cm
Cortesía de la artista

Árboles, 2003
Cibachrome
76,2 x 101,6 cm
Cortesía de la artista

Bailando, 2003
Cibachrome
76,2 x 101,6 cm
Cortesía de la artista

Golden Gate, 2003
Cibachrome
76,2 x 101,6 cm
Cortesía de la artista

Japantown, 2003
Cibachrome
76,2 x 101,6 cm
Cortesía de la artista

Yvonne Venegas

De la serie *Las novias más hermosas de Baja California*, *Carolina*, 2004
Impresión cromógena
76,2 x 101,6 cm
Cortesía de la artista

De la serie *Las novias más hermosas de Baja California*, *Edith y sus hijos*, 2002
Impresión cromógena
76,2 x 101,6 cm
Cortesía de la artista

De la serie *Las novias más hermosas de Baja California*, *Juliana*, 2004
Impresión cromógena
76,2 x 101,6 cm
Cortesía de la artista

De la serie *Las novias más hermosas de Baja California*, *Miguel Ángel*, 2003
Impresión cromógena
76,2 x 101,6 cm
Cortesía de la artista

De la serie *Las novias más hermosas de Baja California*, *Zulema y Quishio*, 2004
Impresión cromógena
76,2 x 101,6 cm
Cortesía de la artista

CATALOGUE OF EXHIBITED WORKS

Explanatory Note
The catalogue of the works of "Tijuana Sessions" is organized in alphabetical order of author. All the dimensions are in centimeters. The height precedes to the width. The expression "variable dimensions" means that the installations are adapted to the space where they are realized. In the case of the videos, the length is specified.

Acamonchi

Instalación, 2004-2005
Prints, transfers and graffiti
Variable dimensions
By courtesy of the artist

Bulbo

A Film for Peace, 2003
Digital video
Length: 23 minutes
By courtesy of Bulbo

Healthy Mutation: Electrónica en Latinoamérica, 2004
Digital video
Lenght: 23 minutes
By courtesy of Bulbo

El otro lado, 2004
Digital video
Lenght: 22 minutes
By courtesy of Bulbo

Desde la frontera del arte contemporáneo, 2004
Digital video
Lenght: 22 minutes
By courtesy of Bulbo

Memorias de don Lope y el Galaxy, 2002
Digital video
Lenght: 12 minutes
By courtesy of Bulbo

Neograffiti, 2002
Digital video
Length: 12 minutes
By courtesy of Bulbo

Rap de la Frontera, 2003
Digital video
Lenght: 22 minutes
By courtesy of Bulbo

¿Será Tijuana como la pintan?, 2002
Digital video
Lenght: 12 minutes
By courtesy of Bulbo

Surfeando en la línea, 2004
Digital video
Lenght: 22 minutes
By courtesy of Bulbo

Guayina Trips, 2004
Digital video
Lenght: 22 minutes
By courtesy of Bulbo

Tania Candiani

Apetencia, 2001
Acrylic, charcoal and polyester thread cooked on cotton sailcloth
190 x 190 cm
By courtesy of the artist

Compulsión, 2002
Acrylic, charcoal and polyester thread cooked on cotton sailcloth
240 x 190 cm
By courtesy of the artist

Hartazgo, 2001
Acrylic, charcoal and polyester thread cooked on the cotton sailcloth
240 x 190 cm
By courtesy of the artist

Repulsión, 2001
Acrylic, charcoal and polyester thread cooked on cotton sailcloth
190 x 190 cm
By courtesy of the artist

Hans Fjellestad

Frontier Life, 2002
Digital video
Lenght: 85 minutes
By courtesy of the artist

Charles Glaubitz

Niño burro, 2004
Acrylic on wood
150 x 360 cm
By courtesy of the artist

Pepe Mogt

TJVJ, 2004
Audiovisual Installation
Variable dimensions
By courtesy of the artist

Julio Morales

Informal Economy Vendor # 4, 2002-2004
Vinyl on the wall
244 x 305 cm
By courtesy of the artist

Informal Economy Vendor # 5, 2002-2004
Vinyl on wall
244 x 305 cm
By courtesy of the artist

Tactics of Reassembly, 2003
Interactive Installation
Variable dimensions
By courtesy of the artist

Jorge Nava

María Guerra, 2003
Documentary video
Duration: 12 minutes and 26 seconds
By courtesy of the artist

Julio Orozco

Salas del pasado, proyecciones en el futuro, 2004
Installation
6 Digital videos
Prints, vinyls and armchairs
Variable dimensions
By courtesy of the artist

Radio Global

Transmisión, 2005
Direct Transmission throug the Internet of the Radio Global dial from Sala Alcalá 31
By courtesy of Radio Global

Jaime Ruiz Otis

Registros de labor/Trademarks, 2004
Printings of industrial sheets on paper
Variable dimensions
By courtesy of the artist

Torolab

La región de los pantalones transfronterizos, 2004-2005
Topographic mockups, garments with GPS (Global Positioning System), dummy and video
Variable dimensions
By courtesy of the artist

Sergio de la Torre

Thinking about Expansion, 2003
Vinyl, photography, video and sound
[Daniel Gorrell, cameraman; Jon Santos, sound; Moriah Ulinskas, edition]
Variable dimensions
By courtesy of the artist

Alicia Tsuchiya

Amoeba, 2003
Cibachrome
76,2 x 101,6 cm
By courtesy of the artist

Árboles, 2003
Cibachrome
76,2 x 101,6 cm
By courtesy of the artist

Bailando, 2003
Cibachrome
76,2 x 101,6 cm
By courtesy of the artist

Golden Gate, 2003
Cibachrome
76,2 x 101,6 cm
By courtesy of the artist

Japantown, 2003
Cibachrome
76,2 x 101,6 cm
By courtesy of the artist

Yvonne Venegas

From the series *Las novias más hermosas de Baja California*, *Carolina*, 2004
Chromogenic Print
76,2 x 101,6 cm
By courtesy of the artist

From the series *Las novias más hermosas de Baja California*, *Edith y sus hijos*, 2002
Chromogenic Print
76,2 x 101,6 cm
By courtesy of the artist

From the series *Las novias más hermosas de Baja California*, *Juliana*, 2004
Chromogenic Print
76,2 x 101,6 cm
By courtesy of the artist

From the series *Las novias más hermosas de Baja California*, *Miguel Ángel*, 2003
Chromogenic Print
76,2 x 101,6 cm
By courtesy of the artist

From the series *Las novias más hermosas de Baja California*, *Zulema y Quishio*, 2004
Chromogenic Print
76,2 x 101,6 cm
By courtesy of the artist

LISTADO DE ILUSTRACIONES

Cat. 1. Anónimo, copia de Julio Orozco • Garita internacional de Tijuana a principios del siglo XX.
Cat. 2. Julio Orozco • Reconstrucción Torre Agua Caliente, 2002.
Cat. 3. Julio Orozco • Centro Cultural de Tijuana, 2000.
Cat. 4. Marcela Guadiana • Colonia Grupo México, 2004.
Cat. 5. Marcela Guadiana • Colonia Grupo México, 2004.
Cat. 6. Marcela Guadiana • Maquiladora Tec-Molding, 2004.
Cat. 7. Marcela Guadiana • Maquiladora Tec-Molding, 2004.
Cat. 8. Gonzalo González/Periódico *Frontera* • Emigrante, 2000.
Cat. 9. Gonzalo González/Periódico *Frontera* • Emigrante, 2001.
Cat. 10. Gonzalo González/Periódico *Frontera* • Garita internacional, 2002.
Cat. 11. Gonzalo González/Periódico *Frontera* • Garita internacional, 2003.
Cat. 12. Marcela Guadiana • Colonia Grupo México, 2004.
Cat. 13. Marcela Guadiana • Colonia Grupo México, 2004.
Cat. 14. Gonzalo González/Periódico *Frontera* • Crucero 5 y 10, 2000.
Cat. 15. Gonzalo González/Periódico *Frontera* • Crucero 5 y 10, 1999.
Cat. 16. Pepe Mogt • *Still* de televisión, 2004.
Cat. 17. Pepe Mogt • *Still* de televisión, 2004.
Cat. 18. Hans Fjellestad • *Stills* de *Frontier Life,* 2002.
Cat. 19. Hans Fjellestad • *Stills* de *Frontier Life,* 2002.
Cat. 20. Sergio Brown • Rancho Grande, 2002.
Cat. 21. Gonzalo González/Periódico *Frontera* • Tijuana de noche, 2003.
Cat. 22. Marcela Guadiana • Maquiladora Tec-Molding, 2004.
Cat. 23. Marcela Guadiana • Maquiladora Tec-Molding, 2004.
Cat. 24. Gonzalo González/Periódico *Frontera* • Venta en la Frontera, playas de Tijuana-San Diego, 2000.
Cat. 25. Gonzalo González/Periódico *Frontera* • Graffiti en talud, canalización del río, Tijuana, 2000.
Cat. 26. Gonzalo González/Periódico *Frontera* • Comienza guerra con Irak, garita internacional, 2003.
Cat. 27. Gonzalo González/Periódico *Frontera* • Garita internacional, 2003.
Cat. 28. Gonzalo González/Periódico *Frontera* • Bordo, 2000.
Cat. 29. Gonzalo González/Periódico *Frontera* • Bordo, 2000.
Cat. 30. Gonzalo González/Periódico *Frontera* • Calafia, 2002.
Cat. 31. Gonzalo González/Periódico *Frontera* • Calafia, 2002.
Cat. 32. Pepe Mogt • *Stills* de televisión, 2004.
Cat. 33. Pepe Mogt • *Stills* de televisión, 2004.
Cat. 34. Hans Fjellestad • *Stills* de *Frontier Life,* 2003.
Cat. 35. Hans Fjellestad • *Stills* de *Frontier Life,* 2003.
Cat. 36. Gonzalo González/Periódico *Frontera* • Maquiladora Mabamex, 2003.
Cat. 37. Gonzalo González/Periódico *Frontera* • Maquiladora, 2004.
Cat. 38. Gonzalo González/Periódico *Frontera* • Maquiladora, 2001.
Cat. 39. Gonzalo González/Periódico *Frontera* • Guardián, 2002.
Cat. 40. Gonzalo González/Periódico *Frontera* • Guardián, 2002.
Cat. 41. Gonzalo González/Periódico *Frontera* • Túnel a Estados Unidos, 1999.
Cat. 42. Marcela Guadiana • Cables, 2004.
Cat. 43. Julio Orozco • La Mona, Colonia del Río, 2003.
Cat. 44. Julio Orozco • La Mona, Colonia del Río, 2003.

Cat. 45. Julio Orozco • Vista a través del bordo, playas, 2000.
Cat. 46. Julio Orozco • Perforación en el bordo, playas, 2000.
Cat. 47. Gonzalo González/Periódico *Frontera* • Juan Soldado, 2004.
Cat. 48. Gonzalo González/Periódico *Frontera* • Juan Soldado, 2004.
Cat. 49. Gonzalo González/Periódico *Frontera* • Maquiladora Mabamex, 2000.
Cat. 50. Gonzalo González/Periódico *Frontera* • Maquiladora Mabamex, 2000.
Cat. 51. Gonzalo González/Periódico *Frontera* • Vista hacia San Diego, 2002.
Cat. 52. Gonzalo González/Periódico *Frontera* • Túnel a Estados Unidos, 1999.
Cat. 53. Marcela Guadiana • Cables, 2004.
Cat. 54. Julio Orozco • La Mona, Colonia del Río, 2003.
Cat. 55. Gonzalo González/Periódico *Frontera* • Garita internacional, 2001.
Cat. 56. Gonzalo González/Periódico *Frontera* • Garita internacional, 2001.
Cat. 57. Gonzalo González/Periódico *Frontera* • Juan Soldado, 2004.
Cat. 58. Marcela Guadiana • Libramiento, 2004.
Cat. 59. Marcela Guadiana • La mesa, 2004.
Cat. 60. Marcela Guadiana • La mesa, 2004.
Cat. 61. Marcela Guadiana • Libramiento, 2004.
Cat. 62. Marcela Guadiana • La obrera, 2005.
Cat. 63. Marcela Guadiana • Libramiento, 2005.
Cat. 64. Marcela Guadiana • Frontera Tijuana-San Diego, 2005.
Cat. 65. Marcela Guadiana • Libramiento, 2005.
Cat. 66. Torolab • *Still* video *Ruido Blanco,* 2000.
Cat. 67. Torolab • *Still* video *Ruido Blanco,* 2000.
Cat. 68. Gonzalo González/Periódico *Frontera* • Nortec en CECUT, 2004.
Cat. 69. Gonzalo González/Periódico *Frontera* • Nortec en CECUT, 2004.
Cat. 70. Gonzalo González/Periódico *Frontera* • Bostich (Nortec), 1999.
Cat. 71. Torolab • Instalación Proyecto *Vertex 0.2 El Puente* y video *Ruido Blanco* en la exhibición: "Torolab: Laboratory of the Future in the Present", en el Museo de Arte Contemporáneo de San Diego, 2000.
Cat. 72. Torolab • *Still* video *Ruido Blanco,* 2000.
Cat. 73. Gonzalo González/Periódico *Frontera* • Nortec en CECUT, 2004.
Cat. 74. Gonzalo González/Periódico *Frontera* • Nortec, *Maquiladora de sueños,* 2001.
Cat. 75. Gonzalo González/Periódico *Frontera* • (Fussible) Nortec, *Rave Monithor,* 2000.
Cat. 76. Gonzalo González/Periódico *Frontera* • Nortec, *Maquiladora de sueños,* 2001.

LIST OF ILLUSTRATIONS

Cat. 1. Anonymous, copy by Julio Orozco • International sentry box of Tijuana, beginning of the twentieth century.
Cat. 2. Julio Orozco • Reconstruction Torre Agua Caliente, 2002.
Cat. 3. Julio Orozco • Tijuana Cultural Center, 2000.
Cat. 4. Marcela Guadiana • Colony Grupo México, 2004.
Cat. 5. Marcela Guadiana • Colony Grupo México, 2004.
Cat. 6. Marcela Guadiana • *Maquiladora* Tec-Molding, 2004.
Cat. 7. Marcela Guadiana • *Maquiladora* Tec-Molding, 2004.
Cat. 8. Gonzalo González/Newspaper *Frontera* • Emigrant, 2000.
Cat. 9. Gonzalo González/Newspaper *Frontera* • Emigrant, 2001.
Cat. 10. Gonzalo González/Newspaper *Frontera* • International sentry box, 2002.
Cat. 11. Gonzalo González/Newspaper *Frontera* • International sentry box, 2001.
Cat. 12. Marcela Guadiana • Colony Grupo México, 2004.
Cat. 13. Marcela Guadiana • Colony Grupo México, 2004.
Cat. 14. Gonzalo González/Newspaper *Frontera* • Crossroads 5 and 10, 2000.
Cat. 15. Gonzalo González/Newspaper *Frontera* • Crossroads 5 and 10, 1999.
Cat. 16. Pepe Mogt • Still of Television, 2004.
Cat. 17. Pepe Mogt • Still of Television, 2004.
Cat. 18. Hans Fjellestad • Stills of *Frontier Life,* 2002.
Cat. 19. Hans Fjellestad • Stills of *Frontier Life,* 2002.
Cat. 20. Serio Brown • Rancho Grande, 2002.
Cat. 21. Gonzalo González/Newspaper *Frontera* • Tijuana by night, 2003.
Cat. 22. Marcela Guadiana • *Maquiladora* Tec-Molding, 2004.
Cat. 23. Marcela Guadiana • *Maquiladora* Tec-Molding, 2004.
Cat. 24. Gonzalo González/Newspaper *Frontera* • Selling in the frontier, Tijuana-San Diego Beaches, 2000.
Cat. 25. Gonzalo González/Newspaper *Frontera* • Graffiti in slope, canalization of the river, Tijuana, 2000.
Cat. 26. Gonzalo González/Newspaper *Frontera* • The War againts Irak begins, International sentry box, 2003.
Cat. 27. Gonzalo González/Newspaper *Frontera* • International sentry box, 2003.
Cat. 28. Gonzalo González/Newspaper *Frontera* • *Bordo,* 2000.
Cat. 29. Gonzalo González/Newspaper *Frontera* • *Bordo,* 2000.
Cat. 30. Gonzalo González/Newspaper *Frontera* • Calafia, 2002.
Cat. 31. Gonzalo González/Newspaper *Frontera* • Calafia, 2002.
Cat. 32. Pepe Mogt • Stills of Television, 2004.
Cat. 33. Pepe Mogt • Stills of Television, 2004.
Cat. 34. Hans Fjellestad • Stills of *Frontier Life,* 2003.
Cat. 35. Hans Fjellestad • Stills of *Frontier Life,* 2003.
Cat. 36. Gonzalo González/Newspaper *Frontera* • *Maquiladora* Mabamex, 2003.
Cat. 37. Gonzalo González/Newspaper *Frontera* • *Maquiladora*, 2004.
Cat. 38. Gonzalo González/Newspaper *Frontera* • *Maquiladora*, 2001.
Cat. 39. Gonzalo González/Newspaper *Frontera* • Guard, 2002.
Cat. 40. Gonzalo González/Newspaper *Frontera* • Guard, 2002.
Cat. 41. Gonzalo González/Newspaper *Frontera* • Tunnel to USA, 2002.
Cat. 42. Marcela Guadiana • Cables, 2004.
Cat. 43. Julio Orozco • La Mona, Colonia del Río, 2003.

Cat. 44. Julio Orozco • La Mona, Colonia del Río, 2003.
Cat. 45. Julio Orozco • View from the *Bordo,* Beaches, 2000.
Cat. 46. Julio Orozco • Drilling in the *Bordo,* Beaches, 2000.
Cat. 47. Gonzalo González/Newspaper *Frontera* • Juan Soldado, 2004.
Cat. 48. Gonzalo González/Newspaper *Frontera* • Juan Soldado, 2004.
Cat. 49. Gonzalo González/Newspaper *Frontera* • *Maquiladora* Mabamex, 2000.
Cat. 50. Gonzalo González/Newspaper *Frontera* • *Maquiladora* Mabamex, 2000.
Cat. 51. Gonzalo González/Newspaper *Frontera* • View toward San Diego, 2002.
Cat. 52. Gonzalo González/Newspaper *Frontera* • Tunnel to USA, 1999.
Cat. 53. Marcela Guadiana • Cables, 2004.
Cat. 54. Julio Orozco • La Mona, Colonia del Río, 2003.
Cat. 55. Gonzalo González/Newspaper *Frontera* • International sentry box, 2001.
Cat. 56. Gonzalo González/Newspaper *Frontera* • International sentry box, 2001.
Cat. 57. Gonzalo González/Newspaper *Frontera* • Juan Soldado, 2004.
Cat. 58. Marcela Guadiana • Beltway, 2004.
Cat. 59. Marcela Guadiana • La mesa, 2004.
Cat. 60. Marcela Guadiana • La mesa, 2004.
Cat. 61. Marcela Guadiana • Beltway, 2004.
Cat. 62. Marcela Guadiana • La obrera, 2005.
Cat. 63. Marcela Guadiana • Beltway, 2004.
Cat. 64. Marcela Guadiana • Frontier Tijuana-San Diego, 2005.
Cat. 65. Marcela Guadiana • Beltway, 2005.
Cat. 66. Torolab • Still video *Ruido Blanco,* 2000.
Cat. 67. Torolab • Still video *Ruido Blanco,* 2000.
Cat. 68. Gonzalo González/Newspaper *Frontera* • Nortec in CECUT, 2004.
Cat. 69. Gonzalo González/Newspaper *Frontera* • Nortec in CECUT, 2004.
Cat. 70. Gonzalo González/Newspaper *Frontera* • Bostich (Nortec), 1999.
Cat. 71. Torolab • Installation Project *Vertex 0.2 The Bridge* and video *Ruido Blanco* at the exhibition "Torolab: Laboratory of the Future in the Present", in the Museum of Contemporary Art of San Diego, 2000.
Cat. 72. Torolab • Still video *Ruido Blanco,* 2000.
Cat. 73. Gonzalo González/Newspaper *Frontera* • Nortec in CECUT, 2004.
Cat. 74. Gonzalo González/Newspaper *Frontera* • Nortec, *Maquiladora de sueños,* 2001.
Cat. 75. Gonzalo González/Newspaper *Frontera* • (Fussible) Nortec, *Rave Monithor,* 2000.
Cat. 76. Gonzalo González/Newspaper *Frontera* • Nortec, *Maquiladora de sueños*, 2001.

BIOGRAFÍAS / BIOGRAPHIES

Gerardo Yépiz (Acamonchi) (Ensenada, Baja California, México, 1970)
Entre sus principales exhibiciones individuales destacan: "Esquina norte", Tangaloo, Tijuana, Baja California, 2004; "Instalación Colectivo Nortec", Ensenada, Baja California, 2002; "Paintings and Prints", Voz Alta, San Diego, California, 2003; "Editorama", ICBC, Tijuana, Baja California, 2002; Tolo Festival, "Don Lope", Tijuana, Baja California, 2001; "We Sound System Aztec Bowl", San Diego, California, 2001. Entre sus principales exhibiciones colectivas destacan: "Super Cool Sidewalk sale", Ice Gallery, San Diego, California, 2004; "Thread Life Style Show 5", Old Wonder Bread Factory, San Diego, California, 2004; "Spring Reverb", Museum of Contemporary Art, San Diego, California, 2003; "Bulbo TV" (Primer Aniversario), Centro Cultural de Tijuana (CECUT), Baja California, 2003; "Diagnósticos urbanos", Centro Cultural de Tijuana (CECUT), Baja California, 2002; "Alibis-Coartadas", Centre Culturel du Mexique, París, Francia, y "Witte de With", Rotterdam, Holanda, 2002, y "Maquiladora de sueños", Jai Alai, Tijuana, Baja California, 2001. Su trabajo ha aparecido publicado, entre otros, en: *El paso del Nortec* (Trilce Editores, México), 2004; revista *El Replicante* (México), 2004; *La Vanguardia* (Barcelona), 2004; *El Vigía* (Ensenada, Baja California), 2004, *Los Angeles Times Magazine*, California, 2004, y *Sube Baja* (Tijuana, Baja California), 2002.

Gerardo Yépiz (Acamonchi) (Ensenada, Baja California, Mexico, 1970)
Among his main solo exhibitions we might highlight the following: "Esquina norte", Tangaloo, Tijuana, Baja California, 2004; "Instalación Colectivo Nortec", Ensenada, Baja California, 2002; "Paintings and Prints", Voz Alta, San Diego, CA, 2003; "Editorama", ICBC, Tijuana, Baja California, 2002; Tolo Festival, "Don Lope", Tijuana, Baja California, 2001; "We Sound System Aztec Bowl", San Diego, CA, 2001. Among his main joint exhibitions we might mention the following: "Super Cool Sidewalk Sale", Ice Gallery, San Diego, CA, 2004; "Thread Life Style Show 5", Old Wonder Bread Factory, San Diego, CA, 2004; "Spring Reverb", Museum of Contemporary Art, San Diego, CA, 2003; "Bulbo TV" (First Anniversary), Tijuana Cultural Center (CECUT), Baja California, 2003; "Diagnósticos urbanos", Tijuana Cultural Center (CECUT), Baja California, 2002; "Alibis-Coartadas", Centre Culturel du Mexique, Paris, France, and "Witte de With", Rotterdam, Holland, 2002, and "Maquiladora de sueños", Jai Alai, Tijuana, Baja California, 2001. His work has been published in: *El paso del Nortec* (Trilce Editores, Mexico), 2004; the magazine *El Replicante* (Mexico), 2004; *La Vanguardia* (Barcelona, Spain), 2004; *El Vigía* (Ensenada, Baja California), 2004, *Los Angeles Times Magazine*, 2004, and *Sube Baja* (Tijuana, Baja California), 2002.

Bulbo (Tijuana, Baja California, México, 2002)
El equipo de producción de Bulbo está integrado por Aán Rodríguez Camacho, Araceli Blancarte Gastelum, Julia María Crespo Freijo, Sebastián Díaz Aguirre, Héctor Escobar Altamirano, Blanca O. España Montoya, José Luis Figueroa Lewis, David Figueroa Tagle, Omar Foglio Almada, Gabriela Fuentes Aymes, Lorena Fuentes Aymes, Juan E. Navarrete Pajarito, Carla Pataky Durán, Dulce Roa Flores, Ana Paola Rodríguez España y Cristina Velasco Lozano. Sus cortometrajes han sido exhibidos en: San Diego Latino Film Festival, 2002, 2003 y 2004, California; Festival Internacional de Cine, Guanajuato, México, 2002; Festival de la ciudad de México, 2003; Imperial Beach Film Festival, California, 2003; Festival de Cine de Baja California, México, 2004, y actualmente pueden ser vistos en el canal 22 de transmisión nacional en México.

Bulbo (Tijuana, Baja California, Mexico, 2002)
The Bulbo production team is formed by Aán Rodríguez Camacho, Araceli Blancarte Gastelum, Julia María Crespo Freijo, Sebastián Díaz Aguirre, Héctor Escobar Altamirano, Blanca O. España Montoya, José Luis Figueroa Lewis, David Figueroa Tagle, Omar Foglio Almada, Gabriela Fuentes Aymes, Lorena Fuentes Aymes, Juan E. Navarrete Pajarito, Carla Pataky Durán, Dulce Roa Flores, Ana Paola Rodríguez España and Cristina Velasco Lozano. Their documentary work has been exhibited in: San Diego Latino Film Festival, CA, 2002, 2003 and 2004; International Film Festival, Guanajuato, Mexico, 2002; Mexico City Festival, 2003; Imperial Beach Film Festival, CA, 2003; Baja California Film Festival, Mexico, 2004; and they are currently broadcast by Canal 22 in Mexico.

• • •

Tania Candiani (México, D.F., 1974)
Candiani vive en Tijuana desde el año 1996. Entre sus principales exhibiciones individuales destacan: "Gorge/Gorgeous", MACLA, San José, California, 2003; "Protección familiar. La familia mexicana", Festival Internacional Cervantino, Kuntshaus Santa Fe, San Miguel de Allende, Guanajuato, 2003; "Tania Candiani at MCA", Cerca Series, Museum of Contemporary Art, San Diego, California, 2002; "Gordas. Pintura e instalación", Centro Cultural Tijuana (CECUT), Tijuana, Baja California, 2001. Como parte de las muestras colectivas, cabe destacar: "Soy y qué. New Chicano/Latino Representations", Yerba Buena Center for the Arts, San Francisco, California, 2004; IX Salón Bancomer, Museo de Arte Moderno, México, D.F., 2003; "Diagnósticos

urbanos", Centro Cultural de Tijuana (CECUT), 2002; "Here/There. Contemporary Social Commentary by Emerging Tijuana Artist", Flux Gallery, San Diego, California, 2002; "Torture", Grupo Martes, The Latino Museum of History, Art & Culture, Los Ángeles, California, y Herbst International Exhibition Hall, San Francisco, California, 2001, y "Pintura fresca. New Work from Tijuana", Luckman Gallery, Cal State L.A., Los Ángeles, California, 2001.

Tania Candiani (Mexico City, 1974)
Candiani has lived in Tijuana since 1996. Among her main solo exhibitions we might highlight the following: "Gorge/Gorgeous", MACLA, San Jose, CA, 2003; "Protección familiar. La familia mexicana", International Cervantine Festival, Kuntshaus Santa Fe, San Miguel de Allende, Guanajuato, 2003; "Tania Candiani at MCA", Cerca Series, Museum of Contemporary Art, San Diego, CA, 2002; "Gordas. Pintura e instalación", Tijuana Cultural Center (CECUT), Tijuana, Baja California, 2001. This artist has also participated in the following joint exhibitions: "Soy y qué. New Chicano/Latino Representations", Yerba Buena Center for the Arts, San Francisco, CA, 2004; IX Salón Bancomer, Modern Art Museum, Mexico City, 2003; "Diagnósticos urbanos", Tijuana Cultural Center (CECUT), 2002; "Here/There: Contemporary Social Commentary by Emerging Tijuana Artist", Flux Gallery, San Diego, CA, 2002; "Torture", Grupo Martes, The Latino Museum of History, Art & Culture, Los Angeles, CA, and Herbst International Exhibition Hall, San Francisco, CA, 2001, and "Pintura fresca. New Work from Tijuana", Luckman Gallery, Cal State L.A., Los Angeles, CA, 2001.

• • •

Hans Fjellestad (San Diego, California, Estados Unidos, 1968)
Vive y trabaja en San Diego. Es un cineasta y músico cuya obra ha sido exhibida en Estados Unidos, México, Canadá, Europa y Japón. Su obra se ha presentado en festivales internacionales, incluyendo el Festival Internacional de Cine de Karlovy Vary (2004), Festival de las Artes Electrónicas de Dublín (2004), el Festival Ekko de Noruega (2004), el Festival Internacional de Cine de Sheffield (2004), el Northwest Film Forum de Seattle (2004), Sound Unseen Film & Music Festival en Minneapolis (ediciones 2003 y 2004) y el Festival Internacional de Cine de Calgary (2002), entre otros. Como músico, Fjellestad cuenta con una amplia discografía como solista y como colaborador de importantes figuras internacionales del ámbito de la música experimental.

Hans Fjellestad (San Diego, CA, United States, 1968)
Lives and works in San Diego. Fjellestad is a filmmaker, and musician whose work has been shown throughout the United States, Mexico, Canada, Europe and Japan. His work has been presented at international festivals, including the Karlovy Vary International Film Festival (2004), Dublin Electronic Arts Festival (2004), Ekko Festival in Norway (2004), Sheffield International Film Festival (2004), Northwest Film Forum, Seattle (2004), Sound Unseen Film & Music Festival, Minneapolis (2004 & 2003) and Calgary International Film Festival (2002), among others. As a musician Fjellestad has an extensive discography both as a solo artist and in collaboration with important figures of the international experimental music scene.

• • •

Charles Glaubitz (Tijuana, Baja California, México, 1973)
Realizó estudios de maestría en la especialidad de Ilustración en el California Arts and Craft Institute, San Francisco. Entre sus exhibiciones destacan: Tin May, Filadelfia, 2004; Toy Room Gallery, Sacramento, California, 2003; The Muse Gallery, San Diego, California, 2003; "Los tres amigos", Carton Network, Los Ángeles, California, 2003; "Border Crosser", Glance Gallery, San Diego, California, 2003; "Viva Lucha Show", Portland, Oregón, 2003; "Sci-Fi Western", Minna Street Gallery, San Francisco, California, 2003; Artkit Collective, San Diego, California, 2002; "Phobias", El Perro Azul, Tijuana, Baja California, 2000. Sus trabajos han aparecido en las siguientes publicaciones: *How Magazine*, *Creativity*, *American Illustration*, *Comunication Arts Magazine*, *Loft Magazine* (todas ellas de Estados Unidos) y *Sube Baja* (Tijuana, Baja California).

Charles Glaubitz (Tijuana, Baja California, Mexico, 1973)
He carried out his Masters Degree studies, and he specialized in illustration at the California Arts and Crafts Institute, San Francisco. Among his exhibitions we might highlight the following: Tin May, Philadelphia, 2004; Toy Room Gallery, Sacramento, CA, 2003; The Muse Gallery, San Diego, CA, 2003; "Los tres amigos", Carton Network, Los Angeles, CA, 2003; "Border Crosser", Glance Gallery, San Diego, CA, 2003; "Viva Lucha Show", Portland, Oregon, 2003; "Sci-Fi Western", Minna Street Gallery, San Francisco, CA, 2003; Artkit Collective, San Diego, CA, 2002; "Phobias", El Perro Azul, Tijuana, Baja California, 2000. His works have appeared in the following publications: *How Magazine*, *Creativity*, *American Illustration*, *Communication Arts Magazine*,

Loft Magazine (all of them in the United States), and *Sube Baja* (Tijuana, Baja California).

• • •

José Morales Gutiérrez (alias **Pepe Mogt**) (Ciudad Obregón, Sonora, México, 1969)
Comienza sus primeros experimentos de música electrónica en 1987. Ha formado parte de los grupos Artefacto, Mohniton, Fussible, colectivo Nortec y Latinsizer; en estos tres últimos proyectos aún se encuentra inmerso. A Pepe Mogt se le designa como precursor de la experimentación con *samples* de bandas de Sinaloa y discos de norteñas en el panorama de la música electrónica, investigación que ha llegado a definir la poética del colectivo Nortec. Mogt cuenta con su propio sello discográfico, el cual ha dado a la luz conocidos discos de los integrantes del colectivo Nortec, así como una notable compilación de música electrónica en América Latina Colores. Como parte de sus experimentaciones sonoras, José Morales ha colaborado con artistas visuales en los siguientes proyectos: "Zoo-Sónico", con Octavio Hernández, INSITE 1997, Tijuana-San Diego; "Alzado Vectorial", con Rafael Lozano-Hemmer, Zócalo de la ciudad de México, 1999-2000; "No One Over 21", con Jonathan Hernández, INSITE 2000-2001; "After", con Claudia Algara, *Larva*, Centro de las Artes, Monterrey, México, 2004. Como músico, ha ofrecido numerosos conciertos, entre ellos: Festival Cervantino, Guanajuato, 2004; Fête de la Musique, París, 2003; Sónar, Barcelona, 2001; PS1, Nueva York, 2001 y "Witte de With", Centro de Arte Contemporáneo, Holanda, 2000.

José Morales Gutiérrez (alias **Pepe Mogt**) (Ciudad Obregón, Sonora, Mexico, 1969)
This artist began his first electronic music experiments in 1987. He has formed part of the groups known as Artefacto, Mohniton, Fussible, Nortec Group and Latinsizer; and he continues to participate in the last three projects. Pepe Mogt's work is regarded as a forerunner of the experimentation that has been carried out with samples of bands from Sinaloa and records by northern groups within the field of electronic music. His research has come to define the poetics of the Nortec Group. Mogt has his own record label, which has brought out well-known records by members of the Nortec Group, as well as producing an exceptional compilation of electronic music in América Latina, Colores. As part of his sound experiments, José Morales has collaborated with visual artists on the following projects: "Zoo-Sónico", with Octavio Hernández, INSITE 1997, Tijuana-San Diego; "Alzado Vectorial", with Rafael Lozano-Hemmer, Main Square of Mexico City, 1999-2000; "No One Over 21", with Jonathan Hernández, INSITE 2000-2001; "After", with Claudia Algara, *Larva*, Arts Center, Monterrey, Mexico, 2004. As a musician, he has appeared in numerous concerts, including the following: Cervantine Festival 2004, Guanajuato; Fête de la Musique, Paris, 2003; Sónar, Barcelona, Spain, 2001; PS1, New York, 2001 and "Witte de With", Center for Contemporary Art, Rotterdam, Holland, 2000.

• • •

Julio Morales (Tijuana, Baja California, México, 1966)
Vive y trabaja en San Francisco. Su obra ha sido expuesta en varias exhibiciones individuales en el Museo de Arte Contemporáneo de San Diego, 2004, la Fototeca de La Habana, 2004, el Javier Peres Projects en Los Ángeles, 2003 y las Galerías AOV y Terrain en San Francisco, 2001. La obra de Morales ha formado parte de varias exhibiciones colectivas, como "Strange New World/Extraño nuevo mundo" en el Museo de Arte Contemporáneo de San Diego, 2005, la Trienal de San Juan, 2004, "Bon Apetit!" del California College of the Arts de San Francisco, 2003, "Glamour Summit" de New Langton Arts de San Francisco, 2002, "Museum Pieces" en De Young Museum de San Francisco, y el Yerba Buena Center for the Arts, 1997, entre otras.

Julio Morales (Tijuana, Baja California, Mexico, 1966)
Lives and works in San Francisco. His work has been the subject of solo exhibitions at the San Diego Museum of Contemporary Art, 2004, Fototeca, Havana, 2004, Javier Peres Projects, Los Angeles, 2003, AOV Gallery and Terrain Gallery, San Francisco, 2001. Morales' work has been presented in numerous group exhibitions including "Strange New World/Extraño nuevo mundo", San Diego Museum of Contemporary Art, 2005, The San Juan Triennial, San Juan, 2004, "Bon Apetit!", California College of the Arts, San Francisco, 2003, "Glamour Summit", New Langton Arts, San Francisco, 2002, "Museum Pieces", De Young Museum, San Francisco, and Yerba Buena Center for the Arts, 1997, among others.

• • •

Jorge Nava (San Diego, California, Estados Unidos, 1975)
Realizó estudios de licenciatura en el Pitzer College, California, 2002; actualmente se encuentra concluyendo estudios de maestría en Artes Visuales en la Universidad de San Diego (UCSD), California. Sus videoinstalaciones han sido mostrados, entre otros, en: Museo de Arte Contemporáneo, Buenos Aires, Argentina (2005); Shaga, Guadalajara, México (2004); The Grocery List, Chinatown, Los Ángeles, California (2004); IAF 04, Cine Bujuzán, Tijuana, Baja California (2004); Acuna Hansen Gallery, Chinatown, Los Ángeles, California (2004); Centro de la Imagen, México, D.F. (2004); "Pásale", Estación Tijuana, Baja California, 2004. En su filmografía destacan: *Latino Pride,* 2004; *Feral,* 2004; *These Day* (versa sobre el núcleo familiar en el seno de una familia interracial en Estados Unidos), 2004; *Peregrinación*, 2003, *María Guerra*, 2003, y *Barrio chino,* 2002.

Jorge Nava (San Diego, CA, United States, 1975)
He completed his degree studies at Pitzer College, CA, 2002; he is currently finishing his Masters Degree in Visual Arts at San Diego University (UCSD), CA. His video-installations have been exhibited, among others, at the following venues: Museo de Arte Contemporáneo, Buenos Aires, Argentina, 2005; Shaga, Guadalajara, Mexico, 2004; The Grocery List, Chinatown, Los Angeles, CA, 2004; IAF 04, Cine Bujuzan, Tijuana, Baja California, 2004; Acuna Hansen Gallery, Chinatown, Los Angeles, CA, 2004; Image Center, Mexico City, 2004; "Pásale", Tijuana Station, Baja California, 2004. As far as his film works are concerned, we might highlight the following: *Latino Pride,* 2004; *Feral,* 2004; *These Days* (about the nuclear family and an inter-racial family in the United States), 2004; *Peregrinación*, 2003, *María Guerra*, 2003, and *Barrio chino*, 2002.

• • •

Colectivo Nortec (Tijuana, Baja California, México, 1999)
En el año 1999 y, con una rápida evolución, aparece el colectivo Nortec que se reunifica alrededor del estudio de la música electrónica en relación con las tradiciones musicales de "banda norteña", procedente de las regiones del norte de México. Actualmente, este colectivo está integrado por Ramón Amezcua (Bostich), 1962; Fritz Torres (Clorofila), 1963; Jorge Verdín (Clorofila), 1965; Roberto Mendoza (Panóptica), 1969; José Morales (alias Pepe Mogt) (Fussible), 1969; Pedro Gabriel Beas (Hiperboreal), 1970 y Sergio Brown (Coordinación de Visuales), 1976. Anteriormente, formaron parte Fernando Corona (Terrestre), 1970, Ignacio Chávez (Plankton Man), 1976 y Jorge Ruiz (Fussible), 1968. Entre otros, Nortec ha participado en los siguientes eventos culturales: Festival Cervantino, Guanajuato, 2004; Festival Internacional de Arte Electrónico, São Paulo, 2003; Royal Festival Hall, Londres, 2002; Festival Sónar, Barcelona, 2001; "Tecnogeist", Monumento a la Revolución, México, D.F., 2001; "Nortec City", Jai Alai, Tijuana, Baja California, 2001, "Maquiladora de sueños", Jai Alai, Tijuana, Baja California, 2001; Festival Nortec, Explanada del Centro Cultural de Tijuana (CECUT), 2000; "Nuevo Milenio", Zócalo de México, D.F., 2000; Pabellón de México en la Expo 2000, Hannover, Alemania, y "Epicentro", Festival de Cultura y Música, Tecate, Baja California, 1999. El colectivo Nortec ha sido ampliamente estudiado en publicaciones como: *El Paso del Nortec* (Trilce Editores, México, 2004); *Rolling Stones*, Londres, 2001, *The New York Times*, Nueva York, 2001; *The Wire*, Londres, 2000, y *Mosaico*, suplemento cultural del periódico *Frontera*, 1999.

The Nortec Group (Tijuana, Baja California, Mexico, 1999)
The Nortec Group rapidly emerged in the year 1999 under the heading of electronic music: the artists revolved around an electronic music studio that focused on the "northern band" traditions of the regions of Northern Mexico. The Group currently features the following members: Ramón Amezcua (Bostich), 1962; Fritz Torres (Clorofila), 1963; Jorge Verdín (Clorofila), 1965; Roberto Mendoza (Panóptica), 1969; José Morales (alias Pepe Mogt) (Fussible), 1969; Pedro Gabriel Beas (Hiperboreal), 1970, and Sergio Brown (Coordinación de Visuales), 1976. Previous members included Fernando Corona (Terrestre), 1970, Ignacio Chávez (Plankton Man), 1976 and Jorge Ruiz (Fussible), 1968. Among others, Nortec has participated in the following cultural events: Cervantine Festival, Guanajuato, 2004; International Festival of Electronic Art, São Paulo, 2003; Royal Festival Hall, London, 2002; Sónar Festival, Barcelona, Spain, 2001; "Tecnogeist", Monument to the Revolution, Mexico City, 2001; "Nortec City", Jai Alai, Tijuana, Baja California, 2001, "Maquiladora de sueños", Jai Alai, Tijuana, Baja California, 2001; Nortec Festival, open area at the Tijuana Cultural Center (CECUT), 2000; "Nuevo Milenio", Main Square in Mexico City, 2000; Mexico Pavilion at Expo 2000, Hannover, Germany, and "Epicenter", Culture and Music Festival, Tecate, Baja California, 1999. The Nortec Group has been widely studied in publications such as the following: *El Paso del Nortec* (Trilce Editores, Mexico, 2004); *Rolling Stones*, London, 2001; *New York Times*, New York, 2001; *The Wire*, London, 2000, and *Mosaico*, cultural supplement of the daily newspaper *Frontera*, 1999.

Julio Orozco (Tijuana, Baja California, México, 1967)
Vive y trabaja en Tijuana. Su obra ha sido objeto de exhibiciones individuales en el Kunsthaus Santa Fe, San Miguel Allende, 2003, el Cine Bujazán, Tijuana, 2001 y el Centro Cultural de Tijuana, Tijuana, 1996. La obra de Orozco también ha formado parte de numerosas exhibiciones colectivas, entre las que se incluyen X Salón Bancomer, Museo de Arte Moderno, México, D.F., 2004, "Silvia Gruner/Julio Orozco", The Kitchen Art Gallery, Nueva York, 2004, *Larva*, Centro Cultural de Tijuana, Tijuana, 2004 y "BC3", Centro de la Imagen, México, D.F., 2003, "MexArtFest", Kyoto Art Center, Kioto, 2002 y "Central/Perimetral", Ace Gallery, México, D. F., 2002, entre otras.

Julio Orozco (Tijuana, Baja California, Mexico, 1967)
Lives and works in Tijuana. His work has been the subject of solo exhibitions at Kunsthaus Santa Fe, San Miguel Allende, 2003, Cine Bujazan, Tijuana, 2001 and Tijuana Cultural Center, Tijuana, 1996. Orozco's work has been included in numerous group exhibitions including X Salón Bancomer, Museo de Arte Moderno, Mexico City, 2004, "Silvia Gruner/Julio Orozco", The Kitchen Art Gallery, New York, 2004, *Larva*, Tijuana Cultural Center, Tijuana, 2004 and "BC3", Centro de la Imagen, Mexico City, 2003, "MexArtFest", Kyoto Art Center, Kyoto, 2002, and "Central/Perimetral", Ace Gallery, Mexico City, 2002, among others.

• • •

Radio Global (Tijuana, Baja California, México, 2002)
El equipo de Radio Global vive y trabaja en Tijuana y está formado por Mauricio Cuevas (dirección), Jesús López (edición musical), Carlos Sánchez (edición de contenido/comunicación), Elías Mora (diseño), Eduardo Guillén (tecnología/webmaster), Ulises Legarreta (audio/producción) y Efrén Miranda (promoción). Radio Global inició sus transmisiones vía Internet en octubre de 2002 y desde entonces los integrantes de la misma han participado en diversos festivales de arte, incluyendo el Festival Internacional de Música Electrónica MUTEK (realizado en Tijuana en 2003) y el Festival "Todos o Nadie" (llevado a cabo en Puebla en 2004). Han realizado transmisiones en vivo vía Internet desde San Diego, California, y Puebla y Guadalajara en México. Hasta la fecha, más de ochenta mil personas en todo el mundo han sintonizado las transmisiones de Radio Global.

Radio Global (Tijuana, Baja California, Mexico, 2002)
The Radio Global team lives and works in Tijuana and is formed by: Mauricio Cuevas (Director), Jesús López (Musical Editor), Carlos Sánchez (Content Editor/Communication), Elías Mora (Design), Eduardo Guillén (Technologies/Webmaster),Ulises Legarreta (Audio/Production), Efrén Miranda (Promotion). Radio Global began its webcast in October 2002 and since then they have participated in several art festivals including Festival Internacional de Música Electrónica MUTEK, Tijuana, 2003, and Festival "Todos o Nadie", Puebla, 2004. They have webcast live from San Diego, Puebla and Guadalajara. To date, more than 80,000 people have tuned in to Radio Global worldwide.

• • •

Jaime Ruiz Otis (Mexicali, Baja California, México,1976)
Vive y trabaja en Tijuana. Su obra ha sido objeto de exhibiciones individuales en Art in General en Nueva York, 2004, Museo de la Ciudad en Santiago de Querétaro, 2003, Steppling Gallery de San Diego State University en Calexico, y la Sala de Arte de la Universidad Autónoma de Baja California en Tijuana, 2001.
La obra de Ruiz Otis ha formado parte de numerosas exhibiciones colectivas, incluyendo el IX Salón Bancomer del Museo de Arte Moderno de México, D.F., 2003, "Axis Mexico: Common Objects and Cosmopolitan Actions" del San Diego Museum of Art en San Diego, 2003, "Pintura Fresca" en la Galería Luckman de la California State University en Los Ángeles, 2001, y "Tapetes 01" del Centro Cultural de Tijuana en Tijuana, 2001.

Jaime Ruiz Otis (Mexicali, Baja California, Mexico, 1976)
Lives and works in Tijuana. His work has been the subject of solo exhibitions at Art in General, New York, 2004, Museo de la Ciudad, Santiago de Querétaro, 2003, Steppling Gallery, San Diego State University, Calexico and Sala de Arte, Universidad Autónoma de Baja California, Tijuana, 2001. Ruiz Otis' work has been included in several group exhibitions, including: IX Salón Bancomer, Museo de Arte Moderno, Mexico City, 2003, "Axis Mexico: Common Objects and Cosmopolitan Actions", San Diego Museum of Art, San Diego, 2003, "Pintura Fresca", Luckman Gallery, California State University, Los Angeles, 2001 and "Tapetes 01", Tijuana Cultural Center, Tijuana, 2001.

Torolab (Tijuana, Baja California, México, 1995)
El colectivo Torolab fue fundado en 1995 por Raúl Cárdenas Osuna en Tijuana. Las exhibiciones individuales de Torolab incluyen "SOS" en la Galería Cedilla de París y "Torolab: Laboratory of the Future in the Present" en el Museum of Contemporary Art de San Diego, 2001. Sus proyectos han sido presentados en numerosas exhibiciones, incluyendo la Bienal de Liverpool, 2004; la Bienal de Arquitectura de Pekín, 2004; "From Baja to Vancouver" en gira por CCAC, Wattis Institute for Contemporary Arts, Baja a Vancouver, de la Art Gallery de Vancouver, Museum of Comtemporary Art, San Diego, el Seattle Art Museum, 2003-2004; la Bienal de La Habana (2003); el Museo de Arte Moderno de México, D.F. (2002); y la Bienal de Montreal, entre otras muchas.

Torolab (Tijuana, Baja California, Mexico, 1995)
The Group Torolab was founded in 1995 by Raúl Cárdenas Osuna in Tijuana. Torolab's solo exhibitions include "SOS", Galerie Cedille, Paris and "Torolab: Laboratory of the Future in the Present", Museum of Contemporary Art, San Diego, 2001. Their projects have been presented in numerous group exhibitions including Liverpool Biennial (2004), Beijing Architecture Biennial, 2004, "From Baja to Vancouver" touring to CCAC, Wattis Institute for Contemporary Arts, Baja to Vancouver, Vancouver Art Gallery, Museum of Contemporary Art, San Diego, Seattle Art Museum (2003-2004), Havana Biennial, 2003, Museum of Modern Art, Mexico City, 2002 and the Montreal Biennial (2002), among many others.

• • •

Sergio de la Torre (National City, California, Estados Unidos, 1967)
Es licenciado en Bellas Artes en fotografía en el California College of Arts & Crafts, Oakland, California; actualmente está realizando estudios de maestría en la Universidad de San Diego, UCSD, California. Ha exhibido ampliamente de manera individual y colectiva en las siguientes instituciones: International Center of Photography, Nueva York, 2003; Headlands Center for the Arts, Sausalito, California, 2003; The Museum of New Art (MONA), Detroit, Michigan, 2003; Galería de la Raza, San Francisco, California, 2002; Pasadena Museum of California Art, Pasadena, California, 2002; San Diego Museum of Contemporary Art, San Diego, California, 2002; "Bienal Barro de América" (en colaboración con Coco Fusco), Museo de Bellas Artes, Caracas, Venezuela, 1999, y en la Segunda Bienal de Johanesburgo (en colaboración con Coco Fusco), Sudáfrica, 1997. Además, ha realizado tres videos documentales: *Maquilópolis*, 2003-2004; *La raza*, 1992, y *Los que se van*, 1991.

Sergio de la Torre (National City, CA, United States, 1967)
He studied a Bachelor of Fine Arts in Photography at the California College of Arts & Crafts, Oakland, CA, and he is currently studying a Masters Degree at the University of San Diego (UCSD), CA. He has also exhibited widely at solo and joint exhibitions at the following institutions: International Center of Photography, New York, 2003; Headlands Center for the Arts, Sausalito, CA, 2003; The Museum of New Art (MONA), Detroit, Michigan, 2003; Galería de la Raza, San Francisco, CA, 2002; Pasadena Museum of California Art, Pasadena, CA, 2002; San Diego Museum of Contemporary Art, San Diego, CA, 2002; "Barro de América Biennial" (in collaboration with Coco Fusco), Museo de Bellas Artes, Caracas, Venezuela, 1999, and at the Second Johannesburg Biennial (in collaboration with Coco Fusco), South Africa, 1997. Furthermore, he has produced three documentary videos: *Maquilópolis*, 2003-2004; *La raza*, 1992, and *Los que se van*, 1991.

• • •

Alicia Tsuchiya (Ensenada, Baja California, México, 1976)
Cursó estudios de Biología en la Universidad Autónoma de Baja California, México, 1999-2001; actualmente cursa estudios de fotografía en The New York Institute of Photography, Nueva York. Ha participado, entre otras, en las siguientes exhibiciones colectivas: "Larva", Centro de las Artes, Monterrey, 2004, y Centro Cultural de Tijuana (CECUT), Baja California 2004; "Latitud 31°50 (Una mirada desde dentro)", Centro Cultural de Tijuana (CECUT), Baja California, y Galería de las Monas, León, Guanajuato, en el marco del Festival Cervantino 2004; "La Raza se viste de blanco", Museo Histórico, INAH, Ensenada, Baja California, 2003; "BC-3", Fotoseptiembre, muestra itinerante organizada por el Centro Cultural de Tijuana (CECUT), Centro de la Imagen y Museo Casa Diego Rivera, México, D.F., 2003; "Colectiva Ensenadense", El Sarmiento, Ensenada, Baja California, 2003, y "Festival Aniversario Bulbo", Explanada del Centro Cultural de Tijuana (CECUT), Baja California, 2003. Su trabajo ha aparecido en publicaciones mexicanas como el periódico *Zeta*, el semanario cultural *Bitácora* y *Milenio*.

Alicia Tsuchiya (Ensenada, Baja California, Mexico, 1976)
She studied Biology at the Universidad Autónoma de Baja California, Mexico, 1999-2001 and she is currently studying photography at The New York Institute of Photography, New York. She has participated, among others, at the following joint exhibitions: "Larva", Arts Center, Monterrey, 2004 and Tijuana Cultural Center (CECUT), Baja California, 2004; "Latitud 31°50 (Una mirada desde dentro)", Tijuana Cultural Center (CECUT), Baja California, and Galería de las Monas, León, Guanajuato, within the framework of the Cervantine Festival 2004; "La Raza se viste de blanco", History Museum (INAH), Ensenada, Baja California, 2003; "BC-3", Fotoseptiembre, an itinerant exhibition organized by the Tijuana Cultural Center (CECUT), Image Center and Casa Diego Rivera Museum, Mexico City, 2003; "Colectiva Ensenadense", El Sarmiento, Ensenada, Baja California, 2003, and "Bulbo Anniversary Festival", open area at the Tijuana Cultural Center (CECUT), Baja California, 2003. Her work has appeared in some Mexican publications such as the newspaper *Zeta*, the weekly publication *Bitácora*, and *Milenio.*

• • •

Yvonne Venegas (Long Beach, California, Estados Unidos, 1970)
Venegas realizó estudios de fotografía en el International Center of Photography (ICP), Nueva York, 1998-1999, y se encuentra concluyendo sus estudios de licenciatura en la Universidad de San Diego, UCSD. Entre sus exhibiciones individuales destacan: *Las novias más hermosas de Baja California,* Casa de América, Festival Internacional de Fotografía y Artes Visuales, PhotoEspaña, Madrid, 2004; "Yvonne Venegas", Cerca Series, Museum of Contemporary Art, San Diego, California, 2003. Entre sus muestras colectivas cabe destacar: "From Baja to Vancouver", exhibición itinerante, Museo de Arte de Stealle, CCAC, San Francisco, California, Museum of Contemporary Art, San Diego, California y Vancouver Art Gallery, Vancouver, 2003-2004; "Diagnósticos urbanos", Centro Cultural de Tijuana (CECUT), Tijuana, Baja California, 2002; "X Bienal de Fotografía", Centro de la Imagen, México, D.F., 2002 (en la que obtuvo el primer premio) y "Slide Slam", Art in General, Nueva York, 2002. Sus fotografías han aparecido en: *The New York Times Magazine* (Estados Unidos), *Foto Zoom* (Italia), *Los Angeles Times* (Estados Unidos), *Frontera, Luna Córnea, Viceversa* y *Banda Elástica* (México), entre otros.

Yvonne Venegas (Long Beach, CA, United States, 1970)
Venegas studied Photography at the International Center of Photography (ICP), New York, 1998-1999, and is currently concluding her degree at the University of San Diego (UCSD). Among her solo exhibitions we might highlight the following: *Las novias más hermosas de Baja California,* Casa de América, International Festival of Photography and Visual Arts, PhotoEspaña, Madrid, 2004; "Yvonne Venegas", Cerca Series, Museum of Contemporary Art, San Diego, CA, 2003. Among her joint exhibitions we might mention: "From Baja to Vancouver", itinerant exhibition: Stealle Art Museum (CCAC), San Francisco, CA; Museum of Contemporary Art, San Diego, CA; and Vancouver Art Gallery, Vancouver, 2003-2004; "Diagnósticos urbanos", Tijuana Cultural Center (CECUT), Tijuana, Baja California, 2002; Tenth Photography Biennial, Image Center, Mexico City, 2002 (in which she won First Prize) and "Slide Slam", Art in General, New York, 2002. Her photographs have appeared in: *The New York Times Magazine* (USA), *Foto Zoom* (Italy), *Los Angeles Times* (USA), and the *Frontera, Luna Córnea, Viceversa* and *Banda Elástica* (Mexico), among others.

COLABORADORES /CONTRIBUTORS

Príamo Lozada (Santo Domingo, 1962) es curador del Laboratorio Arte Alameda de la ciudad de México, en donde ha organizado muestras de los trabajos de Antoni Muntadas, Mona Hatoum, Rafael Lozano-Hemmer, Melanie Smith y Claudia Fernández, y Thomas Glassford, entre otros. Ha participado como curador invitado en festivales internacionales de arte electrónico, como VideoBrasil (São Paulo), Mediaterra (Atenas), Interferences (Belfort) y Videoformes (Clermont-Ferrand). También ha participado en numerosos coloquios, entre otros, ARCO 2004, Digital Borderlands, Cornell University y McLuhan International Festival of the Future (Toronto).

Príamo Lozada (Santo Domingo, 1962) works as a curator of the Art Laboratory Alameda in Mexico City, where he has organized some exhibitions of the works of Antoni Muntadas, Mona Haoum, Rafael Lozano-Hemmer, Melanie Smith and Claudia Fernández, and Thomas Glassford, among others. He has been guest curator at international exhibitions of electronic art: VideoBrasil (São Paulo), Mediaterra (Athens), Interferences (Belfort), Videoformes (Clermont-Ferrand). He has also participated in many conferences including ARCO'04, Digital Borderlands, Cornell University, and McLuhan International Festival of the Future (Toronto).

Carlos Monsiváis (México, D.F., 1938) cronista, narrador, historiador, ensayista; uno de los pensadores contemporáneos más influyentes. Entre sus obras cabe destacar: *Días de guardar* (1970), *Amor perdido* (1977), *Escenas de pudor y liviandad. Los rituales del caos* (1995) y *Aires de familia* (2000). Monsiváis es doctor *honoris causa* y recibió el Premio Nacional de Periodismo de México en 1978.

Carlos Monsiváis (México, D.F., 1938) a chronicler, storyteller, historians, ensayist, he is one of the most influential contemporary thinkers. His works include: *Días de guardar* (1970), *Amor perdido* (1977), *Escenas de pudor y liviandad. Los rituales del caos* (1995) *Aires de familia* (2000). Monsiváis is a doctor *honoris causa,* and in 1978 he received the Mexican National Award on Journalism.

Taiyana Pimentel (La Habana, 1967) actualmente trabaja y vive como curadora independiente en la ciudad de México. Trabajó como curadora en el Museo de Arte Contemporáneo Rufino Tamayo entre 1999 y 2001, donde realizó muestras de Santiago Sierra, Miguel Calderón y Minerva Cuevas, entre otros, como parte de "Sala 7, proyectos contemporáneos". Como curadora independiente ha realizado "Extramuros", alternativa a la Bienal de La Habana, 2000; "México Sensitive Negotiations", Miami, 2002; "Espectacular", Centro Cultural de España, México, D. F., 2003; actualmente culmina "Norte contemporáneo", en coautoría con Príamo Lozada.

Taiyana Pimentel (Havana, 1967) at present is living and working as an independent curator in Mexico City. She has worked as a curator in the Museum of Contemporary Art Rufino Tamayo, 1999-2001, where she organized exhibitions of Santiago Sierra, Miguel Calderón and Minerva Cuevas, among others, for example "Sala 7, proyectos contemporáneos". As an independent curator, she has organized "Extramuros", the alternative to Havana Biennial 2000, "Mexico: Sensitive Negotiations", Miami, 2002; "Espectacular", Cultural Center of Spain, Mexico City, 2003; at present she is organizing "Norte contemporáneo", together with Príamo Lozada.

Heriberto Yépez (Tijuana, 1974) es catedrático de la Escuela de Artes y de Humanidades de la Universidad Autónoma de Baja California, y autor de varios libros de ensayo, poesía y narrativa. Su último libro publicado es la novela experimental *El matasellos* (Sudamericana, 2004).

Heriberto Yépez (Tijuana, 1974) is senior professor at the School of Arts and Humanities at the Universidad Autónoma de Baja California, and the author of various books of essays, poetry and fiction. His latest published work is the experimental novel *El matasellos* (Sudamericana, 2004).

AGRADECIMIENTOS /ACKNOWLEDGMENTS

Acamonchi, Ángeles Albert, Ramón Amezcua, Ander Azpiri, Melly Barragán, Pedro Beas, Verónica Bejarano, Sergio Brown, Bulbo, Tania Candiani, Raúl Cárdenas, Bianni Carrillo, Abril Castro, Colectivo Rizoma, Fernando Corona, Teddy Cruz, Mauricio Cuevas, Cecilia Delgado, Laura Estévez, Rodrigo Fernández de Gortari, Hans Fjellestad, Omar Foglio, Fundación Bancomer, Charles Glaubitz, Marcela Guadiana, Eduardo Guillén, Enrique Jiménez (Ejival), Toby Kamps, Claudio Landucci, Sandro Landucci, Ulises Legarreta, Jesús López, Cuauhtémoc Medina, Roberto Mendoza, Efrén Miranda, Pepe Mogt, Elías Mora, Julio Morales, Jorge Nava, Nortec, Jaime Nualart, Julia Olmo, Andrés Oriard, Julio Orozco, Paloma Porraz, Radio Global, Marcos Ramírez Erre, Sal Ricalde, Felipe Riva Palacio, Daniel Ruanova, Jaime Ruiz Otis, Carlos Sánchez, Shijune Takeda, Sergio de la Torre, Fritz Torres, Alicia Tsuchiya, Yvonne Venegas, Jorge Verdín, Heriberto Yépez